北京大學《儒藏》編纂與研究中心　編

藏》精華編選刊

程子年譜

〔清〕池生春　諸星杓　撰
姜海軍　校點

北京大學出版社
PEKING UNIVERSITY PRESS

圖書在版編目(CIP)數據

程子年譜 / (清) 池生春, (清) 諸星杓撰 ; 北京大學《儒藏》編纂與研究中心編. -- 北京 : 北京大學出版社, 2025. 5. -- (《儒藏》精華編選刊).
-- ISBN 978-7-301-16249-1

Ⅰ. B244.6

中國國家版本館CIP數據核字第20250X959Y號

書　　名　程子年譜
CHENGZI NIANPU

著作責任者　(清) 池生春、(清) 諸星杓 撰
姜海軍 校點
北京大學《儒藏》編纂與研究中心 編

策劃統籌　馬辛民

責任編輯　沈瑩瑩

標準書號　ISBN 978-7-301-16249-1

出版發行　北京大學出版社

地　　址　北京市海淀區成府路205號　100871

網　　址　http://www.pup.cn　新浪微博: @ 北京大學出版社

電子郵箱　編輯部 dj@pup.cn　總編室 zpup@pup.cn

電　　話　郵購部 010-62752015　發行部 010-62750672
編輯部 010-62756694

印 刷 者　三河市北燕印裝有限公司

經 銷 者　新華書店
650毫米×980毫米　16開本　21.25印張　218千字
2025年5月第1版　2025年5月第1次印刷

定　　價　80.00元

目録

校點說明

《程子年譜》十二卷，又稱《二程年譜》、《二程子年譜》，池生春、諸星杓同撰。

池生春（一七九八—一八三六），字籥庭，別號劍芝，雲南楚雄人。道光二年（一八二二）進士，選爲翰林院庶吉士，又授編修。歷任陝西主考官、南書房行走、廣西提督學政、國子監司業等職。傳世著述有《入秦日記》、《直廬記》、《池司業遺稿》、《池司業遺集》等。諸星杓，原名林，號恕齋，會稽人。嘉慶己卯（一八一九）中科舉，任慈溪縣教諭。其他生平事跡不詳。

道光初年，池生春在京任職期間，與諸星杓共同研讀濂洛關閩之書，因感慨二程「以上智之資繼往開來，前人表彰備矣」，然「其書雖存，而平生梗概無年譜以綱紀之」，故商定編撰《程子年譜》。程頤曾經爲亡兄程顥作《行狀》。程頤去世後，朱熹鑒於「伊川行事本末當時無所論著」，於是「取實録、文集等書，次爲《年譜》」，但頗爲簡略，「名爲《年譜》，實猶《行狀》也」。鑒於此，池、諸兩人「徧考北宋史書、文集，補拾舊譜之所遺，特書其大事爲之綱，附書其事跡及文詞見於他籍者爲之目，積數年而後成」。這部《程子年譜》由此成爲二程

《年譜》之集大成之作。

《程子年譜》全書共十二卷。其中，正文前有《二程子年譜後序》、《商定二程年譜體例書》、《二程子年譜緣起》、《陶際堯跋》、《凡例》、《程子年譜目録》、《程氏世系圖》、《二程子年譜提綱》諸篇内容。正文部分爲《明道先生年譜》五卷、《伊川先生年譜》七卷。另有《池篇庭商訂二程年譜手簡》、《講授師友紀略》、《宋儒發明聖學會合先後攷》三篇小文，分别介紹了編纂《程子年譜》的相關經歷、師友襄助以及探討二程與北宋諸儒之關係。此《年譜》内容十分豐富、全面，也頗有特色，如《程氏世系圖》、《二程子年譜提綱》等内容，爲以往二程《年譜》所未有。

《程子年譜》版本系統簡單，稿本、修訂稿本、初刻本今俱存於世。稿本内容簡略，不分卷，今藏於上海圖書館。修訂稿本有諸星杓等人所添加的奏疏、文集、史實等内容多處，全書結構也較稿本作了很多調整。全書爲小楷書寫，分上下卷，每半頁十行，每行二十四字。此本今藏於浙江圖書館。今存的修訂稿本已多處嚴重污損，缺頁錯簡處甚多，頗不足觀。初刻本爲修訂稿本的最終定本，味經室於咸豐乙卯年（一八五五）刊刻。除在修訂稿本基礎上修訂完善之外，對部分章節、卷次也作了大幅調整。版式爲每半頁十行，每行二十四字，小字雙行，白口，左右雙邊，單魚尾。該本版刻清晰，字體雅潔、舒朗，是爲善本。今國家圖書館、北京大學圖書館均有藏。

此次校點，採用味經室刊本爲底本，參校了修訂稿本及清吕留良《二程全書》刻本，書名仍其舊，爲《程子年譜》。

校點者　姜海軍

二程子年譜後序

道光初年，稷辰與項潛園、諸恕齋同客德州文肅公邸。其時恕齋深向學，方與滇中池籥庭分輯二程子年譜，偏攷北宋史書、文集，補拾舊譜之所遺，特書其大事爲之綱，附書其事迹及文詞見於他籍者爲之目，積數年而後成。籥庭於侍直之暇，曾手爲訂定。迨籥庭下世，恕齋南歸，爲慈湖校官，續有所得，幾經增補，一決其去取於潛園，潛園遂爲之定其凡例。稷辰雖嘗見其爲是業，實未嘗能有所是正也。昨歲稷辰以憂歸，恕齋亦居憂，既各葬親，乃以所書定本示於雪廬，屬相參校。今夏曾攜之登龍泉山，始卒讀焉。其別擇之精，旁證之確，收集之廣且贍，非愚者之所能加贊矣。而恕齋舊所屬序之師長如陳蘭鄰、林少穆兩先生，皆許而未作。潛園以既爲例，辭不爲，於是謬以見屬，曰：「業是之初，子實先見之。今書成而子歸，其序言舍子誰任者？」雖重且鉅，弗敢謝也已。

夫自宋至今，講學家多宗河南二賢，以爲最醇，而高明者或偏主純公，沈潛者或專主正公。其實兩賢如日月之並明，水火之交濟，非可執一以論也。顧學可不分，而譜則不容不析。讀譜者備識純公之廣大，而知無時不可爲聖賢；識正公之謹嚴，而知吾道幾微不容貶。

統而觀之，孔、孟之矩，具在是矣。近時大崇漢學，而宋學不談，張儀封後莫有刻程子書者。惜籥庭乃業之以終身，恕齋守此編至垂老而不倦，其不以世尚爲趨嚮，不甚足多與？惜籥庭有志於學，而中道奄棄，不能偕恕齋以深造於道，而所成者唯此書。噫！過此以往，能業籥庭是書者，知更有何人以爲嗣音與？稷辰愧無以贊益其間，而僭爲之序，良不勝慨然憂道之思也。道光戊申歲冬十有一月朔，宗稷辰謹書。

商定二程年譜體例書

承以《二程年譜》屬校，自維學識荒陋，捉筆懷慚，兼苦俗氛，致延累載，負歉良深。竊意譜例，取其徵信，故博採諸書，備註出處，以依文直録爲貴，不容有所增删。然亦難概從原文者，略有數端：如原文本無庸載，只須撮舉其事，則删繁就約，而於書名上添「註見」字以別之。記言之條與記事異，不能依原文直起，則於條首加「先生曰」三字以標之。所採書有史傳、記、集之不同，其稱謂亦各不同，或名或字，或稱子及先生，若照原文，頗形其雜；且輯而成譜，已攙入作譜人語氣，自宜概稱先生以一之。總之，不失本來，以昭信實，仍不妨小變以就體裁也。至末註出處，凡敘述紀聞及他人文集等書名上，宜註明某某，眉目方清。又玩所援引，似尚有可彼可此者，想出自兩書，宜擇其尤而專主之，庶無歧混。名達探討功疎，去取是非，不敢妄議，謹按體例，就鄙見所及，謬加籤注。恐其中錯誤滋多，尚乞高明裁定是荷。道光乙巳人日，梅侶項名達識。

二程子年譜緣起

道光己丑夏，數過篛庭直廬，相與讀濂、洛、關、閩之書。一日，星杓謂篛庭曰：「生乎今之世，尚論古人，則世宜知也。二程子以上智之資，繼往開來，前人表章備矣。惟其出處進退，士大夫視爲盛衰，即一言一行，亦莫非千百世羹牆之所在。今其書雖存，而平生梗概，無年譜以綱紀之，可乎？」篛庭欣然曰：「此予夙志也。昔李方子親炙紫陽，故所輯《朱子年譜》最詳。若度正之《周子年譜》，蒐采不遺餘力，猶多闕略，其時去周子未遠也。以今日上論程子之生平，更非易易。然就吾二人所知，互相訂正，其無可考者則闕焉，寬以歲月之力，聞見漸多，當有所得。」於是徧采群書，與篛庭往復推勘，積四寒暑，稿初具，而篛庭視學粵西，星杓又南下，未遑卒業。癸甲以來，續有聞見，以次增編。方期就正篛庭，共商定本，詎篛庭疾終使院，夙志竟違。因念稿中采輯雖較備於前，體例終未畫一。爰本篛庭所商榷之意，斟定凡例若干，則復因是重加增改，始訂成編。卷雖無多，稿已屢易。追維始事，迄今幾二十年，而益傷是編之成，不克起篛庭於九京而一見之也，爲敘緣起若是。道光丁未歲仲冬，諸星杓謹識。

陶際堯跋❶

明道、伊川兩先生《年譜》，諸恕齋、池籥庭兩君同志編輯，年經月緯，綱舉目張，薈萃微言，旁搜穆行，信不朽之盛業也。籥庭視學粵西，早世，恕齋獨抱遺書，廣諮師友，歷十餘載，始謀付槧人。余受而讀之，竊媿半生汩没俗學，無所發明，猶思收斂身心，深以媮惰無成爲懼，況於高材樸學，溯伊洛、達洙泗者乎？知守先待後，所津逮遠矣。咸豐壬子人日，會稽陶際堯謹跋。

❶ 此標題原無，乃校點者所加。

凡例

一、明道程子事實，尚有《行狀》可據。伊川程子之没，門人高弟多已先亡，無能形容其德美者。然伊川嘗謂張繹曰：「我昔狀明道先生之行，我之道蓋與明道同。異日欲知我者，求之於此文可也。」朱子嘗謂：「伊川行事本末，當時無所論著，因取《實録》、《文集》等書，次爲《年譜》。」且云：「既不敢以意形容，又不能保無謬誤。」夫以朱子所不自足者，豈後人敢有補於朱子之萬一？但朱子約舉大要，首尾自成一篇，名爲《年譜》，實猶《行狀》也。今欲取二程子行事，逐年分纂，詳備實難。然及此遺編僅存，不網羅考訂，安知更千百年不散佚殆盡，并此而莫可考乎？故本朱子意，輯爲《年譜》，使後之讀程子者，得所守以尋未墜之緒，得所據以擴未盡之傳。雖知僭妄，亦不敢已。

一、程子書存者，惟《文集》、《易傳》、《經説》、《遺書》、《外書》、《粹言》。《文集》乃程子自著，《易傳》别自成書，《經説》隨文解義，《遺書》門人所記，朱子編次之。《外書》亦門人所記，朱子又取他書程子語，補《遺書》所未備。《粹言》則楊龜山編次師説，變《語録》而文之者也。今據程子書爲根柢，先《文集》，次《遺書》、《外書》，庶幾次第不紊。欲考程子書者，開卷瞭然矣。

一、程子繼絶學於千四百年無傳之後，其入處固由濂溪指受，而其深造自得，實無愧爲鄒魯正宗。考其著述，如《定性書》、《李仲通銘》、《程邵公誌》、《顔子好學論》、《易傳序》、《春秋傳序》等篇，精義微言，當與四書並讀。故《譜》中悉載全文，其餘若《游鄠山詩序》、《晉城縣令題名記》、《養魚記》之類，亦不苟作，並全載焉。

一、出處關時運之盛衰，言行實儒宗之準的。挈其大要，二者盡之。明道在言職，伊川爲講官，凡論列奏疏，皆純儒實學，真際切於時務，立可施行。兹載明道《論王霸》、《君道》、《請修學校》、《養賢》、《十事》等疏，伊川《經筵三劄子》、《上太皇大后書》，皆格君輔治之大者，其文亦簡要易讀。他如一言一動，隨時著見，無非真儒氣象，悉不敢略。

一、微言奥旨，散見於門人集録，賴朱子搜逸訪遺，始克成編，其尤切於日用者，類爲《近思録》。又自程子上溯濂溪，旁羅張、邵及各門人言行事實，纂爲《伊洛淵源録》。今采二《録》及《朱子文集》、《語類》足資疏通證明者，略註於下。至《遺書》中《性説》、《識仁論》，凡語理道之要，不能決知爲何年，則類附於各門人所録之後，亦倣史傳例也。

一、世系爲年譜所不可缺，《程氏世系圖》、《伊川集》中有目無文，乃元人譚善心所考，不知如何。今據歐陽文忠公所作《冀國公碑》及程文簡公所作《世録》補之，迄於程子之孫者，從所及見也。

一、家事宜備載，苦於典籍無徵，非故略也。明道夫人，彭侍郎女，封仁安縣君，先明道一年卒，見《行狀》。伊川不爲妻請封，遂莫考其氏族，惟《遺書》范彜叟云「只爲正叔太執」，註「一作姨夫」，意與彜叟爲友壻，今范《集》亦不可考。至於子女生卒婚嫁亦不能詳悉，有因文附見者繫之。

一、門人記録有淺深，伊川謂只有李籲得其意。朱子謂：劉質夫所記雖簡約，然甚明切，吕與叔亦記得真，惜乎早喪，使三人者在，於程門之道必有發明。蘇季明記《洛陽議論》，最在諸録之前，雜有横渠語。若上蔡所記，多有激揚發越之意。游氏所記，則有温純不決之意。龜山無録，其子遵道有録，伊川稱其好學。朱公掞所抄，伊川謂「某在，何必讀是書」。張思叔録，朱子謂其多作文，故有失本意。他若劉元承、唐彦思等録，工拙具在。今各采其精要者編於譜，讀者當自得之。

一、自來年譜並無提綱之例。是譜之編，不難於比屬，而難於大綱，非確有證據以提其要，則事以遠而難稽，文以散而無統。今特書其大事爲之綱，附書其遺文爲之目，庶綱舉目張，便於檢閱。

一、以年繫事，以事繫人，以人繫言，此年譜通例也。有不可繫者，則倣宋胡仔《孔子編年》，必得其人與事與言之，確有符合者，分年編次。凡所采諸書，備註出處，以便檢校。然有不能依原文直録者，概稱「先生曰」以一之，從項梅侶訂定體例也。

一、徵引群書，自周、程、張、邵、朱五子外，於宋史則采李氏燾《續通鑑長編》爲多，於北宋文集則歐陽文忠公、范忠宣公、司馬温公、楊龜山、尹和靖諸老全集，及王氏存《元豐九域志》、邵氏《聞見録》、吕氏《童蒙訓》、度氏《周子年譜》、《濂溪志》、李氏《道命録》、《黄氏日抄》備資搜討。於明人著述，則唐伯元《程子類語》、趙滂《程朱闕里志》並有《程子年譜》，不知孰創孰因，要皆疎略不備。國朝惟《李文貞公全集》、遜齋《道南講授》疏證特詳。最後得黄梨洲宗羲《宋儒學案》原稿，全謝山祖望《補編》，於程門授受統緒援據尤多，其顯然訛舛處，亦隨註辨正，不敢沿誤苟徇。

一、道光丙戌，星杓與滇南池籥庭定交。己丑，始議輯是譜。往復推勘，務求精核。嘗質蒲城相國王省厓師，謂講是學者，近鮮有聞，今得同志，默而成之，道在是矣。癸巳，籥庭視學粤西，攜副本去。星杓亦南歸，過吴中，謁侯官林少穆先生，籥庭受知師也，以槀就正，深加奬勵，謂採訂之精，足傳正學，許爲作序。時閩縣陳蘭鄰師官秀州，留止郡齋，出藏書資參考，時有是正。籥庭手訂未竟，終於任，項泗舸收其槀以歸。丙申，屬項梅侶訂定體例。戊申，得宗滌甫序其大指，杜尺莊參補遺略。庚戌，訪姚樗寮於雲間，訂正脱訛，且謂先賢必不可少之書，亟勸付梓。辛亥，陶槎仙又爲校定字體。追念數十年來，師友贊成，獲益難數，今則大半成古人，可感也夫，敬誌簡端。闕略之病，知不能無，糾繆拾遺，以俟來哲。

咸豐甲寅仲秋，會稽諸星杓惕生謹識。

二程子年譜提綱

宋仁宗明道元年壬申，明道先生顥生。
二年癸酉，伊川先生頤生。
慶曆三年癸未，明道居庠序。
六年丙戌，二先生始事周子。
七年丁亥，伊川至醴泉。
皇祐四年壬辰，母侯夫人卒。
嘉祐元年丙申，二先生至京師，始居河南。伊川至醴泉。
二年丁酉，明道登進士第。伊川上書，不報。遊太學。
三年戊戌，明道任鄠縣主簿。
四年己亥，伊川廷試報罷。
六年辛丑，明道調上元主簿。
七年壬寅，明道攝上元令。

英宗治平元年甲辰，明道罷上元任至磁州。伊川至京師，吕公著請爲太學正，辭。
二年乙巳，明道移晋城令。
三年丙午九月，吕公著薦伊川，不召。
四年丁未，明道秩滿，改著作佐郎。二先生至漢州。
神宗熙寧二年己酉四月，明道爲農田水利使。八月，以吕公著薦，授太子中允，權監察御史裏行。
三年庚戌四月，明道罷授京西提點刑獄，辭，改簽書鎮寧軍節度判官事。
四年辛亥，明道簽判鎮寧軍。
五年壬子，明道求監局養親，罷歸，始僦居洛。伊川至醴泉。
七年甲寅，明道監洛河竹木務。陳襄薦明道「性行端醇，明於義理，可備風憲」，不果用。伊川在洛。
八年乙卯，詔明道修《三經義》，不果。十月，彗見翼、軫間，應詔上書。還朝，差知扶溝縣事，辭，復求監局。
九年丙辰十月，吴充薦明道，不報。
十年丁巳五月，明道以賈昌衡、李南公言改太常丞。

元豐元年戊午，明道知扶溝縣。伊川至扶溝。

二年己未二月，召明道判武學，以李定、何正臣論罷，復舊任。

三年庚申，明道除奉議郎，罷扶溝任，寓潁昌。伊川至關中。

四年辛酉，二先生在潁昌。

五年壬戌，二先生在洛。

六年癸亥，明道監汝州酒税。

七年甲子，明道彭夫人卒。

八年乙丑三月，哲宗即位。明道改承議郎。五月，召爲宗正寺丞。六月丁丑，卒。九月，司馬光、吕公著同薦伊川。十一月，授汝州團練推官，充西京國子監教授，辭，至再召赴闕。以下《伊川年譜》。

哲宗元祐元年丙寅二月，至京師。除宣德郎、祕書省校書郎，辭，不許。三月，除通直郎，充崇政殿説書。再辭，始受命。五月，命同修學制。六月，上疏論輔養君德。八月，差判登聞鼓院，再辭。

二年丁卯八月，罷説書，權管勾西京國子監。十一月，乞歸田里。十二月，乞歸田里。

三年戊辰正月，乞歸田里，皆不報。二月，乞致仕，再，又不報。

四年己巳，判西監。

五年庚午正月，父太中卒於西監。四月，葬伊川塋。

六年辛未，至醴泉，改葬少師羽。

七年壬申三月，除左通直郎、直祕閣，權判西京國子監，再辭。五月，管勾崇福宮。八月，申河南府，乞尋醫。

八年癸酉九月，哲宗親政。申祕閣、西監之命，再辭。

紹聖四年丁丑二月，追毁出身文字，放歸田里。十一月，編管涪州。

元符元年戊寅，在涪。

二年己卯，在涪，序《周易傳》。

三年庚辰正月，徽宗即位。移峽州。四月，復宣德郎，還洛。十月，復通直郎，權判西京國子監。

徽宗建中靖國元年辛巳五月，追所復官。冬，居伊川。

崇寧元年壬午五月，入黨籍。

二年癸未四月，追毁出身文字。序《春秋傳》。七月，禁學術。十一月，遷居龍門之南，止四方學者。

五年丙戌，復承務郎。尋以通直郎致仕。

大觀元年丁亥九月庚午，卒於家。

程氏世系圖❶

此圖《伊川集》中有目無文，今據歐陽文忠公所作《冀國公碑》及程文簡公所作《世録》補之，迄於二程之孫者，從所及見也。

程伯休父 周大司馬，曰喬伯，封於程。

元譚 仕東晉，爲新安太守，賜宅黄墩。

詧 茂子，梁祕書少監。

文季 靈洗子，爲超武將軍，封重安縣公。

嬰 程伯之後，仕晉，封忠誠君，宋封成信侯。

元祚 元譚六世孫，宋山陽内史。

寶惠 詧子，爲本郡儀曹。

嚮 文季子，襲父封。

昱 仕魏，封安鄉侯，中山之程祖之。

茂 元譚九世孫，梁郢州長史。

靈洗 字元滌，寶惠子，元譚十二世孫。仕陳、梁，謚忠壯。

大辨 靈洗五世孫，爲唐六合令，再徙中山博野。

---

❶ 按：《程子年譜目録》，《程氏世系圖》在《二程子年譜提綱》前。

秀 少師羽之祖。

贊明 新長子。贈太師中書令。

象明 新次子。

希振 羽子。贈虞部員外郎。

諲 秀長子。

俶 秀次子。贈少監。

元白 贊明子。封冀國公。

遹 終黃陂令，贈開府。

適 右班殿直。

道 贈寺丞。

新 諲子。贈太師。

羽 字仲遠，俶子，大辨六世孫。始爲醴泉令，事宋太祖、太宗，累贈太子少師。賜第京師，始居河南。

琳 元白四子。同平章事，贈中書令，謚文簡。

璠 遹次子。累遷比部郎中。

珦 遹長子。始黃陂尉，累遷太中大夫。

琉 遹三子。累遷朝奉。

瑜 道子。累遷殿丞。

嗣先 琳四子。呂公著幕官。

嗣弼 琳次子，賈昌朝壻。

嗣隆 琳長子，龐籍壻。

嗣恭 琳三子，王德用壻。

嗣宗 琳五子。嘉祐初令扶溝。

韓奴 早亡。

顥 明道先生。

應昌 早亡。

天錫 早亡。

頤 伊川先生。

鑾奴 早亡。

顧 璠長子。

頡 璠次子。

頔 琉長子。

顒 琉次子。

預 瑜長子。

顗 瑜次子。

頫 瑜三子。

顥

端輔明道次子。早亡。

端懿明道長子。汝陽縣主簿。

端本明道三子。舉進士第，醴泉令。

頤

端中伊川長子。舉進士，知六安軍。靖康之難，死其官。

端彦伊川次子。司户參軍。

㬥

昜伊川孫。紹興初，分寧令。

昪明道長孫，端懿子。

昂明道孫。

昺

旻

晟紹興元年，召赴行在。伊川孫。

暘端彦子。紹興十年，補將仕郎。

暐伊川孫，尹和靖壻。桐廬令。

按：太中年七十，自撰墓誌，男六人，孫男五人，曾孫六人，今《世系圖》據此。又《明道行狀》註：「一作五子，三早卒。」《文集·程邵公墓誌》明道子名端慤，或其一也。端彦子暘，伊川孫。暐，太中，撰墓誌時尚未生。又太中女：一適奉禮郎席延年，一適都官郎中李正臣。孫女：長適宣義郎李偲，次適假承務郎朱純之，次適安定席正，次爲李偲繼室，次適清河張敷，皆見太中自撰墓誌。伊川孫暐，見《宋儒學案》；晟，見《元祐黨案表》。

明道先生年譜卷一

楚雄池生春籥庭
會稽諸星杓恕齋 輯

宋仁宗明道元年壬申，先生生。

先生名顥，字伯淳，姓程氏。其先曰喬伯，爲周大司馬，封於程，後遂以爲氏。何楷《詩經世本古義》按：「喬伯休父，當是一人，喬名而休字，豈亦取喬木休息之意與？」先生五世而上，居中山之博野。高祖贈太子少師，諱羽，太宗朝以輔翊功顯，賜第京師。曾祖希振，任尚書虞部員外郎；妣，高密縣君崔氏。祖遹，贈開府儀同三司、吏部尚書；妣，孝感縣太君張氏，長安縣太君張氏。疑即張子之姑。父珦，見任太中大夫。母，壽安縣君侯氏。父道濟，潤州丹徒令，贈尚書比部員外郎。母福昌縣太君刁氏。曾祖而下，葬河南。

先生生而神氣秀爽，異於常兒。未能言，叔祖母任氏殿丞瑜之母。抱之行，不覺釵墜，後數日方求之。先生以手指示，隨其所指而往，果得釵，人皆驚異。《明道行狀》。「程氏之先，自重、黎歷夏、商、周，而程伯休父始見於《詩》、《書》，其後世遠而分。至唐定世族，而程氏之望分爲七。中山之程，蓋出於魏安鄉侯昱之後也。」「唐末五代，天下亂於兵，程氏再世不仕。」「宋太平興國初，少師羽佐太宗，爲文明殿學士，官至兵部侍郎。子孫蕃昌，世族昭著，其所自來者遠矣。」歐陽修撰《冀國公程元白碑》。按《元白碑銘》：「中山之程，出自靈洗。」靈洗者，梁將軍忠壯公，實昱之裔孫也。《程朱闕里志》：明方弘靜見元祐諸公墨蹟，❶有明道先生「忠壯公裔」四字圖章。凡引書直録原文，皆不加按。間有考訂，則以「按」字别之。天聖中，洛人程公珦初任黄陂尉，秩滿不能去，遂家焉。以明道元年生先生。《朱子文集》。《元豐九域志》：黄陂屬淮南路黄州齊安郡。按《太中家傳》：「景德三年丙午，公生於京師賜第。開府終於黄陂，公年始冠，遂寓黄陂。後數歲，朝廷録舊臣後，授郊社齋郎，不赴。文簡公爲請於朝，就注黄陂縣尉，任滿不能去。」以明道元年生先生，時公年二十七。朱子文本此。

二年癸酉，二歲。弟頤生。

景祐元年甲戌，三歲。

二年乙亥，四歲。

三年丙子，五歲。

❶「弘」，原避乾隆諱作「宏」，今回改。下同，不再出校。

四年丁丑，六歲。

寶元元年戊寅，七歲。

二年己卯，八歲。

康定元年庚辰，九歲。

慶曆元年辛巳，十歲。

嘗賦《酌貪泉》詩，曰：「中心如自固，外物豈能遷？」當世先達許其志操。劉立之《敘述》。

二年壬午，十一歲。

三年癸未，十二歲。

先生居庠序中，如老成人，見者無不愛重。户部侍郎彭公思永謝客到學舍，一見異之，許妻以女。《明道行狀》。按《太中家傳》、《彭侍郎行狀》：太中罷廬陵尉，調潤州觀察支使，彭公知常州。常、潤隣郡。先生居庠序，彭公謝客到學，許妻以女，當在寓丹陽時。

四年甲申，十三歲。

五年乙酉，十四歲。

六年丙戌，十五歲。始事周子。

太中在虔時，嘗假倅南安軍，「獄掾周茂叔，年甚少，年三十。不爲守所知」。太中「視其氣貌非常人，與語，果爲學知道者，因與爲友」，《太中家傳》。且使其二子往受學焉。《濂溪事狀》。吕氏《童蒙訓》云：「師友淵源必有所自，未有無因而然。如周茂叔先生官守南安軍，爲守所不禮。二程之父太中公自虔州差攝南安倅，與茂叔相善，力庇護之。其後二程皆師事茂叔。」先生「自十五六時，聞汝南周茂叔論道，遂厭科舉之業，慨然有求道之志」。《明道行狀》。先生「從汝南周茂叔問學，窮性命之理，率性會道，體道成德，出入孔、孟，從容不勉」。劉立之《敘述》。先生嘗曰：「昔受學於周茂叔，每令尋顏子、仲尼樂處，所樂何事？」《遺書》吕與叔《東見録》。李安溪云：「周、程授受第一義。」周茂叔窗前草不除去，問之，云：「與自家意思一般。」《遺書》謝顯道記。先生曰：「觀天地生物氣象。」註：「周茂叔看。」《遺書》卷六。先生書窗前有茂草覆砌，或勸之芟。先生曰：「不可。欲常見造物生意。」又置盆池，畜小魚數尾，時時觀之。或問其故，曰：「欲觀萬物自得意。」張横浦語。按：此與周子意思同。又游定夫懷先生詩：「記得程門秋草緑，[1]至今遐想每馳情。」先生曰：「吾學雖有所受，天理二字卻是自家體貼出來。」《外書·上蔡語録》。黄東發云：「《樂記》已有『滅天理而窮人欲』之語，至先生始發越大明於天下。」荀子云：「養心莫善於誠。」周茂叔謂：「荀子元不識誠。」先生

[1]「秋」，四庫本《游廌山集》作「窗」。

曰：「既誠矣，心焉用養耶？荀子不知誠。」《外書》朱公掞録。二程「十四五時，便鋭然欲學聖人」。《張子語録》。呂氏《童蒙訓》云：「二程先生自小刻勵，推明道要，以聖學爲己任，學者靡然從之，時謂之二程。」濂溪在當時，人見其政事精絶，則以爲宦業過人。見其有山林之志，則以爲襟期灑落，有仙風道氣，無有知其學者。惟程太中知之，宜其生兩程子也。《朱子語類》。仲尼、顔子所樂，吟風弄月以歸，皆是口傳心受的當親切處。後來二先生舉似後學，亦不將作第二義看。然則《行狀》所謂「反求之六經而後得之」者，特語夫功用之大全耳。❶至其入處則自濂溪，不可誣也。《朱子文集》。

七年丁亥，十六歲。

八年戊子，十七歲。

皇祐元年己丑，十八歲。

二年庚寅，十九歲。

三年辛卯，二十歲。

四年壬辰，二十一歲。母侯夫人卒。

---

❶「功用」，原作「用功」，據四庫本《晦庵集》乙正。

夫人從太中官嶺外，遂中瘴癘。及北歸，道中病革，召醫視脈，曰：「可治。」謂二子曰：「紿爾也。」未終前一日，命頤曰：「今日百五，爲我祀父母，明年不復祀矣。」以二月二十八日，終於江寧，享年四十九。始封壽安縣君，追封上谷郡君。男六人：長應昌，次天錫，皆幼亡；次顥，即先生；次頤也；次韓奴，次蠻奴，皆幼亡。女四人：長幼亡，次適奉禮郎席延年，次幼亡，次適都官郎中李正臣。《上谷郡君》、《太中家傳》。按：太中自龔州代還，當在此時。

五年癸巳，二十二歲。

至和元年甲午，二十三歲。

二年乙未，二十四歲。

先生侍太中至鳳州。按：先生之娶雖不可攷，然以周子作《彭推官詩序》推之，彭公以至和二年爲益州轉運使，而先生《行狀》云彭夫人「事舅以孝稱」，而不及姑，時太中正在鳳州，疑彭夫人之歸當在服闋後也。

嘉祐元年丙申，二十五歲。至京師。

先生應書京師，聲望藹然，老儒宿學，皆自以爲不及，莫不造門願交。劉立之《敘述》。張子厚在京師，坐虎皮，説《周易》，聽從甚衆。一夕，二程先生至，論《易》。次日，撤去虎皮，❶曰：「吾平日爲諸公説者，皆亂道。有二程近到，深明《易》道，吾所弗及，汝輩可師之。」《外書》尹和靖語。先生嘗與子厚在興國寺講論終日，而曰：「不知舊日曾有甚人於此處講此事。」《遺書》吕與叔《東見録》。吕滎陽公希哲嘗言：「往與二程諸公遊，一日會相國寺，論事詳盡，先生忽歎曰：『不知自古至今，更曾有人來此地説此話耶？』蓋此處氣象自有合得如此人説此等話道理也。」《吕氏家傳》。《伊洛淵源録》：「希哲，字原明，正獻公長子。」首以師禮事伊川，亦從明道先生遊。官侍講，封滎陽郡公。立之家與先生有累世之舊。先人早世，立之方數歲，先生兄弟取以歸，教養視子姪，卒立其門户。劉立之《敘述》。《伊洛淵源録》：「立之，字宗禮，河間人。娶先生叔父朝奉之女。郭雍稱其登門最早，精於吏事。」《太中家傳》：「公遇伯母劉氏之族子於襄邑，詢其宗系，知姻家也。未幾劉生卒，其子立之纔七歲，公取歸教養，今登進士第，爲宣德郎矣。」按：立之稱從先生三十年，則嘉祐初方七歲。始少師厭五代河北之多亂，徙葬少監俶。於京兆之興平，將謀居醴泉。及貴，賜第於泰寧坊，遂再世居京師。嘉祐初，公太中。卜葬祖考於伊川，始居河南。《太中家傳》。《元豐九域志》：興平、醴泉二縣，屬陝西路京兆府。《家世舊事》云「少師治醴泉，惠愛及人至深」，遂謀居焉。

❶「撤」，原作「撤」，據清吕留良本《二程全書》改。

二年丁酉，二十六歲。登進士第。

仁宗御殿親試，先生與張子、朱光庭同登第乙科，則吕大鈞與焉。《程朱闕里志》。按：《蘇文忠集》：是年正月，詔歐陽修知貢舉，梅摯、王珪、范鎮、韓絳同權知禮部貢舉。三月八日，殿試進士《民監賦》、《鸞刀詩》、《重申巽命論》。十四日，賜進士章衡第一，蘇軾、蘇轍、曾鞏等並登第。有《南廟試佚道使民賦》、《九敘惟歌論》、《策五道》。見《明道文集》。先生嘗言：「某自再見茂叔後，吟風弄月以歸，有『吾與點也』之意。」《遺書》謝顯道記。李安溪云：「此是周、程授受之秘，即孔、顏樂處。」按：《周子年譜》：是年在合州。有傅伯成《答周子書》云：「執事以濟衆爲懷，神所勞賚，故得高士，與施至術，而心朋遠寓名方。賤子聞之，弗勝喜蹈。」《道國志》註「心朋指二程」，則再見周子當在合州。

三年戊戌，二十七歲。任鄠縣主簿。

令以其年少，未知之。民有借其兄宅以居者，發地中藏錢。兄之子訴曰：「父所藏也。」令曰：「此無證佐，何以決之？」先生曰：「此易辨爾。」問兄之子曰：「爾父藏錢幾何時矣？」曰：「四十年矣。」「彼借宅居幾何時矣？」曰：「二十年矣。」即遣吏取錢十千視之，謂借宅者曰：「今官所鑄錢，不五六年即徧天下。此錢皆爾未居前數十年所鑄，何也？」其人遂服。令大奇之。

南山僧舍有石佛，歲傳其首放光，遠近男女聚觀，晝夜雜處，爲政者畏其神，莫敢禁止。先生始至，詰其僧曰：「吾聞石佛歲現光，有諸？」曰：「然。」戒曰：「俟復見，必先白，吾職事不能往，當取其首就觀之。」自是不復有光矣。府境水害，倉猝興役，諸邑率皆狼狽；惟先生所部，飲食茇舍，無不安便。時盛暑泄痢大行，死亡甚衆，獨鄠人無死者。所至治役，人不勞而事集。常謂人曰：「吾之董役，乃治軍法也。」當路者欲薦之，多問所欲。先生曰：「薦士當以才之所堪，不當問所欲。」《明道行狀》。《元豐九域志》：鄠縣屬陝西路京兆府。先生生有妙質，聞道甚早。年逾冠，明誠夫子張子厚友而師之。其視先生雖外兄弟之子，而虛心求益之意，懇懇如不及。逮先生之官，猶以書抵扈，以「定性未能不動」致問。先生爲破其疑，使外内動静道通爲一，讀其書可考而知也。初至鄠，有監酒税者，以賄播聞，然怙力文身，自號能殺人，衆皆憚之，雖監司州將未敢發。先生至，將與之同事。其人心不自安，輒爲言曰：「外人謂某自盜官錢，新主簿將發之。某勢窮，必殺人。」言未訖，先生笑曰：「人之爲言，一至於此！足下食君之禄，詎肯爲盜？萬一有之，將救死不暇，安能殺人？」其人默不敢言，後亦私償其所盜，卒以善去。游酢《書行狀後》。《答横渠先生書》：「承教，諭以定性未能不動，猶累於外物，此賢者慮之熟矣，尚何俟小子之言！然嘗思之矣，敢貢其説於左右。所謂定者，動亦定，靜亦定，無將迎，無内外。苟以外物爲外，牽己而從之，是以己性爲有内外也。且以性爲隨物於外，則當其在外時，何者爲在内？是有意於絶外誘，而不知性之無内外也。既以内外爲二本，則又烏可遽語定哉？夫天地之常，以其心普萬物而無心；聖人之常，以其情順萬事而無情。故君子之學，莫若廓然而大公，物來而順應。《易》曰：『貞吉，悔亡。憧憧往來，朋從爾思。』苟規規於外誘之除，將見滅於東而生於西也。非惟日之不足，顧其端無窮，不可得而除也。人之情各有所蔽，故不能適道，大率患在於自私而用智。自私則不能以有爲爲應迹，用智則不能以明覺爲自然。今以惡外物之心，而求照無物之地，是反鑑而索照也。《易》曰：『艮其背，不獲其身；行其庭，不見其人。』孟氏亦曰：『所惡於智者，爲其鑿也。』與其非外而是内，不若内外之兩忘也。兩忘則澄然無事矣。無事則定，定則明，明則尚何應物之爲累哉？聖人之喜，以物之當喜；聖人之怒，以物之當怒。是聖人之喜怒，不繫於心而繫於物也。是則聖人豈不應於物哉？烏得以從外者爲非，而更求在内者爲是也？今以自私用智之喜怒，而視聖人喜怒之正爲何如哉？夫人之情，易發而難制者，惟怒爲甚。第能於怒時遽忘其怒，而觀理之是非，亦可見外誘之不足惡，而於道亦思過半矣。心之精微，口不能宣；加之素拙於文辭，又吏事悤悤，未能精慮，當否佇報，然舉大要，亦當近之矣。道近求遠，古人所非，惟聰明裁之！」《明道文集》。朱子云：「先生此書，自胸中瀉出，如有物在後逼逐他相似，所謂造道之言也。大綱在『廓然而大公，物來而順應』兩句，緊要在『怒時遽忘其怒，而觀理之是非』一句。『遽忘其怒』便是『廓然大公』，『觀理之是非』便是『物來順應』。先生言語渾淪，子細看，節節有條理。」又云：「《定性書》是正心誠意以後事。」劉蕺山云：「此先生發明主静立極之説，最爲詳盡而無遺也。主静之説，本千古祕密藏，即横渠得之不能無疑，向微先生發明至此，幾令千古長夜矣。」按：朱子云「先生十四五便學聖人，二十及第出去做官，一向長進。《定性書》是二十二三時作」，蓋大約言之。

四年己亥，二十八歲。在鄠。

先生在長安倉中閑坐，後見長廊柱，以意數之，已尚不疑，再數之不合，不免令人一一聲言而數之，乃與初數者無差，則知越著心把捉越不定。《遺書》吕與叔《東見録》。《延平答問》云：「吾輩立志已定，若看文字，心慮一澄然之時，略綽一見，與心會處，便是正理。若更生疑，即恐滯礙。」明道在倉中，「坐見廊柱多，因默數之，疑以爲未定，屢數愈差，遂令一人敲柱數之，乃與初默數之數合，正謂此也」。在鄠有詩云：「雲淡風輕近午天，傍花隨柳過前川。❶時人不識予心樂，❷將謂偷閑學少年。」看他胸懷直是好，與曾點底事一般。《上蔡語録》。《戲題》：「曾

❶「傍」，清吕留良本《二程全書》作「望」。

❷「時」，清吕留良本《二程全書》作「旁」。

是去年賞春日，春光過了又逡巡。卻是去年春自去，我心依舊去年春。」《題淮南寺》：「南去北來休便休，白蘋吹盡楚江秋。道人不是悲秋客，一任晚山相對愁。」《明道文集》。《延平答問》云：「録示明道二絶句，便是吟風弄月，有『吾與點也』之氣味。某尚疑此詩若是初見周茂叔歸時之句即可，此後所發之語恐又不然也。」按：延平所云，疑即此詩。

五年庚子，二十九歲。在鄠。

先生《遊鄠山詩序》云：「僕自幼時，已聞秦山多奇古，有扈者尤復秀出，常憾遊賞無便。❶嘉祐二年，始應舉得官，遂請於天官氏，願主簿書於是邑，謂厭飫雲山，以償素志。今到官幾二年矣，中間被符移奔走外幹者，三居其二，其一則簿書期會，倉廩出入，固無暇息。惟白雲特在山面，最爲近邑，常乘間兩至，其餘佳處，都未得往。變化初心，辜負泉石。❷五年二月初吉，聞貳車晁公來遊諸山。先是，晁公見約同往，會探吏失期。二日早，晁公以書見命，始知車騎已留草堂，走白邑大夫張君。寺丞興宗。時民産有在山麓者，以罪没官，府符方命量其租入之數，因請以往。鞭馬至山，而晁公已

❶「憾」，清吕留良本《二程全書》作「恨」。
❷「辜」，原作「孤」，據清吕留良本《二程全書》改。

由高觀登紫閣，還憩下院，見待已久。遂奉陪西遊，經李氏五花莊，息鴛池上，夜宿白雲精舍。詰旦，晁公西首，僕復傍山東遊紫閣，❶登南山，望仙掌，回抵高觀谷，探石穴，窺石潭，因周視所定田，徜徉於花林水竹間，夜止草堂。是晚，雨氣自西山來，始慮不得遍詣諸境，一霎遂霽。明旦，入太平谷，憩息於重雲下院。自入太平谷，山水益奇絶，殆非人境。石道甚巇，下視可悸，往往步亂石間。入長嘯洞，過虎溪西南，下至重雲閣，訪鳳池，觀雲頂、淩霄、羅漢三峰；登東嶺，望大頂積雪；復東北來雲際下深澗，白石磷磷於水間，水聲清泠可愛，坐石掬水，戀戀不能去者久之，遂宿大定寺。淩晨，登上方，候日初上，西望藥山，北眺大頂，千峰萬巒，目極無際。下山緣東澗，渡横橋，復憩於重雲下院。出谷，遊太平宫故基而歸。馬上率爾口語，往往成詩章。自入山至歸，凡四日，得長短詠共十二篇，姑存之，以誌遊覽之次第云。」《明道文集》。按：《宋史》：晁无咎，字補之，宗慤之曾孫。嘉祐二年進士。又《蘇文忠集》有《送晁美叔、端彦發運右司詩》。二晁皆先生同年，未知孰是貳車。時朱公掞主萬年簿，張山甫主武功簿，與先生皆以才名稱關中，號爲三傑。《伊洛淵源録》。

❶「傍」，原作「並」，據清吕留良本《二程全書》改。

六年辛丑，三十歲。調上元縣主簿。

先生居鄠再期，以避親罷，再調江寧府上元縣主簿。田稅不均，比他邑尤甚。蓋近府美田，爲貴家富室以厚價薄其稅而買之，小民苟一時之利，久則不勝其弊。先生爲令畫法，民不知擾，而一邑大均。其始，富者不便，多爲浮論，欲搖止其事，既而無一人敢不服者。後諸路行均稅法，邑官不足，益以他官，經歲歷時，文案山積，而尚有訴不均者，計其力，比上元不啻百千矣。《明道行狀》。按《續通鑑長編》：嘉祐六年冬十月，有陝西轉運使彭思永薦河中府進士南宫魯爲試將作監主簿一事，先生避親，疑即彭公也。又按：先生爲令畫法，疑即李仲通均田稅，事詳熙寧七年《李寺丞墓誌》。先生主簿上元時，謝師直爲江東轉運判官。師宰來省其兄，嘗從先生假公僕掘桑白皮。先生問之曰：「漕司役卒甚多，何爲不使？」曰：「《本草》説桑白皮出土見日者殺人。以伯淳所使人不欺，故假之爾。」師宰之相信如此。《家世舊事》，下同。《宋史》：謝師直，名景温。嘉祐間爲江東轉運判官。謝師直尹洛時，嘗談經與鄙意不合，因曰：「伯淳亦然。往在上元，某説《春秋》，猶時見取，至言《易》，則皆曰非是。」頤謂曰：「二君皆通《易》者也。監司談經，而主簿乃曰非是，監司不怒，主簿敢言，非通《易》能如是乎？」按：先生説《易》，雖無成書，而散見於《遺書》者，皆可考而知。觀横渠稱先生深明《易》理，及以師直言《易》爲非是，所謂得不傳於遺經者，必有在矣。伊川嘗謂張繹曰：「我之道蓋與明道同。」則欲求先生之言《易》者，即求之伊川《易傳》可也。獵，自謂今無此好。周茂叔曰：「何言之易也！但此心潛隱未發，一日萌動，復如前矣。」後十二年，因見，果知未。一云：「先生年十六七時，好田獵，十二年暮歸，在田野間見田獵者，不覺有喜心。」《遺書》卷七。朱子云：「明道氣質如此，年至三十，猶不忘在我者，當益加操守，不可以此自恕。」劉蕺山云：「方未見時不知此心閃在何處，知此可知未發之中。」九月庚戌，孝女生。見《伊川文集》。

七年壬寅，三十一歲。攝上元令。

先生攝邑事。上元劇邑，訴訟日不下二百，爲政者疲於省覽，奚暇及治道？先生處之有方，不閱月，民訟遂簡。江南稻田，賴陂塘以溉。盛夏塘隄大決，計非千夫不可塞。法當言之府，府稟於漕司，然後計功調役，非月餘不能興作。先生曰：「比如是，苗槁久矣，民將何食？救民獲罪，所不辭也。」遂發民塞之，歲則大熟。江寧當水運之衝，舟卒病者則留之，爲營以處，曰小營子。歲不下數百人，至者輒死。先生察其由，蓋既留，然後請於府，給券乃得食，比有司文具，則困於飢已數日矣。先生白漕司，給米貯營中，至者與之食，自是生全者大半。措置於纖悉之間，❶而人已受賜，如此之比，所至

❶ 「悉」，清呂留良本《二程全書》作「微」。

多矣。先生嘗云：「一命之士，苟存心於愛物，於人必有所濟。」《明道行狀》。《元豐九域志》：上元屬江南路江寧府。黄百家云：「此即是欲立欲達之體。」三月十八日，先生叔父殿丞瑜卒於京師。見《明道文集》。叔父瑜，字叔寶，父道，贈寺丞。母，長壽縣太君任氏。歷官至殿中丞，終於京師，年四十三。

八年癸卯，三十二歲。

仁宗登遐，三月辛未。遺制：官吏成服，三日而除。三日之朝，府尹王贄。率群官將釋服。先生進曰：「三日除服，遺詔所命，莫敢違也，請盡今日。若朝而除之，所服止二日爾。」尹怒不從。先生曰：「公自除之，某非至夜不敢釋也。」一府相視，無敢除者。茅山有龍池，其龍如蜥蜴而五色。祥符中，中使取二龍。至中途，中使奏一龍飛空而去。自昔嚴奉以爲神物，先生嘗捕而脯之，使人不惑。其始至邑，見人持竿道旁，以黏飛鳥，取其竿折之，教之使勿爲。及罷官，艤舟郊外。有數人共語：「自主簿折黏竿，鄉民子弟不敢畜禽鳥。」不嚴而令行，大率如此。《明道行狀》。朱子《建康府學明道先生祠記》：「淳熙三年，資政建安劉公守建康，以屬邑上元，先生少日宦遊處也，均田塞隄，及民之政爲多；脯龍折竿，教民之意亦備。而兵革變故，風聲無復傳者，奉祀致意，願請文以記之。熹謂上元之政，於先生懼未足以稱揚也。然其言有曰：『一命之士，苟存心於愛物，於人必有所濟。』則中之所存，又烏得以小大而議之哉？」先生守官南方，長吏使往茅山請龍，辭之，謂：「祈請鬼神，當使信嚮者則有應，今先懷不信，便非義理。」既到茅山嵒，勑使人於水中捕得二龍，持之歸，並無他異，復爲小兒玩之致死。此只魚蝦之類，❶但形狀差異爲爾。《遺書》蘇季明録。

英宗治平元年甲辰，三十三歲。罷上元任。至磁州。

先生德性絶人，外和内剛，眉目清峻，語聲鏗然。恕早從先生之弟學，初見先生於磁州，其氣貌清明夷粹，其接人和以有容，其斷義剛而不犯，其思索妙造精義，其言近而測之益遠。恕蓋始恍然自失，而知天下有成德君子，所謂完人者，若先生是已。邢恕《敘述》。《元豐九域志》：磁州，屬河北路真定府。按：邢恕，字和叔，陽武人。嘉祐初，早從伊川學。治平初，初見先生於磁州。觀《敘述》所稱，蓋知尊先生者。惜乎其後極狼狽，伊川所謂「義理不勝利欲之心」也。邢七云：「一日三點檢。」先生曰：「可哀也哉！其餘時多會甚事？蓋倣三省之説錯了，可見不曾用功。」又多逐人面上説一般話，先生責之。邢曰：「無可説。」先生曰：「無可説，便不得不説？」《外書・上蔡語録》。八月四日，子端慤生。見《明道文集》。按太中自撰墓誌：孫端懿，汝陽縣主簿。端輔，早亡。端本，治進士業。皆先生子，無名端慤者。惟先

---

❶「只」，清呂留良本《二程全書》作「爲」。

生《行狀》「一作五子，三早卒」，端慤或其一也。時太中知磁州，先生至磁省親也。

二年乙巳，三十四歲。移晋城。

先生居上元，再朞，❶就移澤州晋城令。澤人淳厚，尤服先生教命。民以事至邑者，必告之以孝弟忠信，入所以事父兄，出所以事長上。度鄉村遠近爲伍保，使之力役相助，患難相恤，而姦僞無所容。凡孤煢殘廢者，責之親戚鄉黨，使無失所。行旅出於其途者，疾病皆有所養。諸鄉皆有校，暇時親至，召父老而與之語；兒童所讀書，親爲正句讀；教者不善則爲易置。俗始甚野，不知爲學。先生擇子弟之秀者，聚而教之。去邑纔十餘年，而服儒服者蓋數百人矣。

鄉民爲社會，爲立科條，旌别善惡，使有勸有耻。邑幾萬室，三年之間，無强盜及鬭死者。秩滿，代者且至，吏夜叩門，稱有殺人者。先生曰：「吾邑安有此？誠有之，必某村某人也。」問之果然。家人驚異，問：「何以知之？」曰：「吾常疑此人惡少之弗革者也。」河東財賦窘迫，官所科買，歲爲民患。雖至賤之物，至官取之，則其價翔湧，多者至數十倍。先生常度所需，使富家預儲，定其價而出之。富室不失倍息，而鄉民所費，

❶「朞」，原作「暮」，據清吕留良本《二程全書》改。

比常歲十不過二三。民税常移近邊，載往則道遠，就糴則價高。先生擇富民之可任者，預使購粟邊郡，所費大省，民力用紓。縣庫有雜納錢數百千，常借以補助民力，部使者至，則告之曰：「此錢令自用而不敢私，請一切不問。」使者屢更，無不從者。先時，民憚差役，役及則互相糾訴，鄉隣遂爲仇讎。先生盡知民産厚薄，第其先後，按籍而命之，無有辭者。

河東義勇，農隙則教以武事，然應文備數而已。先生至，晉城之民遂爲精兵。晉俗尚焚屍，雖孝子慈孫習以爲安。先生教諭禁止，民始信之。而先生去後，郡官有母死者，憚於遠致，以投烈火，愚俗視傚，先生之教遂廢，識者恨之。先生爲令，視民如子。欲辨事者，或不持牒，徑至庭下，陳其所以。先生從容告語，諄諄不倦。在邑三年，百姓愛之如父母，去之日，哭聲振野。《明道行狀》。《元豐九域志》：晉城屬河東路澤州。有富民張氏子，其父死未幾，晨起有老父立於門外，問之，曰：「我，汝父也，今來就汝居。」具陳其由，張氏子驚疑莫測，相與詣縣，請辨之。老父曰：「業醫，遠出治疾，而妻生子，貧不能養，以與張氏。某年某月某日，某人抱去，某人某人見之。」先生謂曰：「歲久矣，爾何記之詳也？」老父曰：「某歸而知之，則書於藥法策後。」因懷中取策進之，其所記曰「某年月日，某人抱兒與張三翁家」。先生問張氏子曰：「爾年幾何？」曰：「三十六矣。」

「爾父而在，年幾何？」曰：「七十六矣。」謂老父曰：「是子之生，其父年纔四十，人已謂之三翁乎？」老父驚駭服罪。《家世舊事》。晉城俗樸陋，民不知學，中間幾百年，無登科者。先生擇其秀異，爲置學舍糧具，聚而教之。朝夕督厲，誘進學者，風靡日盛。熙寧、元豐間，應書者至數百，登科者十餘人。先生爲政，條教精密，而主之以誠心。晉城之民，被服先生之化，暴桀子弟至有恥不犯。迄先生去，三年間，編户數萬衆，罪入極典者纔一人，然鄉閭猶以不遵教令爲深恥。熙寧七年，立之得官晉城，距先生去已十餘年，見民有聚口衆而不析異者，問其所以，云守程公之化也。其誠心感人如此。劉立之《敘述》。先生《晉城縣令題名記》：「古者諸侯之國，各有史記，一無「記」字。故其善惡皆見於後世。自秦罷侯置守令，則史亦從而廢矣。其後自非傑然有功德者，或記之循吏，與夫凶忍殘殺之極者，以酷見傳，其餘則泯然無聞矣。如漢、唐之有天下，皆數百年，其間郡縣之政，可書者宜亦多矣，然其見書者，率纔數十人。使賢者之政不幸而無傳，其不肖者復幸而得蓋其惡，斯一作「其」。與古史之意一作「事」。異矣。「夫圖治於長久者，雖聖知爲之，且不能倉卒苟簡而就，蓋必本之人情而爲之法度，然後可使去惡而從善。則其紀綱條教，必審定而後下；其民之服循漸漬，亦必待久乃淳固而不變。今之爲吏三歲，而代者固已遲之矣。使皆知禮義者，能自始至，即皇皇然圖所施設，亦教令未熟，民情未孚，而更書已至矣。儻後之人所志不同，復有甚者，欲新己之政，則盡其法而去之，其迹固無餘矣。而況因循不職者乎？噫！以易息之政，而復無以託其傳，則宜其去皆未幾，而善惡無聞焉。故欲聞古史之善而不可得，則因謂今有題前政之名氏以爲記者，❶尚爲近古。而斯邑無之，乃考之案牒，訪之吏民，纔得自李君而降二十一人，第其歲月之先後而記之，俾民觀其名而不忘其政，後之人得從而質其是非以爲師戒云耳。來者請嗣書其次。」《明道文集》。先生作縣，凡坐處皆書「視民如傷」四字。常曰：「某常愧此四字。」《外書·龜山語録》。

三年丙午，三十五歲。在晉城。

先生在澤州，嘗三次食韭黄。始食懷州韭，次食澤州，又次食并州，則知數百里間氣候争三月矣。若都以此差之，則須争半歲。如是，則有在此冬至，在彼夏至者。雖然，又没此事，只是一般爲冬爲夏而已。《遺書》吕與叔《東見録》。晉祠之魚極多，先生嘗到水濱，魚可俯拾，然衆人不取，以神爲畏，而特不殘及此魚也。《外書》卷十。

四年丁未，三十六歲。秩滿，改著作佐郎。至漢州。

❶「今」，原作「令」，據吕留良本《二程全書》改。

先生叔父琉，年四十五，以太中恩補郊社齋郎。見《伊川文集》。叔父琉，字季聰，太中季弟。幼孤，事母崇國太夫人能竭其力，事伯兄邱嫂如父母。年五十始有子，傷從兄無嗣，遂以繼之。太中六得任子恩，公與二子實居其三，長子頔，郊社齋郎，出繼從伯父後。次顒，太廟齋郎。女二：長適劉立之，次適王霖。詳《朝奉墓誌》。先生與伊川，隨侍太中知漢州，宿一僧寺。先生入門而右，從者皆隨之；伊川入門而左，獨行至法堂上相會。伊川自謂：「此是頤不及家兄處。」蓋先生和易，人皆親近；伊川嚴重，人不敢近也。《伊洛淵源録》。

明道先生年譜卷二

神宗熙寧元年戊申，三十七歲。

五月十四日，子端慤卒。越三日，藏一作「葬」。於伊陽縣神陰鄉祖塋之東。先生誌其壙曰：「邵公，其幼名也。端慤，其名也。生而有奇質，未滿歲而温粹端重之態，完然可愛，聰明日發，而方厚淳美之氣益備。其始言也，或授之以詩，率未三四過，即已成誦矣，久亦不復忘去。雖警悟俊穎，若照徹内外，而出之從容，故敏於見知，而安於言動。坐立必莊謹，不妄瞻視，未嘗有戲慢之色。孝友信讓之性，蓋出於自然。與人言則温然，及其有所不爲，則確乎其守也。大凡其心有所許，後雖以百事誘迫，終不復移矣。日視群兒，相與狎弄歡笑跳梁於前，泊乎如不聞知，雖有喜相侵暴者，亦莫之敢侮。蓋厥生五年，而人不見其有喜怒好欲。是豈特異於常兒哉？皆老於學者之所難能也，而吾兒之資，乃成於生之初。嗚呼！使其降年之永，則吾不知其所至也。吾弟頤亦以斯文爲己任，嘗意是兒當世吾兄弟之學。今則已矣，則吾之慟，亦不特以父子之親也。夫動静者陰陽之本，況五氣交運，則益參差不齊矣。賦生之類，宜其雜糅者衆，而精一者間或值焉。以其間值之難，則其數或不能長，亦宜矣。吾兒其得氣之精一而數之局者歟？天理然矣，吾何言哉！以其葬日之迫，刊刻之不暇也，惟砂書於磚，以誌其壙。」《明道文集》。朱子云：「此一節，全用周子《太極圖説》及《通書》中意，蓋理則粹純至善，而氣則雜糅不齊。」

二年己酉，三十八歲。四月，爲農田水利使。八月，以吕公著薦授太子中允，權監察御史裏行。

四月，遣使察農田水利賦役於天下，時遣八人，先生與焉。《綱鑑》。按：八人者：劉彝、侯叔獻、王汝翼、王廣廉、謝卿材、盧秉、曾伉與先生也。八月辛酉，以御史中丞吕公著薦，授太子中允，權監察御史裏行。神宗素知先生名，召對之日，從容咨訪，比二三見，遂期以大用。每將退，必曰：「頻求對來，欲常相見爾。」一日，論議甚久，日官報午正，先生遽求退。庭中中人相謂曰：「御史不知上未食耶？」前後進説甚多，大要以正心窒欲、求賢育材爲先。先生不飾辭辯，獨以誠意感動人主。神宗嘗使推擇人才，先生所薦者數十人，而以父表弟張載暨弟頤爲首。所上章疏，子姪不得窺其稾。嘗言：「人主當防未萌之欲。」神宗俯身拱手曰：「當爲卿戒之。」及因論人才，曰：「陛下奈何輕天下士？」神宗曰：「朕何敢如是？」言之至於再三。時王荆公安石日益信用，先生每進見，必爲神宗陳君道以至誠仁愛爲本，未嘗及功利。神宗始疑其迂，而禮貌不衰。嘗極陳治道，神宗曰：「此堯、舜之事，朕何敢當？」先生愀然曰：「陛下此言非天下之福也。」《明道行狀》。《宋史》：吕公著，字晦叔，文靖公子。仕至右僕射。元祐初，與司馬光同心輔政。卒，年七十二。贈申國公，謚正獻。神宗召對，問所以爲御史，對曰：「使臣拾遺補闕，裨贊朝廷，則可。使臣掇拾臣下短長，以沽直名，則不能。」神宗歎賞，以爲得御史體。神宗勵精求治，王荆公執政，議法改令，言者攻之甚力，至有發憤肆罵，無所不至者。先生獨以至誠開納君相，疏入輒削稾，不以示子姪。常曰：「揚己矜衆，吾所不爲。」劉立之《敘述》。擢爲御史，睿眷甚渥，亟承德音，所獻納必據經術，事常辨於早而戒於漸。一日，神宗縱言及於辭命。先生曰：「人主之學，惟當務爲急，辭命非所先也。」神宗爲之動顔。游酢《書行狀後》。《論王霸疏》曰：❶「臣伏謂：得天理之正，極人倫之至者，堯、舜之道也。用其私心，依仁義之偏者，霸者之事也。王道如砥，本乎人情，出乎禮義，若履大路而行，無復回曲。霸者崎嶇反側於曲徑之中，而卒不可與入堯、舜之道。故誠心而王則王矣，假之而霸則霸矣，二者其道不同，在審其初而已。《易》所謂『差若毫釐，繆以千里』者，其

❶「論」上，原衍「嘗」字，據清吕留良本《二程全書》删。

初不可不審也。故治天下者，必先立其志，正志先立，則邪説不能移，異端不能惑，故力進於道而莫之禦也。苟以霸者之心而求王道之成，是衒石以爲玉也。故仲尼之徒無道桓、文之事，而曾西恥比管仲者，義所不由也，況下於霸者哉？

「陛下躬堯、舜之資，處堯、舜之位，必以堯、舜之心自任，然後爲能充其道。漢、唐之君，有可稱者，論其人則非先王之學，考其時則皆駁雜之政，乃以一曲之見，幸致小康，其創法垂統，非可繼於後世者，皆不足爲也。然欲行仁政而不素講其具，使其道大明而後行，則或出或入，終莫有所至也。

「夫事有大小，有先後。察其小，忽其大，先其所後，後其所先，皆不可以適治。且志不可慢，時不可失。惟陛下稽先聖之言，察人事之理，知堯、舜之道備於己，反身而誠之，推之以及四海，擇同心一德之臣，與之共成天下之務，《書》所謂『尹躬暨湯，咸有一德』，又曰『一哉王心』，言致一而後可以爲也。古者三公不必備，惟其人，誠以謂不得其人而居之，則不若闕之之愈也。蓋小人之事，君子所不能同；豈聖賢之事，而庸人可參之哉？欲爲聖賢之事，而使庸人參之，則其命亂矣。既任君子之謀，而又入小人之議，則聰明不專而志意惑矣。今將救千古深錮之弊，爲生民長久之計，非夫極聽覽之明，盡正邪之辨，致一而不二，其能勝之乎？

「或謂：人君舉動，不可不慎，易於更張，則爲害大矣。臣獨以爲不然。所謂更張者，顧理所當耳。其動皆稽古質義而行，則爲慎莫大焉，豈若因循苟簡，卒致敗亂者哉？自古以來，何嘗有師聖人之言，法先王之治，將大有爲而反成禍患者乎？願陛下奮天錫之勇智，體乾剛而獨斷，沛然不疑，則萬世幸甚。」《明道文集》，下同。朱子云：先生「《王霸劄子》說得好，自古論王霸，至此無遺藴矣」。《論君道疏》曰：「臣伏謂：君道之大，在乎稽古正學，明善惡之歸，辨忠邪之分，曉然趨道之正；故在乎君志先定，君志定而天下之治成矣。所謂定志者，一心誠意，擇善而固執之也。夫義理不先盡，則多聽而易惑；志意不先定，則守善而或移。惟在以聖人之訓爲必當從，先王之治爲必可法，不爲後世駁雜之政所牽制，一作「滯」。❶不爲流俗因循之論所遷惑，自知極於明，信道極於篤，任賢勿貳，去邪勿疑，必期致世如三代之隆而後已也。

「然天下之事，患常生於忽微，而志亦戒乎漸習。是故古之人君，雖出入從容閒燕，必有誦訓箴諫之臣，左右前後無非正人，所以成其德業。伏願陛下：禮命老成賢儒，不必勞以職事，俾日親便座，講論道義，以輔養聖德；又擇天下賢俊，使得陪侍法從，朝夕延

❶ 「滯」，原作「帶」，據呂留良本《二程全書》改。

見，開陳善道，講磨治體，以廣聞聽。如是，則聖智益明，王猷允塞矣。「今四海靡靡，日入偷薄，末俗嘵嘵，無復廉恥，蓋亦朝廷尊德樂道之風未孚，而篤誠忠厚之教尚鬱也。惟陛下稽聖人之訓，法先王之治，一一作「正」。心誠意，體乾剛健而力行之，則天下幸甚。」朱子云：先生「進說，只以聖人之說爲必可信，先王之道爲必可行」，「必期致天下如三代之世」。「如說與學者，也只得教他依聖人言語做去，待他做工夫有見處，自知得聖人確然恁地。」《請修學校尊師儒取士疏》曰：❶「臣伏謂：治天下以正風俗、得賢才爲本。宋興百餘年，而教化未大醇，人情未盡美，士人微謙退之節，鄉閭無廉恥之行，刑雖繁而奸不止，官雖冗而材不足者，此蓋學校之不修，師儒之不尊，無以風勸養勵之使然耳。竊以去聖久遠，師道不立，儒者之學幾於廢熄，惟朝廷崇尚教育之，道則不日而復。古者一道德以同俗，苟師學不正，則道德何從而一？方今人執私見，家爲異說，支離經訓，無復統一，道之不明不行，乃在於此。

「臣謂：宜先禮命近侍賢儒，各以類舉，及百執事方岳州縣之吏，悉心推訪，凡有明先王之道，德業充備，足爲師表者，其次有篤志好學、材良行修者，皆以名聞。其高蹈之士，

---

❶「疏」，清吕留良本《二程全書》作「劄子」。

朝廷當厚禮延聘，其餘命州縣敦遣，萃於京師，館之寬閒之宇，豐其廩餼，卹其家之有無，以大臣之賢典領其事，俾群儒朝夕相與講明正學。其道必本於人倫，明乎物理。其教自小學灑埽應對以往，修其孝悌忠信，周旋禮樂。其所以誘掖激勵漸摩成就之道，皆有節序，其要在於擇善修身，至於化成天下，自鄉人而可至於聖人之道。其學行皆中於是者爲成德。

「又其次取材識明達、可進於善者，使日受其業，稍久則舉其賢傑以備高任。擇其學業大明、德義可尊者，爲太學之師，次以分教天下之學，始自藩府，至於列郡。擇士之願學、民之俊秀者入學，皆優其廩給而蠲其身役。凡其有父母骨肉之養者，亦通其優游往來，以察其行。其大不率教者，斥之從役。

「漸自太學及州郡之學，❶擇其道業之成、可爲人師者，使教於縣之學，❷如州郡之制。異日則十室之鄉，達於黨遂，皆當修其庠序之制，爲之立師，學者以次而察焉。縣令每歲與學之師，以鄉飲酒之禮會其鄉老。學者衆推經明行修、材能可任之士，升於州之

❶「郡」，原重文，據清呂留良本《二程全書》改。

❷「於」下，原有「學」字，據清呂留良本《二程全書》删。

學，以觀其實。學荒行虧者罷歸，而罪其吏與師；❶其升於州而當者，復其家之役。郡守又歲與學之師行鄉飲酒之禮，大會郡士，以經義、性行、材能三物賓興其士於太學，太學又聚而教之。其學不明、行不修與材之下者，罷歸以爲郡守學師之罪。升於太學者，亦聽其以時還鄉里，復來於學。

「太學歲論其賢者能者於朝，謂之選士，朝廷問之經以考其言，試之職以觀其材，然後辨論其等差而命之秩。凡處郡縣之學與太學者皆滿三歲，然後得充薦；其自州郡升於太學者，一歲而後薦；其有學行超卓、衆所信服者，雖不處於學，或處學而未久，亦得備數論薦。

「凡選士之法，皆以性行端潔，居家孝悌，有廉恥禮遜，通明學業，曉達治道者。在州縣之學，則先使其鄉里長老，次及學衆推之。在太學者，先使其同黨，次及博士推之。其學之師與州縣之長，無或專其私，苟不以實，其懷奸罔上者，師長皆除其仕籍，終身不齒，失者亦奪官二等，勿以赦及去職論。州縣之長，莅事未滿半歲者，皆不薦士師，皆取學者成否之分數爲之賞罰。

---

❶「與」，原作「於」，據清呂留良本《二程全書》改。

「凡公卿大夫之子弟皆入學，在京師者入太學，在外者各入其所在州之學，謂之國子。其有當補蔭者，並如舊制，惟不選於學者，不授以職。每歲，諸路別言一路國子之秀者，升於太學，其升而不當者，罪其監司與州郡之師。太學歲論國子之有學行材能者於朝，其在學賓興考試之法，皆如選士。

「國子自入學，中外通及七年，或太學五年。年及三十以上，所學不成者，辨而爲二等。上者聽授以筦庫之任，自非其後學業修進，中於論選，則不復使親民政。其下者罷歸之。雖歲滿願留學者，亦聽。其在外學七歲而不中升選者，皆論致太學而考察之，爲二等之法。國子之大不率教者，亦斥罷之。凡有職任之人，其學業材行應薦者，諸路及近侍以聞，處之太學，其論試亦如選士之法，取其賢能而進用之。凡國子之有官者，中選則增其秩。

「臣謂既一以道德仁義教養之，又專以行實材學升進之，去其聲律小碎、糊名謄録、一切無義理之弊，不數年間，學者靡然丕變矣。豈惟得士浸廣，天下風俗將日入醇正，王化之本也。臣謂帝王之道，莫尚於此，願陛下特留宸意，爲萬世行之。」朱子云：先生所論學制，最爲有本。每讀其書，觀其論講學處，未嘗不慨然發歎，憾不生於彼時也。先生所言，始終本末，次序甚明。《論十事疏》，❶一曰師傅，二曰六官，三曰經界，四曰鄉黨，五曰貢士，六曰兵役，七曰民食，八曰四民，九曰山澤，十曰分數。其言曰：「聖人創法，皆本諸人情，極乎物理，雖二帝、三王不無隨時因革，踵事增損之制；然至乎爲治之大原，牧民之要道，則前聖後聖，豈不同條而共貫哉？ 蓋無古今，無治亂，如生民之理有窮，則聖王之法可改。後世能盡其道則大治，或用其偏則小康，此歷代彰灼著明之效也。苟或徒知泥古，而不能施之於今，姑欲循名而遂廢其實，此則陋儒之見，何足以論治道哉！

「然儻謂今人之情皆已異於古，先王之迹不可復於今，趣便目前，不務高遠，則亦恐非大有爲之論，而未足以濟當今之極弊也。謂如衣服、飲食、宫室、器用之類，苟便於今而有法度者，豈亦遽當改革哉？ 惟其天理之不可易，人所賴以生，非有古今之異，聖人之所必爲者，固可概舉。然行之有先後，用之有緩速，若夫裁成運動，周旋曲當，則在朝廷講求設施如何耳！

「古者自天子達於庶人，必須師友以成就其德業，故舜、禹、文、武之聖，亦皆有所從學。今師傅之職不修，友臣之義未著，所以尊德樂善之風未成於天下，此非有古今之異

---

❶「疏」，清吕留良本《二程全書》作「劄子」。

者也。

「王者必奉天建官，故天地四時之職，歷二帝、三王未之或改，所以百度修而萬化理也。至唐，猶僅存其略。當其治時，尚得綱紀小正。今官秩淆亂，職業廢弛，太平之治所以未至，此亦非有古今之異者也。

「天生烝民，立之君，使司牧之，必制其恒産，使之厚生，則經界不可不正，井地不可不均，此爲治之大本也。唐尚能有口分授田之制，今則蕩然無法，富者跨州縣而莫之止，貧者流離餓殍而莫之恤。幸民雖多，而衣食不足者，蓋無紀極。生齒日益繁，而不爲之制，則衣食日蹙，轉死日多，此乃治亂之機也，豈可不漸圖其制之之道哉？此亦非有古今之異者也。

「古者政教始乎鄉里，其法起於比閭族黨、州鄉酇遂，以相聯屬統治，故民相安而親睦，刑法鮮犯，廉恥易格。此亦人情之所自然，行之則效，亦非有古今之異者也。

「庠序之教，先王所以明人倫，化成天下。今師學廢而道德不一，鄉射亡而禮義不興，貢士不本於鄉里而行實不修，秀民不養於學校而人材多廢，此較然之事，亦非有古今之異者也。

「古者府史胥徒受禄公上，而兵農未始判也。今驕兵耗匱國力，亦已極矣。臣謂禁衛之外，不漸歸之於農，則將貽深慮；府史胥徒之役，毒遍天下，不更其制，則未免大患。此亦至明之理，非有古今之異者也。

「古者民必有九年之食，無三年之食者，以爲國非其國。臣觀天下耕之者少，食之者衆，地力不盡，人功不勤，雖富室强宗，鮮有餘積，况其貧弱者乎？或一州一縣有年歲之凶，即盜賊縱横，饑羸滿路。如不幸有方三二千里之災，或連年之歉，則未知朝廷以何道處之，則其患不可勝言矣。豈可曰昔何久不至是，因以幸爲可恃也哉？固宜漸從古制，均田務農，公私交爲儲粟之法，以爲之備。此亦無古今之異者也。

「古者四民各有常職，而農者十居八九，故衣食易給，而民無所困苦。今京師浮民，數逾百萬，游手不可貲度。觀其窮蹙辛苦，孤貧疾病，變詐巧僞，以自求生，而常不足以生。日益歲滋，久將若何！事已窮極，非聖人能變而通之，則無以免患，豈可謂無可奈何而已哉？此在酌古變今，均多恤寡，漸爲之業，以救之耳。此亦非有古今之異者也。

「聖人奉天理物之道，在乎六府；六府之任，治於五官；山虞澤衡，各有常禁，故萬物阜豐，而財用不乏。今五官不修，六府不治，用之無節，取之不時。豈惟物失其性，林木所資，天下皆已童赭，斧斤焚蕩，尚且侵尋不禁，而川澤漁獵之繁，暴殄天物，亦已耗竭，則將若之何！此乃窮弊之極矣。惟修虞衡之職，使將養之，則有變通長久之勢，此亦非有古今之異者也。

「古者冠婚喪祭，車服器用，等差分别，莫敢踰僭，故財用易給，而民有恒心。今禮制未修，奢靡相尚，卿大夫之家莫能中禮，而商販之類或踰王公，禮制不足以檢飭人情，名數不足以旌别貴賤，既無定分則，奸詐攘奪，人人求厭其欲而後已，豈有止息者哉？此争亂之道也。則先王之法，豈得不講求而損益哉？此亦非有古今之異者也。

「此十者特其端緒耳，臣特論其大端，以爲三代之法有必可施行之驗。如其綱條度數、施爲注措之道，則審行之，必也稽之經訓而合，施之人情而宜，此曉然之定理，豈徒若迂疎無用之説哉？惟聖明裁擇！」黄百家云：「先生所陳治法十事，按其時勢，悉中肯綮，無一語非本，此中之至誠流露也，此真明體達用之言。」胡敬齋云：「若依他做，三代之治，可運之掌，惜乎！神宗惑於王安石功利之説，❶而不能用也。」《論養賢疏》曰：❷「臣竊以議當代者，皆知得賢則天下治，而未知所以致賢之道也。是雖衆論紛然，未極其要，朝廷亦以行之爲艱而不

❶「功利之説」四字，原無，據四庫本《居業録》補。
❷「疏」，清吕留良本《二程全書》作「劄子」。

爲也。三代養賢，必本於學，而德化行焉，治道出焉。本朝踵循唐舊，而館閣清選，止爲文字之職，名實未正，欲招賢養材以輔時贊化，將何從而致之也？臣歷觀古先哲王所以虚己求治，何嘗不盡天下之才以成己之德也！故曰：『大舜有大焉，善與人同，樂取於人以爲善。』今天下之大，豈爲乏賢？而朝廷無養賢之地以容之，徐察其器識高下而進退之也。

「臣今欲乞朝廷設延英院，以待四方之賢，凡公論推薦及巖穴之賢，必招致優禮，視品給俸，而不可遽進以官，止以應詔命名；凡有政治則委之詳定，凡有典禮則委之討論，經畫得以奏陳，而治亂得以講究也。俾群居切磨，日盡其材，行其志，使政府及近侍之臣，互與相接，陛下時賜召對，詢以治道，可觀其材識器能也。察以累歲，人品益分，然後使賢者就位，能者任職，或委付郡縣，或師表士儒。其德業尤異，漸進以帥臣職司之任，爲輔弼，爲公卿，無施之不稱也。若是，則引彙並進，野無遺賢，陛下尊賢待士之心，可謂無負於天下矣。取進止。」

十一月，置諸路提舉官，王廣淵在京東，一等户給十五千，等而下之，至五等猶給一千，民間喧然。廣淵入奏，謂：「民皆歡呼感德。」先生論廣淵抑配掊克，迎朝廷旨意以困百姓。會河北轉運使劉庠不散青苗錢奏適至，王安石曰：「廣淵力主新法而遭劾，劉庠故壞新法而不問，舉事如此，安得人無向背？」故先生言不行。見《宋史》。《宋史》：劉庠，字希道，彭城人。乞罷新法。王廣淵，字叔本，魏郡人。温公論其奸邪。

閏十一月，張子被召入對，除崇文院校書，會令往勘苗振獄。先生上疏言：「張載經術德義，久爲士人師法，近侍之臣以其學行論薦，蒙陛下親加延問，屢形天奬，中外翕然知陛下崇尚儒學，優禮賢俊，爲善之人，孰不知勸？今朝廷必欲究觀其學業，詳試其器能，則事固有繫教化之本源于政治之大體者。倘使之講求議論，則足以盡其所至。

「夫推按詔一作訟。獄，非謂儒者之不當爲，臣今所論者，朝廷待士之道爾。蓋治獄正可試諸能吏，非所以盡儒者之事業。徒使四方之人謂朝廷以儒術賢業進人，而以獄吏之事試之，則抱道修潔之士，益難自進矣。」執政曰：「淑問如臯陶，猶獻囚，此何傷？」竟命之往。《明道文集》。《邵氏聞見録》：「知明州苗振，監司因觀望發其贓罪，朝廷遣崇文院校書張載往勘，悉平反之，罪止罰金。」先生見上稱介甫之學，對曰：「王安石之學不是。」上愕然問曰：「何故？」對曰：「臣不敢遠引，止以近事明之。臣嘗讀《詩》言周公之德，云：『公孫碩膚，赤舄几几。』周公盛德，形容如是之盛。如王安石，其身猶不能自治，何足以及此？」又曰：「安石博學多聞則有之，守約則未也。」《遺書》吕與叔《東見録》，下同。先生嘗曰：「使人謂之啞御史猶可，且只是格君心。」荆公嘗與先生論事不合，因謂先生曰：「公之學如上壁。」言難行也。先生曰：「參政之學如捉風。」後來逐不附己者，而獨不怨先生，且曰：「此人雖未知道，亦忠信人也。」《遺書》楊遵道録。荆公置條例司，用先生爲屬。一日盛暑，荆公與先生對語，公子雱囚首跣足，攜婦人冠以出，問荆公曰：「所言何事？」荆公曰：「新法數爲人沮，與程君議。」雱箕踞以坐，大言曰：「梟韓琦、富弼之首於市，則新法行矣。」荆公遽曰：「兒誤矣。」先生正色曰：「方與參政論國事，子弟不可預，姑退。」雱不樂去。先生自此與荆公不合。《邵氏聞見録》。御史俸薄，故臺中有「聚廳向火，分廳吃飯」之語。熙寧初，先生入臺爲裏行，則反之，遂聚廳吃食，分廳向火。先生爲予言。《外書》王彦輔記。

三年庚戌，三十九歲。罷授京西提點刑獄，辭，改簽書鎮寧軍節度判官事。

三月四日，先生與孫覺、吕公著、張戩、李常極論新法。不聽。見《宋史》。《宋史》：孫覺，字莘老，高郵人。仕至御史中丞、龍圖閣學士兼侍講。李常，字公擇，建昌人。仕至御史中丞、兵部尚書。張戩，字天祺，横渠弟。爲御史。《諫新法疏》曰：「臣近累上言，乞罷預俵青苗錢利息及汰去提舉官事，❶朝夕以覬，未蒙施行。臣竊謂：明者見於未形，智者防於未亂。況

❶「俵」，清吕留良本《二程全書》作「借」。

今日事理顯白易知，若不因機亟決，持之愈堅，必貽後悔。悔而後改，則爲害已多。蓋安危之本在乎人情，治亂之機繫乎事始；衆心睽乖則有言不信，萬邦協和則所爲必成；固不可以威力取强，言語必勝。而近日所聞，尤爲未便。伏見制置條例司疏駁大臣之奏，舉劾不奉行之官，徒使中外物情，愈致驚駭，是乃舉一偏而盡沮公議，因小事而先失一作「動」。衆心。權其輕重，未見其可。

「臣竊謂：陛下固已燭見事體，究知是非，在聖心非吝改張，由柄臣尚持固必，是致輿情大鬱，衆論益讙，若欲遂行，必難終濟。伏望陛下奮神明之威斷，審成敗之先機。與其遂一失而廢百爲，孰若沛大恩而新衆志？外汰使人之擾，亟推去息之仁。況糶糴之法兼行，則儲蓄之資自廣；在朝廷未失於舉措，使議論何名而沸騰？伏乞檢會臣所上言，早賜施行，則天下幸甚！」時爲監察御史裏行。上語及程顥疏，安石曰：「顥至中書，臣略諭以方鎮沮毀朝廷法令，朝廷申明使知法意，不得謂之疏駁大臣章奏。顥乃言大臣論列事當包含，此言尤爲害理，若不申明法意，使中外具知，則是縱使邪説誣民，而令詔令本意更不明於天下。如此，則異議何由帖息？」《明道文集》，下同。四月十七日，《再上疏》曰：「臣聞天下之理，本諸簡易，而行之以順道，則事無不成。故曰：『智者若禹之行水，行其所無事也。』捨而之於險阻，則不足以言智矣。蓋自古興治，雖有專任獨決，能就事功者；未聞輔弼大臣人各有心，暌戾不一，致國政異出，名分不正，中外人情交謂不可，而能有爲者也。況於措置失宜，沮廢公議，一二小臣實與大計，用賤陵貴，以邪妨正者乎？

「凡此皆天下之理不宜有成，而智者之所不行也。設令由此僥倖，事小有成，而興利之臣日進，尚德之風浸衰，尤非朝廷之福。矧復天時未順，地震連年，四方人心日益揺動，此皆陛下所當仰測天意，俯察人事者也。臣奉職不肖，議論無補，望允前奏，早賜降責。」時權監察御史裏行，由是罷爲權發遣京西路同提點刑獄。黄東發云：「神宗初，明道疏乞定君志，用正人，次《乞修學校尊師儒》，次《論王霸》，皆根本之論。其要尤纖悉於養士養賢之節目，意者亦念人情之不古，伊欲變化士習，非徒法之能行，故先以君志而後及之歟。有曰『禁衛之外，不漸歸之農，則將貽深慮』，竊謂譬之於疾，此尤劇證人主所宜力救者也。其乞留張載免按獄事云『朝廷以儒術進人，而以獄吏之事試之，則抱道修潔之士，益難自進矣』。其《諫新法二疏》云：『與其遂一失而廢百爲，執若沛大恩而新衆志？』又云：『設令僥倖小成，而興利之臣日進，尤非朝廷之福。』其議論得大體如此。」嘗被旨赴中堂議事，荆公方怒言者，厲色待之。先生徐曰：「天下之事，非一家私議，願公平氣以聽。」荆公爲之愧屈。劉立之《敘述》。會同天節，四月，神宗生辰。宫嬪專獻奇巧，爲天子壽。先生既言於朝，又顧謂執政戒之。執政曰：「宫嬪實爲，非上意也，庸何傷？」先生曰：「作淫巧以蕩上心，所傷多矣，公之言非是。」執政辭遂屈。是時，有同在臺列者，志未必同，然心慕其爲人，嘗語人曰：「他人之賢者，猶可得而議也。乃若伯淳，則如美玉然，反復視之，表裏洞徹，莫見疵瑕。」游酢《書行狀後》。時荆公浸行其說，先生意多不合，事出必論列。數月之間，章數十上。尤極論者：輔臣不同心，小臣與大計，公論不行，青苗取息，賣祠部牒，差提舉官多非其人及不經封駁，京東轉運使剥民希寵不加黜責，興利之臣日進，尚德之風浸衰等十餘事。荆公與先生雖道不同，而嘗謂先生忠信。先生每與論事，心平氣和，荆公多爲之動。而言路好直者，必欲力攻取勝，由是與言者爲敵矣。

先生言既不行，懇求外補，神宗猶重其去，上章及面請至十數，不許，遂闔門待罪。神宗將黜諸言者，命執政除先生監司，差權發遣京西路提點刑獄。復上章曰：「臣言是願行之。如其妄言，當賜顯責。請罪而獲遷，刑賞混矣。」累請得罷。既而神宗手批，暴白同列之罪，獨於先生無責，改差簽書鎮寧軍節度判官事。《明道行狀》。《辭京西提刑奏狀》曰：「臣伏蒙聖恩，差權發遣京西路提點刑獄。已瀝懇誠，不敢祇受，願從竄謫，日冀允俞。不避煩瀆，輒再陳請。

「臣出自冗散，過蒙陛下拔擢，寘在言責。伏自供職已來，每有論列，惟知以憂國愛君爲心，不敢以揚己矜衆爲事。陛下亮其愚直，每加優容，故常指陳安危，辨析邪正。知人主不當自聖，則未嘗爲諂諛之言；知人臣意無私交，則不忍爲阿黨之計。明則陛下，幽則鬼神，臣之微誠，實仰臨照。

「然臣學術寡陋，智識闊疎，徒有捧土之心，曾微回天之力。近以力陳時政之失，併論大臣之非，不能裨補聖明，是臣隳廢職業。既已抗章自劾，屏居俟命。豈意刑書未正，而恩典過頒。使臣粗知廉隅，必不敢蒙恥願就。如其見利忘義，靦面受之，陛下有臣如此，亦將安用？況臺諫之任，朝廷綱紀所憑，使不以言之是非，皆得進職而去，臣恐綱紀自此弛廢。臣雖無狀，敢以死請。伏望陛下開白日之照，厲嚴霜之刑，投諸荒陬，實所甘分。臣無任瀝血祈天之至！」熙寧三年四月上。上謂王安石曰：「人情如此紛紛，奈何？」安石曰：「陳襄、程顥專黨吕公著，都無助陛下爲治之實。今當邪説紛紛之時，乃用襄知制誥，顥提點刑獄，人稱其平正。此輩小人，若附公著，得行其志，則天下之利皆歸之。既不得志，又不失陛下獎用，何爲肯退聽而不爲善？」乃以爲簽書鎮寧軍節度判官事。《明道文集》，下同。《謝澶州簽判表》曰：「論議無補，職業不修；國有典刑，罪在誅戮；曲蒙弘貸，仰荷鴻私；期於糜捐，莫可報謝。中謝。

「臣性質樸魯，學術空虚，志意粗修，智識無取；陛下講圖大政，博謀群材，過聽侍臣之言，猥加風憲之任。臣既遭遇明聖，亦思誓竭疲駑，惟知直道以事君，豈忍曲學而阿世！屢進闊疎之論，愧非擊搏之才，徒嘗刳瀝肺肝，曾無裨補毫髮。既不能繩愆糾繆，固不願沽直買名，豈敢冒寵以居？惟是奉身而退。自劾之章繼上，闔門之請罙堅。天意未回，憲章尚屈；更奉發中之詔，俾分提憲之權。不惟沮諍論之風，亦懼廢賞刑之實；力形奏述，恭俟誅夷。

「此蓋伏遇皇帝陛下極天清明，普日臨照，洞正邪之心迹，辨真僞於幽微，察臣忠誠，恕臣狂直，不忍寘諸重辟，投之遠荒，解其察視之官，處以便安之地。生成之賜，義固等於乾坤；涵容之恩，重益逾於山嶽。臣敢不日新素學，力蹈所知，秉心不回，信道愈篤？願狥小夫之志，不爲儒者之羞；或能自進於尋常，庶可仰酬於萬一！」按：先生以二年八月辛酉爲御史，三年四月己卯，罷授提刑，癸未改鎮寧軍簽判。立朝九月，閲二百六十三日，章數十上，惜傳世者止十篇。

十一月二十六日，彭侍郎卒於金陵，先生祭文曰：「悠悠彼蒼，顧佑有常；如何不淑，殲時之良？胡不憖遺，以慰士大夫之望？嗚呼！哀哉！昔我稺齒，爲公所器；教之誨之，實妻以子。二姓之歡，疇可倫擬？逾二十年，顧愛終始。我謫河北，公薨建康，義不得往，神魂飛翔。望南浦之蕭條，想丹旐之悠揚。淚如流水，不到公之堂；號聲動天，不徹公之喪。

「惟公德尊本朝，行高當世；爲四國之矜式，被三朝之注倚；風誼傳於後人，事業存乎國史；磊落明白，掀揭天地。縱綿百世之長，公爲不亡。雖竭無能之鄙辭，何足以增盛德之輝光？惟寓愚之誠兮，因遠致乎肴觴。公其來饗兮，慰余之悲傷！長言恩禮之厚兮，知何時之可忘？嗚呼！哀哉！伏惟尚饗！」上欲用温公，召爲樞密，謂先生曰：「朕召司馬光，卿度光來否？」先生對曰：「陛下能用其言，光必來。不能用其言，光必不來。」帝曰：「未論用其言，如光者常在左右，人主自可無過。」公果辭召命。《邵氏聞見録》。《續通鑑長編》：四年二月，光乞判西京留司御史臺，不報。又上章曰：「臣之不才最出群臣之下，先見不如吕誨，公直不如范純仁、程顥，乞致仕。」詔光移知許州，令過闕上殿，上謂御史程顥云云。此據伯温《聞見録》。按：三年四月，先生已罷御史，此時不在朝廷。蓋韓琦言光可代己爲樞密，神宗與絳語，而伯温誤屬之先生也。

明道先生年譜卷三

四年辛亥，四十歲。簽判鎮寧軍。

先生至鎮寧軍，爲守者嚴刻多忌，通判而下，莫敢與辯事。始意先生嘗任臺憲，必不盡力職事，而又慮其慢己。既而先生事之甚恭，雖筦庫細務，無不盡心，事小未安，必與之辨，遂無不從者，相與甚歡。屢平反重獄，得不死者前後蓋十數。

河清卒於法不他役。時中人程昉爲外都水丞，怙勢，滅視州郡，欲盡取諸埽兵治二股河，先生以法拒之。昉請於朝，命以八百人與之。天方大寒，昉肆其虐，衆逃而歸。州官晨集城門，吏報河清兵潰歸，將入城。衆官相視，畏昉欲弗納。先生曰：「此逃死自歸，弗納必爲亂。昉有言，某自當之。」即親往，開門撫諭，約歸休三日復役，衆歡呼而入。具以事上聞，得不復遣。後昉奏事過州，見先生，言甘而氣懾，既而揚言於衆曰：「澶卒之潰，乃程中允誘之，吾必訴於上。」同列以告，先生笑曰：「彼方憚我，何能爾也？」果不敢言。會曹村埽決，時先生方救護小吳，相去百里。州帥劉公涣以事急告，先生一夜馳至。帥俟於河橋。先生謂帥曰：「曹村決，京城可虞。臣子之分，身可塞亦爲之。請盡以廂兵見付。事或不集，公當親率禁兵以繼之。」帥義烈士，遂以本鎮印授先生，曰：「君自用之。」先生得印，不暇入城省親，徑走決隄，諭士卒曰：「朝廷養爾輩，正爲緩急爾。爾知曹村決則注京城乎？吾與爾曹以身捍之。」衆皆感激自効。❶論者皆以爲勢不可塞，徒勞人爾。先生命善泅者運細繩以渡，決口水方奔注，達者百一，卒能引大索以濟衆，兩岸並進，晝夜不息，數日而合。其將合也，有大木自中流而下，先生顧謂衆曰：「得彼巨木横流入口，則吾事濟矣。」語纔已，木遂横，衆以爲至誠所致。其後曹村之下復決，遂久不塞，數路困擾，大爲朝廷憂。人以爲，使先生在職，安有是也。《明道行狀》。《元豐九域志》：澶州、澶淵軍、鎮寧軍節度，屬河北路。《宋史》：熙寧四年二月，詔增漳河等役，從程昉議。八月，河溢澶州。十二月，朝廷令河北轉運使開修二股河上流，并修塞第五埽決口鎮寧。《續通鑑長編》：四年五月，御史劉摯言：「内臣程昉於河北開修漳河，功力浩大，所用九萬夫，所至淩侮官吏，監司畏昉之勢，不敢言其非。昉前後奏事欺妄要君，乞加貶竄。」安石爲昉力辨，後覺其誕，疎之。九年，昉以憂死。劉渙，字仲章，四年五月，知澶州。十一月，以工部尚書致仕。其後，熙寧十年七月，河大決於澶淵曹村下埽。按：先生治河，不暇入城省親，當是太中以四年乞祠，歸

❶「効」，原作「劾」，據清吕留良本《二程全書》改。

就養矣。先生平生與人交，無隱情，雖僮僕必託以忠信，故人亦不忍欺之。嘗自澶淵遣奴持金詣京師貿用物，計金之數可當二百千。奴無父母妻子，同列聞之，莫不駭且誚。既而奴持物如期而歸，衆始歎服。

先生少長親闈，視之如傷，又氣象清越，灑然如在塵外，宜不能勞苦；及遇事，則每與賤者同起居飲食，人不堪其難，而先生處之裕如也。嘗董役，雖祁寒烈日，不擁裘，不御蓋，時所巡行，衆莫測其至；故人自致力，常先期畢事。異時夫伍，中夜多譁，一夫或怖，萬夫競起，姦人乘虛爲盜者，不可勝數；先生以師律處之，遂訖去無譁者。及役罷夫散，部伍猶整肅如常。游酢《書行狀後》。先生爲澶州幕官，歲餘罷歸。恕後過澶州，問村民，莫不稱先生，咨嗟歎息。蓋先生之從政，其視民如子，憂公如家。其誠心感人，雖爲郡僚佐，又止歲餘而去，至使田夫野人皆知其姓名，又稱歎其賢。使先生爲一郡，又如何哉？使先生行乎天下，又如何哉？邢恕《敘述》。先生在澶州日修橋，少一長梁，曾博求之民間。後因出入，見林木之佳者，必起計度之心，因語以戒學者，「心不可有一事」。《遺書》謝顯道記。澶娘生。見《明道文集》，下同。作《侍郎彭公行狀》。彭公名思永，字季長，廬陵人。先生外舅也。生咸平三年庚子，終熙寧三年庚戌，年七十一。天聖五年進士，歷官南康軍判官、廣州南海、洪州分寧縣，通判睦州、湖州、常州，爲御史，出守宣州，除北路轉運使，進工部郎中，升刑部，出爲益州路轉運使、權領成都府，遷兵部郎中，户部副使，充陝西都轉運使，鎮高陽。治平中，升給事中、知江寧府、權御史中丞。神宗朝，以蔣之奇言大臣陰事扳公，降給事中、知黄州，徙太平州。郊祀恩，復工部侍郎、知亳州。移揚州，遷户部侍郎，致仕，徙居歷陽。疾卒金陵。娶晏，元憲之姪，侍郎容之子。二男：衛、衎。五女：長適胡從，次適李伯英，次即先生室，次適田祐，次適齊域。公終之明年，葬。先生作行狀。詳《文集》。

五年壬子，四十一歲。求監局養親。罷歸，始僦居洛。

十二月，郊祀霈恩，先生曰：「吾罪滌矣，可以去矣。」遂求監局，以便養親，得罷歸。《明道行狀》。太中公得請領崇福，先生求折資監當以便養。歸洛，從容親庭，日以讀書勸學爲事。先生經術通明，義理精微，樂告不倦。士大夫從之講學者，日夕盈門，虚往實歸，人得所欲。劉立之《敘述》。按：先生講學友，所稱不雜者三人：張子厚、邵堯夫、司馬君實也。於李仲通，則稱其德性之粹。於孔周翰，則示以聖賢之學。於吕晦叔，則勸以好賢之勿替，歸上之勿疑。於韓持國，則語以性道之無二，克復之爲一。與張天祺，言心不可制縛。與吴師禮，言理須要明辨。他如談王介甫之學錯處，言謝師直之《易》非是，雖異己猶服其忠信。富鄭公謂天下無福。文潞公稱之曰「明道雖先達，尤折節敬禮」。其見於唱和者，有若王安之、張子直、王求甫、陸子履、陳公廙。其見於遊從者，有若范堯夫、范彝叟、范淳夫、謝師宰、王彦霖、王參輔、韓宗道、杜孝錫，皆相與質疑問道者也。先生以親老，求爲閒官，居洛陽殆十餘年，與弟伊川先生講學於家，化行鄉黨。

家貧，疏食或不繼，而事親務養其志，賙贍族人必盡其力。士之從學者不絶於館，有不遠千里而至者。范祖禹《敘述》。按：先生門人劉立之、吕希哲在嘉祐初爲最早，劉絢與立之同時，李籲稍後於絢。蘇昞，熙寧十年横渠卒後從學。吕大臨與兄大忠、大鈞，皆從横渠。元豐二年，入洛見二先生卒業。謝良佐、游酢，在元豐元年先生知扶溝時從學。楊時以師禮見先生於潁昌，在元豐四年。朱光庭見先生於汝，在元豐六年。侯仲良，華陰先生之孫，年輩後於諸公。他如田述古、周純明、邵伯温，皆在洛得聞緒論，不出熙寧間。而邢恕始見先生於磁州，在治平初，則又先於吕、謝、游、楊。此先生門人之可攷者也。又居洛講學，自熙寧五年壬子至十年丁巳，元豐三年庚申至七年甲子，前後十餘年。

六年癸丑，四十二歲。居洛。

時醜正者競揚避新法之説。《明道行狀》。先生居家，不補久之。《程朱闕里志》。六月七日，周子卒。《濂溪年表》：生於天禧元年丁巳，終於熙寧六年癸丑，年五十七。濂溪先生殁，洛陽二程先生倡學於時，辨異端，闢邪説，自孟子而下，鮮所許可，獨以先生爲知道。云「自聞道於先生，而其學益明」。明道嘗自言：「吾再見周茂叔，吟風弄月而歸，得吾與點也之意。」伊川先生狀明道之行曰：「幼聞周茂叔論道，遂厭科舉之業，求諸六經而後得之。」其推尊如此，於是世方以道學歸之。《通書》即其所著也，始出於程門侯師聖，傳之荆門高元舉、朱子發。寬初得於高，後得於朱，又後得和靖尹先生所藏，亦云得之程氏，今之傳者是也。逮卜居九江，得舊本於其家，比前所見，無《太極圖》。或云圖乃手授二程，故程本附之卷末也。此書字不滿三千，道德、性命、禮樂、刑政，悉舉其要，而又名之以通，其示人至矣，學者宜盡心焉。祁寬《通書後跋》。寬，字居之，和靖門人。是跋題於紹興甲子，蓋和靖没後二年也。周子自少，即以學行有聞於世，而莫或知其師傳之所自，獨以河南兩程夫子嘗受學焉，而得孔、孟不傳之正統，則其淵源因可概見。然所以指夫仲尼、顔子之樂而發，其吟風弄月之趣者，亦不可得而悉聞矣。所著《易通》與《太極圖説》，並出程氏以傳於世，程先生兄弟語及性命之際，亦未嘗不因其説。觀《通書》之《誠》、《動静》、《理性命》等篇，及程氏《書李仲通銘》、《程邵公誌》、《顔子好學》等篇，則可見矣。《朱子文集》。黄百家按：「朱子云：『元公不由師傳，默契道體，建圖屬書，根極領要。當時見而知之者有程氏，遂廣大而推明之。而周、孔、孟氏之傳，涣然復明。』此定論也。顧二程氏雖受學濂溪，而大程德性寬洪，規模闊廣，以光風霽月爲懷。二程氣質剛方，文理密察，以峭壁孤峰爲體。其道雖同，而造德自各有殊也。」全謝山《周程學統論》：「明道先生傳在《哲宗實録》中，乃范學士沖作。伊川先生傳在《徽宗實録》中，乃洪學士邁作，並云從學周子。兩朝史局所據恐亦不祇吕芸閣《東見録》一書，觀明道之自言曰：『自再見茂叔，吟風弄月以歸，有吾與點也之意。』則非於周子，竟無所得者。《明道行狀》雖謂其『泛濫於諸家，出入於佛、老者幾十年，反求諸六經而後得之』，而要其慨然求道之志，得於茂叔之所聞者，亦不能没其自也。若《遺書》中直稱周子之字，則吾疑以爲門人之詞，蓋因其師平日有獨得遺經之言，故遂欲略周子而過之也。周子所得，其在聖門，幾幾顔子之風、二程之所以未盡其藴者，蓋其問學在慶曆六年，周子即以是歲遷秩而去，追隨不甚久也。潘興嗣志墓，其不及二程子之從遊者，亦以此。」陸世儀云：「二程之學本於周子，或謂伊川作《明道行狀》，言明道『得不傳之學於遺經』，不言周子，此不善讀書者也。明道自言『見周茂叔後，吟風弄月以歸』。《定性書》即周子定之，以仁義中正而主静之旨，至伊川《顔子所好何學論》，惟人得其秀而最靈，皆周子《太極圖》之言也。豈得云不本於周子？所謂『得不傳之學於遺經』者，大抵聖賢之人，一經指點，他自會去尋頭路讀書，終不然只守定這幾句師説，亦不善學者矣。」

七年甲寅，四十三歲。監洛河竹木務。陳襄薦明道「性行端醇，明於義理，可備風憲」，不果用。

先生家居，歲餘，得監西京洛河竹木務。《明道行狀》。先生既不用於朝廷，而以奉親之故，禄仕於筦庫以爲養。居洛幾十年，玩心於道德性命之際，有以自養其渾浩沖融，而必合乎規矩準繩。蓋真顔氏之流，黄憲、劉迅之徒不足道也。洛實别都，乃士人之區藪。在仕者皆慕化之，從之質疑解惑；閭里士大夫皆高仰之，樂從之遊；學士皆宗師之，講道勸義；行李之往來過洛者，苟知名有識，必造其門，虚而往，實而歸，莫不心醉斂衽而誠服。於是先生身益退，位益卑，而名益高於天下。邢恕《敘述》。作《李寺丞墓誌銘》曰：「予友李君仲通，諱敏之，世居北燕；高祖避亂南徙，今爲濮人。丞相文定公迪，乃其世父也。曾祖令珣，祖護，皆以丞相故贈太師尚書。令考遜，用子貴，贈吏部尚書。

「仲通生而有賢資，端厚仁恕，見於孩提之時。舉動齊整，不妄言笑，燕居終日，泊然而無惰容，望之者皆知其君子人矣。與人言，無隱情，惟聞人之過則未嘗復出於口。安靖寡欲，居貧守約，裕如也。好古力學，博觀群書，尤精於《春秋》、《詩》、《易》。其後所得，殊爲高深。方勇勵自進，不幸短命，惜夫未見其止也！死之年纔三十矣。

「仲通之德，蓋完於天成，孝友之性，尤爲絶異。侍太夫人疾，衣不解帶者累月，及居喪，哀毁過甚。中外數百口，上愛下信，人無間言。群從聚居，臧獲使令者衆，雖馭之過嚴，不能使之無犯。惟偶爲仲通所責，則其人必慚恨累日，痛自飭勵。及仲通之亡，濮之人無賢不肖，皆失聲痛惜，或爲隕涕。非至誠及物，其能有是乎？

「仲通外甚和易，遇物如恐傷之，雖家人未始見其喜怒。及其出辭氣，當事爲，則莊厲果斷，不可以非義回屈。始用蔭補郊社齋郎，調虔州瑞金縣主簿。會劇賊戴小八攻害數邑，朝廷患之，命御史督視。仲通時承尉乏，與其令謀曰：『劉右鶻、石門羅姓者，皆健賊，詔捕之累年矣；小八不能連二盜以自張，吾知其無能爲也。當說使自効，則賊爲不足破矣。』乃遣人諭二盜。皆曰：『我服李君仁信久矣，願爲之死，然召我亦有以爲信乎？』仲通即以其符誥與之，且約曰：『某日當以甲二百來見我於邑中。』衆皆恐懼，仲通曰：『彼欲爲惡，雖不召將至，且吾信於邑人，彼亦吾人也，何憚乎？』乃將二盜，與之周旋，卒得其死力，遂斬小八，盡平其黨。朝廷嘉之，遷衛尉寺丞，仍升一任。御史用間者言，將誅劉、羅二黨。仲通以爲失信不義，抗論甚力，久始見從。仲通又自言於朝，請因其立功，縻以冗職，可絕後患。書奏不報。其羅姓者，果復爲害。

「仲通宰江寧之上元，有古循吏之風。邑之舊田稅不均，貧弱受其弊，仲通爲法以平之。豪猾惡其害己，共爲謗語，借勢於上官以搖其事。人皆爲仲通危，仲通堅處不變，未滿歲而所均者萬七一作「二」。千室。事業雖百未一施，概是二節，則高明之見，剛勇之氣，發於事者，亦可知已。

「嗚呼！人非有古今之殊，特患夫忽近而慕遠耳。如吾仲通之材之美，古獨可以多乎哉？向若天假之年，成就其所學，自當無媿於古人，況使得與古之人並，而親炙於聖人之時乎？則吾知其果不後曾、閔之列矣。

「仲通以治平三年五月終於家，熙寧七年二月庚寅葬於濮州鄄城縣遺直鄉之先塋。夫人王氏祔焉。夫人，太子中舍杲之女。賢慧靖淑，雅有法度。及寡居，益自晦重，素衣一食，以終身焉，蓋後仲通六年而亡。仲通嘗生二女，皆夭，卒無子，以兄之子孝和爲嗣。

「仲通平生相知之深者莫如予，故將葬，其家以誌文來屬，其可辭乎？銘曰：『二氣交運兮，五行順施；剛柔雜糅兮，美惡不齊；稟生之類兮，偏駁其宜；有種粹美一作「純粹」。兮，會元之期。聖雖可學一作「作」。兮，所貴者資；便儇皎厲兮，去道遠而；展矣仲通兮，賦材特奇。進復甚勇兮，其造可知。德何完兮命何虧？秀而不實聖所悲。孰能使我無愧辭，欲後有考觀銘詩。』」❶《明道文集》。朱子云：「元氣會生聖賢，如曆家推朔旦冬至，夜半甲子，所謂元氣會亦似此般模樣，自是難得遇也。」荆公之退也，熙寧七年，安石免，出知江寧府。陳襄在講筵，薦司馬温公以下三十三人。其薦明道云：「太子中允、監西京洛河竹木務程某，性行端醇，明於義理，可備風憲。」神宗善之而不能用。《陳古靈集》。《宋史》：陳襄，字述古，侯官人。有志傳道學者，稱古靈先生。謚忠文。先生作洛河竹木務時，過一寺門，牆上有人題「要不悶，守本分」。時田明之隨行，先生每過，必曰好語。一日，

❶「欲後」，清呂留良本《二程全書》作「後欲」。

明之問之，先生曰：「只被人不守本分也。」《外書》尹和靖語。《宋儒學案》：田明之，名述古，安邱人。胡安定高弟，隱居講學。温公、康節、二程先生居洛，皆從之游。一日，❶二程先生侍太中公，訪康節於天津之廬。康節攜酒，飲月陂上，歡甚，語其平生學術出處之大致。明日，先生悵然，謂門生周純明曰：「昨從堯夫先生遊，聽其論議，振古之豪傑也。惜其無所用於世。」純明曰：「所言何如？」先生曰：「内聖外王之道也。」是日，康節有詩，先生和之。《邵氏聞見録》。《宋儒學案》：周純明，字全伯，澶淵人。父長孺，師事康節，早卒。康節撫純明如子，因求昏於伊川，娶殿丞女。卒業伊川，登進士第。《遊月陂》：「月陂隄上四徘徊，北有中天百尺臺。萬物已隨秋氣改，一罇聊爲晚涼開。水心雲影閑相照，林下泉聲静自來。世事無端何足計，但逢佳日約重陪。」《明道文集》，下同。《和邵堯夫打乖吟二首》：「打乖非是要安身，道大方能混世塵。陋巷一生顔氏樂，清風千古伯夷貧。客求墨妙多攜卷，天爲詩豪剩借春。儘把笑談親俗子，德容猶足慰鄉人。」「聖賢事業本經綸，肯爲巢、由繼後塵？三幣未回伊尹志，萬鍾難换子輿貧。且因經世藏千古，已占西軒度十春。時止時行皆有命，先生不是打乖人。」《和堯夫首尾吟》：「先生非是愛吟詩，爲要

❶ 「一」，原無，據清吕留良本《二程全書》補。

形容至樂時。醉裏乾坤都寓物，閑來風月更輸誰？死生有命人何與，消長隨時我不悲。直到希夷無事處，先生非是愛吟詩。」《和堯夫西街之什二首》：「先生相與賞西街，小子親攜几杖來。行次每容參劇論，坐隅還許侍餘盃。檻前流水心同樂，林外青山眼重開。時泰身閑難兩得，直須乘興數追陪。」「先生高蹈隱西街，風月猶牽賦詠才。暫到隣家賞池館，便將佳句寫瓊瑰。壯圖已讓心先快，劇韻仍降字占挼。只有一條誇大甚，水邊曾未兩三盃。」《秋日偶成二首》：「寥寥天氣已高秋，更倚淩虚百尺樓。世上利名群蠛蠓，古來興廢幾浮漚。退居陋巷顔回樂，不見長安李白愁。兩事到頭須有得，我心處處自優游。」「閑來無事不從容，睡覺東窗日已紅。萬物静觀皆自得，四時佳興與人同。道通天地有形外，思入風雲變態中。富貴不淫貧賤樂，男兒到此是豪雄。」上蔡云：「明道擺脱得開，爲他所過者化。」朱子云：「看他胸中，直是好與曾點底事一般。」黄東發云：「明道詩皆造化生意之妙。」按：《擊壤集》有熙寧七年春日《謝伯淳察院用先生不是打乖人》，又中秋後《同程郎中父子月陂上閑步吟》，今並附此。先生曰：「某接人多矣，不雜者三人：張子厚、邵堯夫、司馬君實。」《遺書》吕與叔《東見録》，下同。又曰：「堯夫豪傑之士，根本不帖帖地。」先生嘗戲以亂世之姦雄中，道學之有所得者。堯夫之學，先從理上推意，言象數言天下之理，須出於四者，推到理處，曰：「我得此大者，則萬事由我，無有不定。」然未必有術，要之亦難以治天下國家。其爲人則直是無禮不恭，惟是侮玩，雖天地亦爲之侮玩。如《無名公傳》言「問諸天地，天地不對，弄丸餘暇，時往時來」之類。堯夫詩「雪月風花未品題」，他便把這些事，便與堯、舜、三代一般。此等語，自孟子後，無人曾敢如此言來，直是無端。又如言文字呈上，堯夫皆不恭之甚。「須信畫前元有《易》，自從删後更無《詩》」，這箇意思，古元未有人道來。李安溪云：「觀明道贊堯夫異於横渠，贊横渠又異於濂溪，銖兩不差，則知其淵源有自矣。『昔受學於周茂叔』，『吾學有所受』二語，源流何等分明也。」又曰：「堯夫放曠。」《遺書》卷六。又曰：「堯夫猶空中樓閣。」《遺書》卷七。堯夫詩云：「梧桐月向懷中照，楊柳風來面上吹。」先生曰：「真風流人豪也。」《外書》時紫芝集。

八年乙卯，四十四歲。詔修《三經義》，不果。十月，彗見翼、軫間，應詔上書。還朝，差知扶溝縣事，辭，復求監局。

神宗猶念先生會修《三經義》。六年三月，置經義局。嘗語執政曰：「程某可用。」執政不對。又嘗有登對者自洛至，問曰：「程某在彼否？」連言佳士。《明道行狀》，下同。十月己未，彗見軫、翼間。己亥，詔求直言，先生應詔論朝政極切。還朝，執政屢進擬，神宗皆不許。既而手批與府界知縣，差知扶溝縣事。先生詣執政，復求監當，執政諭以上意，不可改也。按：《應詔論朝政奏疏》不見《文集》。太中公告老而歸，家素清窶，僦居洛城。

先生以禄養，族大食衆，菽粟僅足，而老幼各盡其歡。中外幼孤窮無託者，皆收養之，撫育誨導，期於成人。嫁女娶婦，皆先孤遺而後及己子。食無重肉，衣無兼副。女長過期，至無貲以遣。劉立之《敘述》。先生叔父璠卒於河南。見《明道文集》。叔父璠，字仲韞，太中仲弟。年十六，以族兄文簡公廕，試將作監主簿。始冠，爲常州户曹掾，除明州司法，知壽州安豐，移公興元府西縣，改洪州豐城，知河南伊闕縣，簽書河東節度判官公事，知永安縣，兼陵臺令，通判和州，權領郡事，刑蔡之妖尼惠普，置神怪李洞元於法，復通判隰州。熙寧乙卯四月甲申，以疾終於河南，年五十七。官自衛尉丞，九遷爲比部郎中。二子：顧、頡。四女：長適國子博士張昭立，次早亡，其二未嫁。詳《程郎中墓誌》。

九年丙辰，四十五歲。吴充薦先生，不報。

時王安石罷相，以吴充、王珪同平章事。充與安石連姻，而心不善安石所爲，欲有變革，乞召還司馬光、吕公著、韓維、蘇頌，又薦孫覺、李常及先生。見《通鑑》。《宋史》：吴充，字沖卿。熙寧九年九月，代安石爲相。元豐三年四月，卒。王珪，字禹玉，成都人。與蔡確比而沮温公，議復靈武以固位。韓維，字持國，神宗宫邸舊臣。熙寧七年，爲學士，勸帝廣求直言，罷青苗諸害。上命草詔行之，人情大悦。元祐初，拜門下侍郎，以少師致仕。元符初，卒，年八十二。蘇頌，字子容，丹陽人。第進士。知制誥，以駁李定除御史落職。熙寧八年，以集賢院學士爲祕書監。元祐七年，拜右僕射。紹聖四年，少師致仕。建中靖國元年，卒，年八十二。張天祺卒。先生嘗許誌其墓，今《文集》無之，疑未作也。《伊洛淵源録》註。先生曰：「張天祺昔嘗言，『自約數年，自上著牀，便不得思量事』。不思量事後，須强把他這心來制縛，亦須寄寓在一箇形象，皆非自然。君實自謂『吾得術矣，只管念箇中字』，此則又爲『中』所繫縛。且『中』字亦何形象？有人胸中常若有兩人焉，欲爲善，如有惡以爲之間；欲爲不善，又若有羞惡之心者。本無二人，此正交戰之驗也。持其志，使氣不能亂，此大可驗。要之，聖賢必不害心疾。」《遺書》吕與叔《東見録》。先生與吴師禮談介甫之學錯處，謂師禮曰：「爲我盡達諸介甫，我亦未敢自以爲是。如有説，願往復。此天下公理，無彼我。果能明辨，不有益於介甫，則必有益於我。」《遺書》李端伯記。《宋儒學案》：吴師禮，字安仲，師仁弟，錢塘人。以上舍賜第。歷官右司員外郎。工翰墨，終直祕閣、知宿州。正獻公既薦常秩，後差改節，嘗對先生有悔薦之意。先生曰：「願侍郎寧百受人欺，不可使好賢之心少替。」公敬納焉。《外書》、吕氏《童蒙訓》。《宋史》：常秩，字夷甫，汝陰人。隱居不仕，起在諫争，無所建明，聞望日損，爲時譏笑。自熙寧四年爲右正言，進侍講、侍讀。九年還潁。十年，卒，年五十九。

十年丁巳，四十六歲。在洛。五月庚戌，改太常丞。

春，吕申公起知河陽，河南尹賈公昌衡率温公及先生餞於福先寺上東院，康節以疾不赴。明日，先生語康節曰：「君實與晦叔席上各辨論出處不已，某以詩解之。」云云。

《邵氏聞見録》。《宋史》：賈昌衡，字子平，昌朝弟。舉進士。熙寧更法，數言利害，神宗奬其論奏忠益，召爲户部副使，增秩右諫議，加集賢殿修撰，知河南府。司馬温公既辭宥密之命，名冠一時，士無賢不肖，皆所歸重，而兩程先生、孫莘老、李公擇諸公，尤推重正獻。已而，二公同居洛中。熙寧末，正獻起知河陽，先生以詩送行曰：「曉日都門颭旆旌，晚風鐃吹入三城。知公再爲蒼生起，不是尋常刺史行。」又與温公同餞正獻，復有詩與温公云：「二龍閒卧洛波清，此日都門獨餞行。❶願得賢人均出處，始知深意在蒼生。」蓋以二公出處無異，且恐温公以不出爲高也。及正獻自河陽乞在京宫祠，神廟大喜，召還，遂登樞府。元豐元年九月乙酉。人或問二程以二公出處爲有優劣，二程先生曰：「正不如此。吕公世臣也，不得不歸見上司；馬公争臣也，不得不退處。」吕氏《童蒙訓》。胡文忠云：「聖人志在天下國家，與常人志在功名全别。孟子傳聖人之道，故曰『予豈若是小丈夫哉？諫於其君而不受，則悻悻然見於其面，去則窮日之力』，且看聖人氣象則别，先生卻如此。元豐中，有詔起吕申公、司馬温公，温公不起，先生作詩送申公，又詩寄温公，其意直是眷眷在天下國家。雖然如此，於去就又卻分明不放過一步。」按：文忠合前後通論，故概稱元豐中。《和花菴》：「得意即爲適，種花非貴

---

❶「此」，清吕留良本《二程全書》作「今」。

多。一區才丈席，滿目自雲蘿。静聽禽聲樂，閑招月色過。期公在康濟，終奈此情何。」《明道文集》，下同。按：司馬温公有《花菴獨坐》詩，先生和其韻。《和諸公梅臺》：「急須乘興賞春英，莫待空枝謾寄聲。淑景暖風前日事，淡雲微雨此時情。」《後一日再和》：「常勸嬉遊須及辰，莫辭巾屨染埃塵。祇應風雨梅臺上，已減前時一半春。」朱子云：「龜山謂梅臺是説時事。」按：司馬温公有《和君貺宴張氏明叔梅臺》。《顔樂亭銘》：爲孔周翰作。「天之生民，是爲物則；非學非師，孰覺孰識？聖賢之分，古難其明；有孔之遇，有顔之生。聖以道化，賢以學行，萬世心目，破昏爲醒。周爰闕里，惟顔舊止；巷汙於榛，井堙而圮。鄉閭蚩蚩，弗視弗履，有卓其誰，師門之嗣。追古念今，有惻其心；良賈善諭，發帑以金。巷治以闢，井渫而深；清泉澤物，佳木成陰。載基載落，亭曰顔樂；昔人有心，予忖予度。千載之上，顔惟孔學；百世之下，顔居孔作。盛德彌光，風流日長；道之無疆，古今所常。水不忍廢，地不忍荒。嗚呼正學，其何可忘！」王剛仲云：「程子師周子，每令尋顔子樂處，故於此亭因孔顔之裔，而深有感於師友之契，揭聖賢之學以示人。有志斯道者，必將由辭以得其意，則庶幾乎？」按：《蘇詩註》：孔宗翰，字周翰，道輔子，孔子四十八世孫。熙寧十年，守密州，得顔子故居陋巷，有井存焉，作亭其上，命曰「顔樂」。子瞻有詩，司馬君實有頌。五月，改太常丞，以知河南府賈昌衡、西京北路轉運副使李南公等言程某「博通古今，行誼修潔」，改官八年，未嘗磨勘故也。《續通鑑長編》。康節嘗作《四賢吟》云：「彥國之言鋪陳，晦叔之言簡當，君實之言優游，伯淳之言條暢。四賢洛陽之望，是以在人之上。有宋熙寧之間，大爲一時之壯。」《擊壤集》。《和王安之五首》。《小園》：「閈坊西曲奉常家，景物天然占一窪。恰似庾園基址小，全勝浥澗路途賒。知君陋巷心猶樂，比我僑居事已誇。且喜杖藜相過易，隔牆無用少游車。」白樂天有詩戲盧中丞浥澗山居去城之遠。《野軒》：「誰憐大第多奇景，自愛貧家有古風。會向紅塵生野思，始知泉石在胸中。」《汙亭》：「强潔猶來真有爲，好高安得是無心？汙亭妙旨君須會，物我何爭事莫侵。」《藥軒》：「囊中數味應千種，砌下栽苗過百名。好是微風入庭户，清香交送滿檐楹。」《晚暉亭》：「亭下花光春正好，亭頭山色晚尤佳。欲知剩占清一作「春」。風處，思順街東第一家。」《明道文集》，下同。《范忠宣公集》：王安之，名尚恭，太常少卿致仕。又司馬溫公《耆英會序》：尚恭，少潞公一歲，年七十六。按：《擊壤集》，熙寧十年，並有此詩和章。七月癸丑，邵堯夫先生卒。先生作《墓誌銘》曰：「堯夫先生疾終於家。洛之人弔哭者相屬於途，其尤親且舊者又聚謀其所以葬。先生之子泣以告曰：

『昔先人有言，誌於墓者，必以屬吾伯淳。』噫！先生知我者，以是命我，我何可辭？

「謹按：邵本姬姓，系出召公，故世爲燕人。大王父令進，以軍職逮事藝祖，始家衡漳。

祖德新、父古，皆隱德不仕。母李氏，其繼楊氏。先生之幼，從父徙共城，晚遷河南，葬其親於伊川，遂爲河南人。先生生於祥符辛亥，至是蓋六十七年矣。雍，先生之名，而堯夫其字也。娶王氏。伯温、仲良，其二子也。先生之官，初舉遺逸，試將作監主簿，後又以爲潁州團練推官，辭疾不赴。

「先生始學於百源，勤苦刻厲，冬不爐，夏不扇，夜不就席者數年，衛人賢之。先生歎曰：『昔人尚友千古，而吾未嘗及四方，遽可已乎？』於是走吴適楚，過一作「寓」。齊、魯，客梁、晉。久之而歸，曰：『道其在是矣。』蓋始有定居之意。

「先生少時，自雄其材，慷慨有大志。既學，力慕高遠，謂先王之事爲可必致。及其學益老，德益劭，玩心高明，觀於天地之運化，陰陽之消長，以達乎萬物之變，然後頹然其順，浩然其歸。在洛幾三十年，始至，蓬蓽環堵，不蔽風雨，躬爨以養其父母，居之裕如。講學於家，未嘗强以語人，而就問者日衆。鄉里化之，遠近尊之，士人之道洛者，有不之公府，而必之先生之廬。

「先生德器粹然，望之可知其賢，然不事表襮，不設防畛，正而不諒，通而不汙，清明坦夷，洞徹中外，接人無貴賤親疎之間，群居燕飲，笑語終日，不取甚異於人，顧吾所樂何如耳。病畏寒暑，常以春秋時行遊城中，士大夫家聽其車音，倒屣迎致，雖兒童奴隸，皆知懽喜尊奉。其與人言，必依於孝弟忠信，樂道人之善，而未嘗及其惡，故賢者悦其德，不賢者服其化。所以厚風俗、成人材者，先生之功一有「爲」字。多矣。

「昔七十子學於仲尼，其傳可見者，惟曾子所以告子思，而子思所以授孟子者耳。其餘門人，各以其材之所宜一有「者」字。爲學，雖同尊聖人，所因而入者，門户則衆矣。況後此千餘歲，師道不立，學者莫知其從來，獨先生之學爲有傳也。先生得之於李挺之，挺之得之於穆伯長，推其源流，遠有端緒。今穆、李之言及其行事，概可見矣。而先生淳一不雜，汪洋浩大，乃其所自得者多矣。然而名其學者，豈所謂門户之衆，各有所因而入者歟？語成德者，昔難其居。若先生之道，就所至而論之，可謂安且成矣。

「先生有書六十二卷，命曰《皇極經世》；古律詩二千篇，題曰《擊壤集》。先生之葬，附於先塋，實其終之年孟冬丁酉也。銘曰：

『嗚呼！先生，志豪力雄；闊步長趨，淩高厲空；探幽索隱，曲暢旁通。在古或難，先生從容；有問有觀，以飫以豐。天不慭遺，哲人之凶；鳴皐在南，伊流在東；有寧一宮，先生所終。』」吕本中云：「觀此誌文，明道所以處康節者，無餘藴矣。」堯夫家以墓誌屬先生，許之，太中、伊川不欲，因步月於庭。先生曰：「顥已得堯夫墓誌矣。堯夫之學，可謂安且成。」太中乃許。《外書》時紫芝集。先生云：「堯夫數欲傳與某兄弟，某兄弟那得工夫？要學，須是二十年工夫。」堯夫初學於李挺之，師禮甚嚴，雖在一野店，飯必襴，坐必拜。欲學堯夫，亦必如此。伯淳聞説甚熟，一日因監試無事，以其説推算之，皆合。出謂堯夫曰：「堯夫之數，只是加一倍法，以此知《太玄》都不濟事。」堯夫驚撫其背，曰：「大哥你怎恁地聰明！」他日，伊川問先生加倍之數，曰：「都忘之矣。」因歎其心無偏繫如此。《伊洛淵源録》。《宋史》：李挺之，名子才，青州人。師事穆伯長。嘗爲共城令，造康節之廬，問曰：「子知科舉之外有義理之學、物理之學、性命之學乎？」康節於是始傳其學。八月丙申，太中葬弟於河南伊川先塋，先生作《程殿丞墓誌銘》、《程郎中墓誌》。見《明道文集》，下同。按：《程殿丞墓誌銘》云：「熙寧二年八月丙申，公之從兄司農，葬公於河南府伊陽縣神陰鄉先塋之次。顥以父命，得預役事，又擬公之官世行業而爲之誌。」攷《太中家傳》，自知漢州抗議指新法未便，乞祠得管勾崇福宫，當在熙寧四年。再任遷司農，當在八年。而《墓誌》已稱司農，合觀《程郎中墓誌》云「熙寧十年仲秋丙申，公兄司農葬公」云云，則殿丞與郎中同年月日而葬。二年「二」字必係「十」字之訛。《澶娘墓誌銘》同日葬先塋東。横渠先生過洛，與二先生議論。見《遺書》註。《續通鑑長編》：張子以三月戊午，詔歸館供職。七月乙卯，兼知太常禮院，議禮不合而歸。子厚學成德尊，識者謂與孟子比，然猶祕其學，不多爲人講。先生謂之曰：「道之不明於天下久矣，人善其所習，自謂至足，必欲如孔門『不憤不啟，不悱不發』，則師資勢隔，而先王之道或幾乎熄矣。趣今之時，❶且當隨其資而誘之，雖識有明暗，志有淺深，亦各有得焉，而堯、舜之道，庶可馴致。」子厚用其言，故關中學者躬行之，多與洛人並。推其所自，先生發之也。游酢《書行狀後》。先生言：「邵堯夫病革，且言試與觀化一遭。」子厚言：「觀化他人，便觀得自家，又如何觀得化？嘗觀堯夫詩意，纔做得識道理，卻於儒術未見所得。」《遺書》蘇季明録《洛陽議論》，下同。《伊洛淵源録》：季明，名昞，横渠門人，後師二程。子厚謂：「程卿夙興幹事，良由人氣清則勤，閑不得。」正叔謂：「不可。若此，則是專爲氣所使。」子厚謂：「此則自然也。」先生言：「雖自然，且欲凡事皆不恤，以恬養則好。」子厚謂：「此則在學者也。」先生謂：「天下之士，亦有其志在朝廷而才不足，才可以爲而誠不足。今日正須才與至誠合一，方有濟。」子厚謂：「才與誠，須二物只是一物。」先生言：「才而不誠，猶不是也。若非至誠，雖有忠義功業，亦出於事爲，浮氣幾何時而不盡也！」先生道：「君實之語，自謂如人參、甘草，病未甚時可用也，病甚則非所能及。觀其自處，必是有救之之術。」子厚謂：「昔嘗謂伯淳優於正叔，今見之果然。其救世之志甚誠切，亦於今日天下之事儘記得熟。」十二月乙亥，横渠先生卒。門人欲謚爲明誠夫

❶「趣」，四庫本《游廌山集》作「處」。

子，質於先生。先生疑之，訪於司馬温公，以爲不可，有《論謚書》。見《龜山集》。呂大臨《橫渠先生行狀》：子厚，諱載，父迪，仕仁宗朝，終於殿中丞，知涪州。卒於官，不克歸，僑寓鳳翔郿縣橫渠鎮之南，因家焉。先生嘉祐二年進士，始仕祁州司法參軍，遷雲巖令，又遷著作佐郎，簽書渭州軍事判官公事。熙寧二年，被召入對，除崇文院校書。明年，移疾。十年春，召還館，同知太常禮院。是年冬，謁告西歸。十二月乙亥，行次臨潼，卒於館舍，年五十八。歿之日，惟一甥在側。《哭子厚先生》：「歎息斯文約其修，如何夫子便長休！東山無復蒼生望，西土誰供後學求？千古聲名聯棣萼，二年零落去山邱。寢門慟哭知何限，豈獨交親念舊遊？」《明道文集》。按：九年三月朔，子厚弟天祺卒。十年十二月，子厚卒，故云「二年零落去山邱」。橫渠先生作《訂頑》，先生曰：「《訂頑》之言極純無雜，秦、漢以來學者所未到。」又曰：「《訂頑》一篇，意極完備，乃仁之體也。學者其體此意，令有諸己，其地位已高。到此地位，自別有見處，不可窮高極遠，恐於道無補也。」《遺書》呂與叔《東見録》，下同。橫渠學堂雙牖，右書「訂頑」，左書「砭愚」。伊川曰：「是起争端。」改之曰「東銘」、「西銘」。見《外書》時紫芝集。又曰：「《西銘》某得此意，只是須得他子厚有如此筆力，他人無緣做得。孟子以後，未有人及此。得此文字，省多少言語。要之，仁孝之理備於此，須臾而不於此，則便不仁不孝也。」「《孟子》而後，只有《原道》一篇，其間語固多病，然大要儘近理。若《西銘》則是《原道》

之宗祖也。」又曰：「《訂頑》立心，便達得天德。」《遺書》卷五。横渠嘗言：「吾十五年學箇恭而安不成。」先生曰：「可知是學不成，有多少病在。」《外書》上蔡語録，下同。横渠著《正蒙》時，處處置筆硯，得意即書。先生曰：「子厚卻如此不熟。」伊川謂先生曰：「吾兄弟近日説話太多。」先生曰：「使見吕晦叔則不得不少，見司馬君實則不得不多。」《外書》晁氏客語。

明道先生年譜卷四

元豐元年戊午，四十七歲。知扶溝縣。

先生爲治，專尚寬厚，以教化爲先，雖若甚迂，而民實風動。扶溝素多盜，雖樂歲，强盜不減十餘發。先生在官，無强盜者幾二年。❶廣濟、蔡河出縣境，瀕河不逞之民，不復治生業，專以脇取舟人物爲事，歲必焚舟十數以立威。先生始至，捕得一人，使引其類，得數十人，不復根治舊惡，分地而處，使以挽舟爲業，且察爲惡者。自是，邑境無焚舟之患。

畿邑田税重，朝廷歲常蠲除以爲惠澤。然而良善之民憚督責而先輸，逋負獲除者皆頑民也。先生爲約，前科獲免者，今必如期而足，於是惠澤始均。司農建言，天下輸役錢，達户四等，而畿内獨止第三，請亦及第四。先生力陳不可，司農奏其議，謂必獲罪，而神宗是之，畿邑皆得免。

---

❶「二」，清吕留良本《二程全書》作「一」。

先生爲政，常權穀價，不使至甚貴甚賤。會大旱，麥苗且枯。先生教人掘井以溉，一井不過數工，而所灌數畝，闔境賴焉。水災民饑，先生請發粟貸之。鄰邑亦請。司農怒，遣使閲實。使至鄰邑，而令遽自陳穀且登，無貸可也。先生力言民饑，請貸不已，遂得穀六千石，饑者用濟。而司農益怒，視貸籍户同等而所貸不等，檄縣杖主吏。先生言，濟饑當以口之衆寡，不當以户之高下，且令實爲之，非吏罪。乃得已。

内侍都知王中正巡閲保甲，權寵至盛，所至淩慢縣官，諸邑供帳競務華鮮，以悦奉之。主吏以請，先生曰：「吾邑貧，安能效他邑？且取於民，法所禁也。令有故青帳，可用之。」先生在邑歲餘，中正往來境上，卒不入。鄰邑有冤訴府，願得先生決之者，前後五六。有犯小盜者，先生謂曰：「汝能改行，吾薄汝罪。」盜叩首願自新。後數月，復穿窬，捕吏及門，盜告其妻曰：「我與太丞約，不復爲盜，今何面目見之耶？」遂自經。《明道行狀》。《元豐九域志》：扶溝縣屬東京開封府。《扶溝縣志》：先生宰扶溝，伊川奉太中至扶溝，居數月而還。《宋史》：王中正，元豐初提舉畿縣保甲，將兵捕盜，獻民兵五保法，請於村疃及縣以時閲習，悉行其言。劉定之《扶溝縣署先生祠堂記》：余觀神宗，可謂有志之主，以復三代之治爲務，然所用乃安石。當先生知扶溝時，安石抱負籌策已施行矣。而畿甸近邑，盜賊之暴，宦侍之横，若是略莫能弭。逮先生從容處置，不拘常法，不待聲色，而咸得其當。使其得位而施之，功效詎可量耶！致堂胡氏惜漢光武不以待公孫弘之位待董仲舒，古今一轍，可勝歎哉！《陪陸子履遊白石萬固》。見《明道文集》，下同。按：陸子履，名經。《續通鑑長編》：二月戊辰，命州軍長吏禱雨名川靈祠。先生詩中云「我亦奉命來侯疆」，則先生曾奉命至陝禱雨矣。《下白徑嶺，先寄孔周翰郎中》。按：蘇詩，元豐元年有《送孔郎中赴鄜郊》，則自密移鄜也。先生詩中云「飛雲猶認華山高」，疑指此。謝顯道習舉業，已知名，往扶溝見先生受學，志甚篤。先生一日謂之曰：「爾輩在此相從，只知學某言語，故其學心口不相應。盍若行之？」請問焉。曰：「且静坐。」尹和靖語。先生初見謝子，語人曰：「此秀才展拓得開，將來可望。」每進語相契，先生必曰：「更須勉力。」《外書·上蔡語録》，下同。按：上蔡嘗言：「昔在二先生之門，學者皆有語録，惟某不曾録。」此蓋追憶云。朱子手訂《上蔡語録》三卷，采入《外書》三十七條。嘗云：「某少時妄意於學，頗藉其言以發其趣。」則上蔡固朱子之先河也。攷上蔡以是年從學，故記精要語類繫於此。謝顯道云：「昔先生教誨，只管著他言語。」先生曰：「與賢説話，卻似扶醉漢，救得一邊，倒了一邊，只怕人執著一邊。」謝顯道云：「學者先學文，鮮有能至道。至如博觀泛覽，亦自爲害。」先生教余嘗曰：『賢讀書，慎不要尋行數墨。』」謝顯道云：「吾嘗習忘以養生。」先生曰：「施之養生則可，於道則有害。習忘可以養生者，以其不留情也。學道則異於是。『必有事焉而勿正』，何謂乎？且出入起居，寧無事者？正心待之，則先事而迎。忘則涉乎去念，助則近於留情。故聖人心如鑑，孟子所以異於釋氏，此也。」《延平答問》云：「明道此語，於學者甚有力，蓋尋常於静處體認下工夫，即於鬧處使不著，蓋不曾如此用功也。自非上蔡確實於日用處便下工夫，即恐明道此語亦未必引得出來。此語録所以極好玩索，近方看見如此意思顯然。」謝顯道云：「先生善言《詩》，他又渾不曾章解句釋，但優游玩味，吟哦上下，便使人有得處。『瞻彼日月，悠悠我思；道之云遠，曷云能來？』思之切矣。終曰：『百爾君子，不知德行；不忮不求，何用不臧！』歸於正也。」又云：「先生嘗談《詩》，並不下一字訓詁，有時只轉卻一兩字，點掇地念過，便教人省悟。『古人所以貴親炙之也。』」先生終日坐如泥塑人，然接人渾是一團和氣，所謂「望之儼然，即之也温」。或問先生：「如何斯可謂之恕？」先生曰：「充擴得去則爲恕。」「心如何是充擴得去底氣象？」曰：「天地變化草木蕃。」「充擴不去時如何？」曰：「天地閉，賢人隱。」人有四百四病，皆不由自家，則是心須教由自家。病卧於牀，委之庸醫，比於不慈不孝，事親者不可不知醫。先生教人以忠信爲先。賢只看某如此，某煞用工夫，見理後須放開，不放開只是守。先生嘗語學者：「如登山，平處孰不闊步，到峻處便住。惟顏子善學，故孔子有見其進未見其止之歎。」先生謂謝子雖少魯，直是誠篤。理會事有不透，其顙有泚，其憤悱如此。《侯子雅言》。顯道云：「吾從洛中學時，録古人善行，別作一册，先生見之，云是『玩物喪志』。」

《遺書》註鄭轂云。顯道初以記聞爲學，自負賅博，對先生舉史書成篇，不遺一字。先生曰：「賢卻記得許多，可謂玩物喪志。」謝聞此語，汗流浹背，面發赤。及看先生讀史，又卻逐行看過，不遺一字，謝甚不服。後來省悟，卻將此事做話頭，接引博學之士。《胡氏傳家録》。

謝顯道嘗與先生切脈，坐間先生云：「切脈最可體仁。」《遺書》謝顯道記，下同。劉蕺山云：「脈脈不斷正此仁，生生之理無間斷，故無痿痹，一斷便死了。」先生曰：「『鳶飛戾天，魚躍于淵』，言其上下察也。』此一段，子思喫緊爲人處，與『必有事焉而勿正心』之意同，活潑潑地。會得時，活潑潑地；不會得時，只是弄精神。」張子厚、邵堯夫，善自開大者也。某寫字時甚敬，非是要字好，只此是學。朱子銘之曰：「握管濡毫，伸紙行墨。一在其中，點點畫畫。放意則荒，取妍則惑。必有事焉，神明厥德。」太山爲高矣，然太山頂上已不屬太山。雖堯、舜之事，亦只如太虛中一點浮雲過目。李安溪云：「太虛喻堯、舜心體。」學者要學得不錯，須是學顏子。有準的。滿腔子是惻隱之心。禮樂只在進反之間，便得性情之正。

許渤在潤州，與范文正、胡宿、周茂叔游。《宋史》：范文正公，名仲淹，字希文，吴縣人，仁宗時參知政事。皇祐四年，卒，年六十四，謚文正。胡宿，字武平，常州人，仁宗時樞密副使。治平四年，卒，年七十二，謚文恭。常至潤州，與濂溪遊。《范忠宣公集》：許渤，字仲容，蒲城人。天禧三年進士第，累官至潤州觀察推官。范文正移潤，知其賢，薦於朝。慶曆七年卒，年七十。按《太中家傳》：調潤州觀察支使，當在慶曆三年明道居庠序時。范文正參知政事，先是知潤州，薦許渤。許渤官潤州觀察推官，疑與太中同時。《濂溪志》稱胡文恭常至潤州，與周茂叔遊。或謂同師潤州鶴林寺僧壽涯，雖屬附會，要之賢人星聚一方，流風餘韻，二程子少時猶及見之。又沈德潛《書范文正公手書伯夷頌後》云：有明道題詠，蓋夙所景仰者，因追論以語上蔡，故繫之。許渤初起，問人天氣寒温，加減衣服，一加減定，即終日不換。先生知扶溝縣事，伊川侍行。先生兄弟方以倡明道學爲己任，設庠序，聚邑人子弟教之，召游定夫來職學事。游欣然往從之，得其微言，於是盡棄其學而學焉。《楊龜山集》。按龜山《游公墓誌銘》：「予昔在元豐中，受業於明道先生兄弟之門，有友二人焉，謝良佐顯道，公其一也。」龜山以師禮見明道於潁昌，在元豐四年，定夫與顯道在是年從學，則及門先於龜山矣。全謝山謂游文肅在程門鼎足謝、楊，而《遺書》獨不傳，其弟子亦不振。先生曰：「安定之門人，往往知稽古愛民矣，則於爲政也何有？」《遺書》游定夫録，下同。責善之道，要使誠有餘而言不足，則於人有益，而在我者無辱矣。人有語導氣者問先生曰：「君亦有術乎？」曰：「吾嘗夏葛而冬裘，饑食而渴飲，節嗜慾，定心氣，如斯而已矣。」百官萬務，金革百萬之衆，飲水曲肱，樂在其中，萬變皆在人，其實無一事。《遺書》六卷。

二年己未，四十八歲。二月，詔判武學，以李定、何正臣論罷，復舊任。

二月，先生自知扶溝縣召判武學，命下數日，李定、何正臣劾其學術迂闊，趨向僻異，且新法之初，首爲異論，復罷之。呂公著上疏言：「方朝廷修改法度之初，凡在朝野，孰無論議。陛下兼包，豈悉記録？而小人賊害，指目未已。如顥者，陛下早自知之，其立身行己素有本末。昔在言路，時有論列，皆辭意忠厚，不失臣子之體。兼所除武學，亦未爲仕宦要津。而小人齗齗，必以爲不可者，直欲深梗正路，其所措意，非特一二人而已。」疏奏不納。先生竟歸故官。《通鑑》。《宋史》：李定，字資深，揚州人。受學安石。熙寧三年，召至京。李常問：「君從東南來，民謂青苗法何如？」對曰：「便之，無不喜者。」常曰：「舉朝方共爭是事，願勿爲此言。」定竟往謁安石曰：「定但知據實而言，不知京師勿許。」安石大喜，謂曰：「君見上，盍爲道之。」立薦。對如曩言，於是，言新法者皆不聽，即命爲太子中允、權監察御史裏行。宋敏求、蘇頌、李大臨，封還制書，皆罷去。御史疏定不持生母仇氏服。元豐初，爲御史中丞。何正臣，字君表，新淦人。元豐中，蔡確薦爲御史裏行。按：《續通鑑長編》，二月丁未，詔太常丞程某判武學。十五日甲寅，罷，才八日也。呂公著云云。先生在御史，有南士游執政門者，方自南還，未至而附會之説先布都下，且其人素議虧闕，先生奏言其行。後先生被命判武學，其人已位通顯，懼先生復進，乃抗章言，先生新法之初，首爲異論。先生笑曰：「是豈誣我耶？」復以便親乞汝州監局。劉立之《敘述》。《陳公廙園修禊事席上賦》：「盛集蘭亭舊，風流洛社今。坐中無俗客，水曲有清音。香篆來還去，花枝泛復沉。未須愁日暮，天際是輕陰。」《明道文集》，下同。按：公廙，名知儉，官殿丞。元豐元年始居洛，二年修禊，所會皆儒學之士。《郊行即事》：「芳原緑野恣行時，春入遥山碧四圍。興逐亂紅穿柳巷，困臨流水坐苔磯。莫辭盞酒十分醉，祇恐風花一片飛。況是清明好天氣，不妨游衍莫忘歸。」凡詩必使言之無罪，聞者知戒，所以尚譎諫也。先生詩云：「未須愁日暮，天際是輕陰。」又曰：「莫辭盞酒十分醉，只恐風花一片飛。」何其温柔敦厚也！聞之者亦且自然感動矣。《龜山語録》。呂與叔見先生。《伊洛淵源録》：呂大臨，字與叔，藍田人，學於横渠先生之門。横渠卒，乃入洛見先生。先生曰：「學者須先識仁。仁者渾然與物同體。義、禮、知、信皆仁也。識得此理，以誠敬存之而已，不須防檢，不須窮索。若心懈則有防，心苟不懈，何防之有？理有未得，故須窮索。存久自明，安待窮索？此道與物無對，大不足以名之，天地之用皆我之用。孟子言『萬物皆備於我』，須反身而誠，乃爲大樂。若反身未誠，則猶是二物有對，以己合彼，終未有之，又安得樂？《訂頑》意思，乃備言此體。以此意存之，更有何事？『必有事焉而勿正，心勿忘，勿助長』，未嘗致纖毫之力，此其存之之道。若存得，便合有得。蓋良知良能元不喪失。以昔日習心未除，卻須存養此心，久則可奪舊習。此理至約，惟患不能守。既能體之而樂，亦不患不能守也。」《遺書》

吕與叔《東見録》，下同。劉蕺山云：「此程子見道分明語也。朱子謂《識仁篇》乃地位高者之事，故《近思録》遺之。然『誠敬存之』四字，自是中道而立。」黄梨洲云：「與叔深淳近道，而以防檢窮索爲學。明道語之以識仁，且以『不須防檢，不須窮索』開之。默識心契，豁如也。朱子於程門中最取與叔，以爲高於諸公大段，有筋骨。如天假之年，必理會得到。」

醫書言手足痿痺爲不仁，此言最善名狀。仁者，以天地萬物爲一體，莫非己也。認得爲己，何所不至？若不有諸己，自不與己相干。如手足不仁，氣已不貫，皆不屬己。故「博施濟衆」，乃聖人之功用。仁至難言，故止曰「己欲立而立人，己欲達而達人，能近取譬，可謂仁之方也已」。欲令如是觀仁，可以得仁之體。孟子才高，學之無可依據。學者當學顔子，入聖人爲近，有用力處。且省外事，但明乎善，惟進誠心，其文章雖不中不遠矣。所守不約，泛濫無功。朱子云：這段「是吕與叔自關中來，初見二程時説話。蓋横渠多教人禮文制度之事，他學者用心不近裏，故以此説教之。然只可施之與叔諸人，若與龜山言，便不著地頭了」。學者識得仁體，實有諸己，只要義理栽培。如求經義，皆栽培之意。所見所期，不可不遠且大，然行之亦須量力有漸。志大心勞，力小任重，恐終敗事。朋友講習，更莫如相觀而善工夫多。欲知得與不得，於心氣上驗之。思慮有得，中心悦豫，沛然有裕者，實得也。思慮有得，心氣勞耗者，實未得也，强揣度耳。嘗有人言：「比因學道，思慮心虚。」曰：「人之血氣，固有虚實，疾病之來，聖賢所不免，然未聞自古聖賢因學而致心疾者。」學者全體此心，學雖未盡，若事物之來，不可不應，但隨分限應之，雖不中不遠矣。「居處恭，執事敬，與人忠」，此是徹上徹下語，聖人元無二語。學者不必遠求，近取諸身，只明人理，敬而已矣，便是約處。《易》之《乾》卦言聖人之學，《坤》卦言賢人之學，惟言「敬以直内，義以方外，敬義立而德不孤」。至於聖人，亦止如是，更無别途。穿鑿繫累，自非道理。故有道有理，天人一也，更不分别。浩然之氣，乃吾氣也，養而不害，則塞乎天地；一爲私心所蔽，則欿然而餒，卻甚小也。「思無邪」，「無不敬」，只此二句，循而行之，安得有差？有差者，皆由不敬不正也。劉蕺山云：「此無欲學聖之旨。」李安溪云：「《定性書》『廓然大公』而戒夫自私之累，『物來順應』而惡夫用智之鑿，即此章之意。然未直指用力之方，是故學者茫焉。此揭敬義爲言，無不敬則内直，思無邪則外方，斯二者，傳心之要也。」今學者敬而不自得，又不安者，只是心生，亦是太以敬來做事得重，此「恭而無禮則勞」也。恭者，私爲恭之恭也；禮者，非體之禮。是自然底道理也。只恭而不爲自然底道理，故不自在也。須是恭而安。今容貌必端，言語必正者，非是道獨善其身，要人道如何，只是天理合如此，本無私意，只是箇循理而已。今志於義理而心不安樂者，何也？此則正是剩一箇助之長。雖則心操之則存，舍之則亡，然而持之太甚，便是必有事焉而正之也。亦須且恁去如此者，只是德孤。「德不孤，必有隣」，到德盛後，自無窒礙，左右逢其原也。敬而無失，便是「喜怒哀樂未發之謂中」也。敬不可謂之中，但敬而無失，即所以中也。胡安定在湖州置治道齋，學者有欲明治道者，講之於中，如治兵、治民、水利、算數之類。嘗言劉彝善治水利，後果爲政，皆興水利有功。《宋史》：劉彝，字執中，閩縣人。從學安定，仕至都水丞，知桂州。凡立言欲涵蓄意思，不使知德者厭，無德者惑。子厚以禮教學者，最善，使學者先有所據守。堯與舜更無優劣，及至湯、武便別。孟子言「性之」、「反之」，自古無人如此説，只孟子分別出來，便知得堯、舜是生而知之，湯、武是學而能之。文王之德則似堯、舜，禹之德則似湯、武，要之皆是聖人。天下善惡皆天理，謂之惡者，非本惡，但或過或不及便如此，如楊、墨之類。《大學》乃孔氏遺書，須從此學則不差。聖人用意深處，全在《繫辭》，《詩》、《書》乃格言。談經論道則有之，少有及治體者。如有用我者，正心以正身，正身以正家，正家以正朝廷、百官至於天下，此其序也。其間則又繫用之淺深，臨時裁酌而應之，難執一意。師不立服，不可立也，當以情之厚薄，事之大小處之。如顔、閔於孔子，雖斬衰三年可也，其成己之功，與君父並。其次各有淺深，稱其情而已。下至曲藝，莫不有師，豈可一概制服？嘗有一朝士久不見，謂先生曰：「以伯淳如此聰明，因何許多時終不肯回頭來？」先生答以「蓋恐回頭後錯也」。新政之改，亦是吾黨争之有太過，成就今日之事，塗炭天下，亦須兩分其罪可也。當時天下，岌岌乎殆哉！介夫欲去數矣。其時介夫直以數事上前卜去就，若青苗之議不行，則決其去。某於上前，與孫莘老同得上意，要了當此事。大抵上意不欲抑介夫，要得人擔當了，而介夫之意尚亦無必。某嘗言：「管仲猶能言『出令當如流水，以順人心』，今參政須要做不順人心事，何故？」介夫之意只恐始爲人所沮，其後行不得。某卻道：「但做順人心事，人誰不願從也？」介夫道：「此則感賢誠意。」卻爲天祺其日於中書大悖，緣是介夫大怒，遂以死力争於上前，上爲之一以聽用，從此黨分矣。莘老受約束而不肯行，遂坐貶。而某遂待罪，既而除以京西提刑，某復求對，遂見上。上言：「有甚文字？」某云：「今咫尺天顔，尚不能少回天意，文字更復何用？」欲去，而上問者數四。某每以陛下不宜輕用兵爲言，朝廷群臣無能任陛下事者。以今日之患觀之，猶是自家不善從容。至如青苗，且放過，又且何妨？某當言職，苦不會使文字，大綱只是於上前説了，其他些小文字，只是備禮而已。大抵自仁祖朝優容諫臣，當言職者必以詆訐而去爲賢，習以成風，惟恐人言不稱職以去爲落便宜。昨來諸君，蓋未免此。苟如是爲，則是爲己，尚有私意在，卻不在朝廷，不干事理。朱子云：「新法之行，諸公實共謀之，雖明道不以爲不是，蓋那時也是箇合變時節。但後來人情洶洶，明道始勸之以爲不可做逆人情底事。

及王氏排衆議，行之甚力，而諸公始退散。或問：『新法之行，雖塗人皆知其害，何故明道不以爲非？』曰：『自是王氏行得來有害。若使明道爲之，必不恁的狼狽。』又問：『若二程出來擔負，若復別否？』曰：『若如明道十事，須還他全別，方得。只看他當時薦章，謂其「志節慷慨」云云。則明道豈是循常蹈故、塊然自守的人！』」胡敬齋云：「明道才大德盛，入朝建言三代之治，可運於掌。當時神宗甚欲有爲，亦甚聰明，安石亦才高，故明道俱要格其心，已被明道感動。明道雖去，神宗猶眷眷懷之，安石亦感公盛意，被張天祺等攻激太過，遂不能從。故明道深惜此機會，以爲兩分其罪。」按：李安溪《程子遺書纂註》云：「程子自呼名門人記者，以字代之。録中稱伯淳、正叔者，皆同。今概以某字代之。」今日朝廷所以特惡忌某者，以其可理會事，只是理會學，這裏動，則於他輩有所不便也，故特惡之深。按：先生自熙寧五年歸洛，從容親庭，日以講學論道爲事，士大夫皆慕化之，即所云於他輩有所不便也。以吾自處，猶是自家當初學未至，意未誠，其德尚薄，無以感動他天意，此自思則如此。然據今日許大氣燄，當時欲一二人動之，誠如河濱之人捧土以塞孟津，誠可笑也。據當時事勢，又至於今日，豈不是命？介甫當初，只是要行己志，恐天下有異同，故只去上心上把得定，他人不能搖，以是拒絕言路，進用柔佞之人，使之奉行新法。今則是他已去，不知今日卻留下害事。自古治亂相承，亦常事。君子多而小人少，則治；小人多而君子少，則亂。然在古，亦須朝廷之中君子小人雜進，不似今日翦截得直是齊整，不惟不得進用，更直憔悴善類，略去近道，則須憔悴舊日交遊。只改節者，便於世事差遂。此道理，不知爲甚？正叔近病，人有言之，曰：「在佗人則有追駮斥放，正叔無此等事，故只有病耳。」介甫今日亦不必誅殺，人人靡然自從，蓋只消除盡在朝異己者。在古，雖大惡在上，一面誅殺，亦斷不得人議論，今便都無異者。六月，先生舅華陰侯先生卒。見《明道文集》。

三年庚申，四十九歲。除奉議郎，罷扶溝任，寓潁昌。

二月，作《華陰侯先生墓誌銘》。見《明道文集》。侯先生，名可，字無可，華陰人。二程舅氏也。生景德四年丁未，終元豐二年己未，年七十三。先生以氣節自喜，從孫威敏征儂智高得官，知巴州化成縣，調耀州華原主簿，監慶州折博務，授儀州軍事判官。韓忠獻鎮長安，薦知涇陽縣，議復鄭白渠，召對便殿，熙河未開之時，爲韓忠獻馳諭渭源酋豪，開地八千頃。秦州舊苦蕃酋反覆，縶其親愛，先生謀釋而歸之，戎人感服。平生以勸學爲己任。主華學之教者幾二十年。官之所至，必治學舍，興絃誦。二子：孚、淳。三孫，尚幼。以終之明年仲春八日葬。先生作墓誌銘。六月，官制改，除奉議郎。朝廷遣官括牧地，民田當没者千頃，往往持累世契券以自明，皆弗用。諸邑已定，而扶溝民獨不服。遂有朝旨，改税作租，不復加益，及聽賣易如私田。民既倦於追呼，又得不加賦，乃皆服。先生以爲不可。括地官至，謂先生曰：「民願服而君不許，何也？」先生曰：「民徒知今日不加賦，而不知後日增租奪田，則失業無以生矣。」因爲言仁厚之道，其人感動，謝曰：「寧受責，不敢違公。」遂去之他邑。

不踰月，先生罷去，其人復至，謂攝令者曰：「程奉議去矣，爾復何恃而敢稽違朝旨？」督責甚急，數日而事集。隣邑民犯盜，繫縣獄而逸，既又遇赦。先生坐是以特旨罷。邑人知先生且罷，詣府及司農丐留者千數。去之日，不使人知，老稺數百追及境上，攀挽號泣，遣之不去。《明道行狀》。扶溝地卑，歲有水旱，先生經畫溝洫之法以治之，未及興工而先生去官。先生曰：「以扶溝之地盡爲溝洫，必數年乃成。吾爲經畫十里之間，以開其端。後之人知其利，必有繼之者矣。夫爲令之職，必使境内之民，凶年饑歲免於死亡，飽食逸居有禮義之訓，然後爲盡。故吾於扶溝，興設學校，聚邑人子弟教之，亦幾成而廢。夫百里之施至狹也，而道之興廢繫焉。是數事者，皆未及成，豈不有命與？然知而不爲，而責命之興廢，則非矣。此吾所以不敢不盡心也。」《外書·庭聞稾録》。常見先生所在臨政，便上下響應，到了人衆後便成風，成風則有所鼓動。天地間，只是一箇風以動之也。《遺書》卷十七。先生爲邑，及民之事多。衆人所謂法所拘者，然爲之未嘗大戾於法，衆亦不甚駭。謂之得伸其志則不可，求小補，則過今之爲政者遠矣。人雖異之，不至指爲狂也。至謂之狂，則大駭矣。盡誠爲之，不容而後去，又何嫌乎？《伊川文集》。先生達於從政，以仁愛爲本，故所至，民戴之如父母。立之嘗問先生以臨民，曰：「使民各得輸其情。」問御吏，曰：「正己以格物。」劉立之《敘述》。先生臨民，刑未嘗不用，亦威亦嚴，然至誠感人而人化之。《伊洛淵源録》、《侯子雅言》。先生與弟伊川侍太中，遊壽安山，太中爲詩曰：「藏拙歸來已十年，身心世事不相關。洛陽山水尋須遍，更有何人似我閒。」顧謂二子曰：「遊山之樂，猶不如靜坐，蓋亦非好也。」《太中家傳》。按：太中以熙寧三年議新法未便，乞祠歸，至是十年。

四年辛酉，五十歲。在潁昌。

先生之罷扶溝，貧無以家，至潁昌而寓止焉。大夫謂太中。以清德退居，弟頤正叔一作「正道」。樂道不仕，先生與正叔朝夕就養，無違志。閨門之内，雍肅如禮。家無儋石之儲，而愉愉也。予方守潁昌，遂得從先生遊，先生不以老耄棄我，周旋啟告，所以爲益良厚。韓持國撰《墓誌銘》。《元豐九域志》：潁昌府許昌郡，屬京西路。元豐三年，升府。按《續通鑑長編》：韓維於元豐四年，已稱知潁昌如故。五年八月，詔維再任。六年三月，提舉崇福宫。則持國與二先生周旋，正在此三年中也。先生嘗語韓持國曰：「如説妄説幻爲不好底性，則請别尋一箇好底性來，换了此不好底性著。道即性也。若道外尋性，性外尋道，便不是。聖賢論天德，蓋謂自家元是天然完全自足之物，若無所污壞，即當直而行之。若小有污壞，即敬以治之，使復如舊。所以能使如舊者，蓋謂自家本質元是完足之物。若合修治而修治之，是義也；若不消修治而不修治，亦是義也；故常簡易明白而易行。禪學者總是强生事。至如山河大地之説，是他山河大地又干你何事？至如孔子，道如日星之明，猶患門人未能盡曉，故曰：『予欲無言。』如顏子則便默識，其他未免疑問，故曰『小人何述』，又曰『天何言哉？四時行焉，百物生焉』，可謂明白矣。若能於此言上看得破，便信是會禪也。非是未盡得，蓋實是無去處説，此理本無二故也。」《遺書》李端伯傳《師説》，下同。按：伊川稱語録只有李籲得其意，不拘言語，無錯編者。元豐四年，韓持國守潁昌，與先生語，《師説》備記之。疑端伯在潁從二先生學，吕與叔《東見録》，亦有端伯相聚不久之語。故凡記語理道之要，悉附於此。先生嘗論克己復禮。韓持國曰：「道上更有甚克，莫錯否？」曰：「如公之言，只是説道也，克己復禮，乃所以爲道也，更無別處。克己復禮之爲道，亦何傷乎公之所爲道也！如公之言，即是一人自指其前一物，曰此道也，他本無可克者。若知道與己未嘗相離，則若不克己復禮，何以體道？道在己，不是與己各爲一物，可跳身而入者也。克己復禮，非道而何？至如公言，克不是道，亦是道也。實未嘗離得，故曰『可離非道也』，理甚分明。」又曰：「道無真無假。」曰：「既無真，又無假，卻是都無物也。到底須是是者爲真，不是者爲假，便是道大，小大分明。」持國曰：「道家有三住，心住則氣住，氣住則神住，此所謂存三守一。」先生曰：「此三者，人終食之頃，未有不離者，其要只在收放心。」持國常患在下者多欺。先生曰：「欺有三：有爲利而欺，則固可罪；有畏罪而欺者，在所恕；事有類欺者，在所察。」王彦霖問立德進德先後。先生曰：「此有二：有立而後進，有進而至於立。立而後進，則是卓然定後有所進，立則是『三十而立』，進則是『吾見其進也』。有進而至於立，則進而至於立道處也，此進是『可與適道者』也，立則『可與立』者也。」《伊洛淵源録》：王端明彦霖，名巖叟，大名人。本傳不及其學問源流，其《祭明道文》有「聞道於先生」之語。及伊川造朝，兩疏推挽甚力，蓋知尊先生者，恐未必在弟子之列也。王彦霖以爲，人之爲善，須是他自肯爲時，方有所得，亦難强。先生曰：「此言雖是，人須是自爲善，然又不可爲如此卻都不管他，蓋有教焉。『修道之謂教』，豈可不修！」王彦霖問：「道者，一心也。有曰『仁者不憂』，有曰『知者不惑』，有曰『勇者不懼』，何也？」先生曰：「此只是名其德爾，其理一也。得此道而不憂者，仁者之事也。因其不憂，故曰此仁也。知、勇亦然。不成卻以不憂謂之知，不惑謂之仁也？凡名其德，千百皆然，但此三者，達道之大也。」先生曰：「天地生物，各無不足之理。常思天下，君臣、父子、兄弟、夫婦，有多少不盡分處。」「忠信所以進德」，「終日乾乾」，君子當終日「對越在天」也。蓋上天之載，無聲無臭，其體則爲之易，其理則謂之道，其用則謂之神，其命於人則謂之性，率性則謂之道，修道則謂之教。孟子去其中又發揮出浩然之氣，可謂盡矣。故説神「如在其上，如在其左右」，大小葉氏曰：「大小猶多少也。」大事而只曰「誠之不可揜如此夫」。徹上徹下，不過如此。形而上爲道，形而下爲器，須著如此説。器亦道，道亦器，但得道在，不繫今與後，己與人。劉蕺山云：「此先生極力體貼出自家意思語。」李安溪云：「此條以誠爲主，忠信進德，即是對越上天。天之所以爲天者，誠而已矣。神不在道之外，氣亦不在性道之外。《中庸》言鬼神歸之於誠，則神氣與道之妙合也顯矣。程子又曰『無不敬可以對越上帝』，又曰『誠則無不敬，未能誠，則必敬而後誠』，然則事天以存誠爲本，而存誠以居敬爲先。」「生之謂性」，性即氣，氣即性，生之謂也。人生氣稟，理有善惡，然不是性中元有此兩物相對而生也。有自幼而善，有自幼而惡，是氣稟有然也。善固性也，然惡亦不可不謂之性也。蓋「生之謂性」、「人生而静」以上不容説，才説性時，便已不是性也。凡人説性，只是説「繼之者善也」，孟子言人性善是也。夫所謂「繼之者善也」者，猶水流而就下也。皆水也，有流而至海，終無所污，此何煩人力之爲也？有流而未遠，固已漸濁；有出而甚遠，方有所濁。有濁之多者，有濁之少者，清濁雖不同，然不可以濁者不爲水也。如此，則人不可以不加澄治之功。故用力敏勇則疾清，用力緩怠則遲清。及其清也，則卻只是元初水也，亦不是將清來换卻濁，亦不是取出濁來置在一隅也。水之清，則性善之謂也。故不是善與惡在性中爲兩物相對，各自出來。此理，天命也。順而循之，則道也。循此而修之，各得其分，則教也。自天命以至於教，我無加損焉，此舜有天下而不與焉者也。劉蕺山云：「『生之謂性』，告子未嘗差，惡亦是性。荀子未嘗差，但先生只是認得箇『人生而静』者耳。」「修辭立其誠」，不可不子細理會。言能修省言辭，便是要立誠。若只是修飾言辭爲心，只是爲僞也。若修其言辭，正爲立己之誠意，卻是體當自家「敬以直内，義以方外」之實事。道之浩浩，何處下手？惟立誠才有可居之處，有可居之處則可以修業也。「終日乾乾」，大小大事，卻只是「忠信所以進德」爲實下手處，「修辭立其誠」爲實修業處。若不能存養，只是説話。聖賢千言萬語，只是欲人將已放之心，約之使反，復入身來，自能尋向上去，下學而上達也。劉蕺山云：「識此意，方可言勿助、勿忘。」籲問：「每常遇事，即能知操存之意，無事時，如何存養得熟？」先生曰：「古之人，耳之於樂，目之於禮，左右起居，盤盂几杖，有銘有戒，動息皆有所養。今皆廢此，獨有理義之養心耳。但存此涵養意，久則自熟矣。敬以直内，是涵養意。」呂與叔嘗言：「患思慮多，不能驅除。」先生曰：「此正如破屋中禦寇，東面一人來未逐得，西面又一人至矣，左右前後，驅逐不暇。蓋其四面空疏，盜固易入，無緣作得主定。又如虚器入水，水自然入。若以一器實之以水，置之水中，水何能入來？蓋中有主則實，實則外患不能入，自然無事。」義理與客氣常相勝，又看消長分數多少，爲君子小人之别。義理所得漸多，則自然知得客氣消散得漸少，消盡者是大賢。治怒爲難，治懼亦難，克己可以治怒，明理可以治懼。先王之世，以道治天下；後世只是以法把持天下。憂子弟之輕俊者，只教以經學念書，不得令作文字。子弟凡百玩好皆奪志。至於書札，於儒者事最近，然一向好著，亦自喪志。如王、虞、顔、柳輩，誠爲好人則有之。曾見有善書者知道否？平生精力一用於此，非惟徒廢時日，於道便有妨處，足知喪志也。富貴驕人固不善，學問驕人害亦不細。人以料事爲明，便駸駸入逆詐億不信去也。人於外物奉身者，事事要好，只有自家一箇身與心，卻不要好。苟得外面物好時，卻不知道自家身與心卻已先不好了也。韓愈亦近世豪傑之士，如《原道》中言語雖有病，然自孟子而後，能將許大見識尋求者，才見此人。至如斷曰：「孟子醇乎醇。」又曰：「荀與楊擇焉而不精，語焉而不詳。」若不是他見得，豈千餘年後便能斷得如此分明？

二先生暇日與韓持國同遊西湖，先生《酬韓持國資政湖上獨酌見贈詩》：「對花酌酒公能樂，飯糗羹藜我自貧。若語至誠無内外，卻應分别更迷真。」《明道文集》。韓詩云：「曲肱飲水程夫子，宴坐焚香范使君。愧我未能忘外樂，緑尊紅芰對西曛。」又見吕氏《童蒙訓》，與此小異。

楊中立以師禮見先生於潁昌。見《龜山年譜》。按《龜山集》：元豐辛酉，二十九歲。

授徐州司法，不赴。自京師至潁，以書請見明道先生，遂以師禮事焉。略云：「師道廢久矣，後世之士，不能望見古人之萬一者，豈不以此歟？某嘗悲夫世之人自蔽曲學，不求有道者正之，而又自悲其欲求有道者而未之得也。調官至京師，於朋遊間，獲聞先生之緒言，鄙俗之心固已潛釋，於是慨然興起，曰：『古之人，其相去甚遠矣，尚或誦其詩，讀其書，論其世，想見其爲人而師之，又況親逢其人哉？其往不可復矣，此區區所以有今日之請也。先生其將哀其愚、憫其志而進之，使供灑埽於門下，則千萬幸甚！』」時二程兄弟講孔、孟絶學於河洛，及門皆西北士，最後中立與游。定夫往從學。明道甚喜，每言楊君最會得容易。龜山從潁昌及門之後告歸，明年有寄書問《春秋》，又有《寄游定夫》詩：「絳帷侍燕每從容，一聽微言萬慮空。卻媿猶懸三釜樂，未能終此挹清風。蕭條清潁一茅廬，魂夢長懷與子俱。五里橋西楊柳路，可能鞭馬復來無。」想見一時從遊之樂。安溪李遜齋《道南講授》云：「龜山文靖公承道南統緒，當日所得師傳，儘有可考。」胡文忠嘗言：「據龜山所見在《中庸》，自明道先生所授。」再按《龜山傳》：昔程純公嘗指喜怒哀樂未發之中，令龜山反求，涣然有覺。其後羅豫章、李延平遞相祖述，令學者「静中體認大本未發時氣象分明」，所謂龜山門下相傳指訣者。觀此，則龜山之師承純公，俱在三十歲前。羅、李宗派已肇於此時矣。至卒業程明公，又在四十歲後。先生在潁昌，楊中立尋醫，調官京師，因往潁昌從學。先生甚喜，每言曰：「楊君最會得容易。」及歸，送之出門，謂坐客曰：「吾道南矣！」先是，建安林志寧，出入潞公門下求教。潞公云：「某此中無相益。有二程先生者，可往從之。」因使人送先生處。志寧乃語定夫及中立，中立謂不可不一見也，於是同行。時謝顯道亦在。謝爲人誠實，但聰悟不及中立，故先生每言楊君聰明，謝君如水投石，然亦未嘗不稱其善。《外書·龜山語録》，下同。先生曰：「必有《關雎》、《麟趾》之意，然後可行《周官》法度。」❶先生嘗言：「學者不可以不看《詩》，看《詩》便使人長一格價。」范夷叟欲同二程去看斸地黄。先生率顯道，顯道以前輩爲辭。先生云：「又何妨？一般是人。」《外書·上蔡語録》。《宋史》：范夷叟，名純禮，文正公三子。仕至尚書右丞。

❶「周官」，清吕留良本《二程全書》作「周公」。

明道先生年譜卷五

五年壬戌，五十一歲。在洛。

先生曰：「昨春邊事權罷，是皆李舜舉之力也。今不幸適喪此人，亦深足惜也。此等事皆是重不幸。」《遺書》呂與叔《東見録》，下同。《續通鑑長編》：元豐五年九月戊戌，永樂城陷，「舜舉將死，裂衣，草奏云：『臣死無所恨，願朝廷勿輕此敵。』」舜舉資性安重，與人言未嘗及宮事，頗覽書傳。按：九月永樂之役，内侍李舜舉與徐禧、李稷、大將高永能皆敗死。李憲本意，佗只是要固蘭會，恐覆其功，必不肯主這下事。元豐四年取興靈事。《宋史》：李憲，神宗内侍。元豐四年九月入蘭州，詔趨靈武，而憲不前，高遵裕獨往而敗。今許大西事，無一人敢議者。自古舉事，不能無可否是非，亦須有議論。如苻堅壽春之役，其朝廷宗室固多有言者，以至宮女有張夫人者猶上書諫。西晋平吴，當取也，主之者惟張華一人而已。然當時雖羊叔子建議，而朝廷亦不能無言。又如唐師取蔡州，此則在中國容其數十年恣睢，然當時以爲不宜取者固無義理，然亦是有議論。今則廟堂之上無一人言者，幾何不一言而喪邦也！元豐四年，用种諤、沈括之謀取西夏。❶《續通鑑長編》：元豐五年十月戊申朔，种諤、沈括奏永樂城陷，上涕泣悲憤，爲之不食，對輔臣慟哭，莫敢仰視。既而歎息曰：「永樂之舉，無一人言其不可者。」右丞蒲宗孟進曰：「臣嘗言之。」上正色曰：「何嘗有言？在内惟呂公著，在外惟趙卨嘗言用兵不是好事耳。」今日西師，正惟事本不正，更説甚去就！君子於任事之際，須成敗之責在己，❷則自當生死以之。今致其身，使禍福死生利害由人處之，是不可也。如昨軍興事繁務夥，是亦學也；但恐只了佗紛紛底，則又何益？如從軍者之行，必竟是爲利禄、爲功名。由今之舉，便使得人一城一國，又是甚功名？君子恥之。今日從宦，苟有軍事，不能免此，是復蹈前事也。然則既如此，曷爲而不已也。今日西事要已，亦不甚難。❸前事亦何足恥？只朝廷推一寬大天地之量，許之自新，莫須相從。然此恐未易。朝廷之意，今日不得已，須著如此。但夏人更重所有要，以堅吾約，則邊患未已也。徐禧，奴才也，善兵者有二萬人未必死，彼雖十萬人，亦未必能勝二萬人。古者以少擊衆而取勝者多，蓋兵多亦不足恃。昔者袁紹以十萬阻官渡，而曹操只以萬卒取

❶「取」，清呂留良本《二程全書》作「伐」。
❷「責」，清呂留良本《二程全書》作「由」。
❸「不」，清呂留良本《二程全書》作「有」。

之。王莽百萬之衆，而光武昆陽之衆有八千，仍有在城中者，然則只是數千人取之。苻堅下淮百萬，而謝玄才二萬人，一麾而亂。以此觀之，兵衆則易老，適足以資敵人，一敗不支，則自相蹂踐，至如聞風聲鶴唳，皆以爲晋軍之至，則是自相殘也。譬之一人軀幹極大，一人輕捷，兩人相當，則擁腫者遲鈍，爲輕捷者出入左右之，則必困矣。自古師旅勝敗，不能無之。然今日邊事，至號疎曠前古未之聞也。其源在不任將帥，將帥不慎任人。閫外之事，將軍處之，一一中覆，皆受廟算，上下相徇，安得不如此？元豐五年，永樂城事。《宋史》：徐禧，字德占，附安石行新法。永樂城陷死之。范希文前日西舉，以虚聲而走敵人。今日又不知誰能爲希文者。仁祖時，北使進言：「高麗自來臣屬北朝，近來職貢全缺，殊失臣禮，今欲加兵。又聞臣屬南朝，今來報知。」仁祖不答，及將去也，召而前，語之曰：「適議高麗事，朕思之，只是王子罪，不干百姓事。今既加兵，王子未必能誅得，且是屠戮百姓。」北使遂屈無答，不覺汗流浹背，俯伏於地，歸而寢兵。佗都不言彼兵事勢，只看這一箇天地之量，亦至誠有以格佗也。楊中立有《寄先生問〈春秋〉》書。見《龜山文集》，下同。《龜山年譜》：元豐壬戌，三十歲，居鄉。《寄明道先生問〈春秋〉書》略云：「《春秋》之學不傳久矣，每以不得從容左右，親受指誨爲憾。鄙心所疑，非止一二，但未敢縷陳，恐煩聽覽耳。惟先生不以鄙愚見棄，一一見教。幸甚！」先生嘗有語云：「看《春秋》，若經不通則當求之傳，傳不通則當求之經。」「只如《左氏春秋》書『君氏卒』，君氏乃惠公繼室聲子也，而《公羊春秋》則書『尹氏』，傳云『大夫』也，然聲子而書曰『尹氏』，是何義，書當以『君氏』爲正。」冬，劉質夫見先生洛中。《遺書》卷十二。按《伊洛淵源録》：李端伯作《劉博士墓誌銘》云：質夫自齠齓時，已有老成器，結髮即事明道先生程氏兄弟受學焉。明道嘗謂人曰：「他人之學敏則有之，未易保也。斯人之志，吾無疑焉。」元豐中，令潞之長子，富文忠語人曰：「劉絢，古縣令也。」《遺書》録《師訓》卷十一，在洛中所聞前戌冬及亥八月、九月録先生語，疑丁仁安縣君憂，居河南時也，今並類繫。全謝山謂程門弟子最著者，劉、李諸公以早卒，故其源流未廣。先生曰：「萬物之生意最可觀。此元者善之長也，斯可謂仁也。」《遺書》録《師訓》，下同。「天地萬物之理，無獨必有對，皆自然而然，非有安排也。每中夜以思，不知手之舞之，足之蹈之也。」劉蕺山云：「分明是太極之理。」「中者，天下之大本。天地之間，亭亭當當，直上直下之正理，出則不是，惟『敬而無失』最盡。」「大抵學不言而自得者，乃自得也；有安排布置者，皆非自得也。」「視聽思慮動作皆天也，人但於其中要識得真與妄爾。」「『忠信所以進德，修辭立其誠，所以居業』者，乾道也。『敬以直内，義以方外』者，坤道也。」「天地設位而易行乎其中，只是敬也。敬則無間斷。」「毋不敬，可以對越上帝。」「敬勝百邪。」「『敬以直内，義以方外』，仁也。若以敬直内，則便不直矣。『必有事焉而勿正』，則直也。」「顔子默識，曾子篤信，得聖人之道者，二人也。」「天人無間斷。」「克勤小物最難。」「欲當大任，須是篤實。」「凡爲人言者，理勝則事明，氣忿則招怫。」「『純亦不已』，天德也。『造次必於是，顛沛必於是』，『三月不違仁』之氣象也。又其次，則『日月至焉』者矣。」《遺書》戊冬録，下同。「『民受天地之中以生』，『天命之謂性』也。『人之生也直』，意亦如此。」「『顔子在陋巷，『人不堪其憂，回也不改其樂』。簞瓢陋巷非可樂，蓋自有其樂耳。『其』字當玩味，自有深意。」「楊子出處，使人難説，孟子必不肯爲楊子事。」「孔子『與點』，蓋與聖人之志同，便是堯、舜氣象也。誠『異三子者之撰』，特行有不揜焉者，真所謂狂矣。子路等所見者小。子路只爲不達『爲國以禮』道理，所以爲夫子笑。若知『爲國以禮』之道，便卻是這氣象也。」「『喜怒哀樂之未發，謂之中；發而皆中節，謂之和。中也者，天下之大本也；和也者，天下之達道也。致中和，天地位焉，萬物育焉。』致與位字，非聖人不能言，子思蓋特傳之耳。」「凡人才學，便須知著力處；既學，便須知得力處。」

六年癸亥，五十二歲。監汝州酒税。

先生以親老求近鄉監局，得監汝州酒税。《明道行狀》。《元豐九域志》：汝州屬京西路。八月，劉質夫見先生於洛。《遺書》卷十三。先生曰：「楊、墨之害甚於申、韓，佛老之害甚於楊、墨。楊氏爲我，疑於仁。墨氏兼愛，疑於義。申、韓則淺陋易見。故孟子則闢楊、墨，爲其惑世之甚也。佛、老其言近理，又非楊、墨之比，此所以害尤甚。楊、墨之害，亦經孟子闢之，所以廓如也。」《遺書》亥八月劉質夫録，下同。「釋氏本怖死生爲利，豈是公道？唯務上達而無下學，然則其上達處，豈有是也？元不相連屬，但有間斷，非道也。孟子曰：『盡其心者，知其性也。』彼所謂『識心見性』是也，若『存心養性』一段事則無矣。彼固曰出家獨善，便於道體已非矣。」「或曰：『釋氏地獄之類，皆是爲下根之人設此怖，令爲善。』先生曰：『至誠貫天地，人尚有不化，豈有立僞教而人可化乎？』」「曾子易簀之意，心是理，理是心，聲爲律，身爲度也。」九月，劉質夫過汝。《遺書》卷十四。絢問：「先生相别，求所以教。」曰：「人之相愛者，相告戒必曰凡事當善處，然只在仗忠信，只不忠信，便是不善處也。」《遺書》亥九月劉質夫録，下同。「有人治園圃役，知力甚勞。先生曰：『《蠱》之《象》，君子以振民育德』。君子之事，惟有此二者，餘無他焉。❶二者，爲己爲人之道也。」「『博學而篤志，切問而近思』，何以言『仁在其中矣』？學者要思得之，了此，便是徹上徹下之道。」「佛氏不識陰陽、晝夜、死生、古今，安得謂形而上者，與聖人同乎？」「子在川上，曰：『逝者如斯夫！不舍晝夜。』自漢以來儒者，皆不識

❶「焉」，清呂留良本《二程全書》作「爲」。

此義，此見聖人之心純亦不已也。純亦不已，此乃天德也。有天德便可語王道，其要只在慎獨。」「人之學不進，只是不勇。」「《易》中只是言反覆、往來、上下。」朱公掞來見先生於汝，歸謂人曰：「光庭在春風中坐了一箇月。」《外書·侯子雅言》。按：伊川《祭朱公掞文》云「自予兄弟倡學之初」，「君時甚少，獨信不疑」，則從學早矣。范内翰稱其少從孫復受《春秋》，又學於安定，告以爲學之本在忠信，終身力行之。黄梨洲云：「後從二程子於洛，聞格致爲進道之門，誠正爲入德之方，深信不疑。及爲諫官，奮不顧身，以衛師門，遂名洛黨之魁。蓋傑然自拔於流俗者也。」攷邵氏《易學解惑》記：伊川同朱公掞訪康節，則熙寧間嘗從二先生遊矣。吕與叔《東見録》又記：公掞昨在洛書室牖一條，伊川稱此意甚好。此云「來汝坐春風中一箇月」，亦猶再見茂叔以歸，有「吾與點也」之意。公掞嘗記先生語，今不可攷，朱子拾其遺，編入《外書》，兹並類繫。先生曰：「性靜者可以爲學。」《外書》朱公掞録，下同。「學始於不欺闇室。」楊開沅云：「先生處處提倡慎獨，不待蕺山也。」「弘而不毅則無規矩，毅而不弘則隘陋。」「知性善以忠信爲本，此先立其大者。」十一月，作《祭富鄭公文》，云：「維元豐六年，歲次癸亥，十一月壬寅朔，十九日庚申，奉議郎、監汝州鹽酒税、輕車都尉賜緋魚袋程某，謹遣外甥張敷，以清酌庶羞之奠，敢昭告於太尉文忠公之靈。

「嗚呼！粤稽古昔，得全實難；惟夔、契出乎唐、虞之際，而姬、吕位乎文、武之間。其餘雖有鉅賢碩輔，僅或濟一時之險艱。真儒大聖，多處非其位而孤騫。孰如我公，道行乎重熙累洽之運，而身享乎尊富安榮之完；事繫天下之重，位極人臣之班？生逢四世，皆上聖之主；時歷七紀，膺太平之安。勳業揭乎日月，聞望塞乎天淵，優游里第者猶十有三年。於人之職，可謂無負；在天之理，亦爲曲全。然而捐館之日，遠近聞之，孰不齎咨而涕漣？尚以公之没也，爲有憾焉。

「嗚呼！世之常態，苟於自便；終始之節，艱於永肩；屏伏者以憂責不及而怠懈，休老者以血氣既衰而志遷。惟公年彌高而志愈厲，身久退而誠益堅，惟是愛君憂國之道，極晝夜之拳拳。迨乎瞑目之旦，屬纊之前，萬物已莫累乎心胸，而朝廷之念獨有進乎昔日之當權。宜乎易名之謚典，號爲摭實；祭册之聖詔，極於哀憐。則士大夫以公之没爲有憾者，蓋非偶然。

「某愚不肖，屬公禮遇；❶顧相期於義理，非見私於趨附。公薨於洛，賤居在汝，官守有制，欲往無路；斂不望棺，葬不臨墓；引領西風，悲慟何數！誠寓鄙文，禮陳菲具；恭祭道周，後期無所。嗚呼！哀哉！伏維尚饗！」《明道文集》。或問先生於富韓公，公

❶ 「屬」，清吕留良本《二程全書》作「辱」。

曰：「伯淳無福，天下人也無福。」《伊洛淵源録》。楊中立有《與先生論〈春秋〉書》。見《龜山集》，下同。《龜山年譜》：元豐癸亥，赴徐州司法任，《與先生論〈春秋〉書》，略云：「某欲治《春秋》，❶讀之數卷，淺識未能窺其門户。遠去師席，疑無質問，中欲輟之，又惜其初心之勤，惓惓不能自已。誦習之餘，每妄有所憶，然未知聖人之旨，果可以如此求否？謹録之以質諸左右。」又有《與先生子二十三郎書》，有云：「追思在潁之樂，進趨文席，退講所聞，邈不可得。汝陽邇日所遊從者何人？所讀者何書？因書示及，未涯良會，惟希力學慎愛。」《元豐九域志》：汝陽屬京西路蔡州。按：先生子長端懿，汝陽主簿，即二十三郎。

七年甲子，五十三歲。彭夫人卒。

先生夫人，故户部侍郎彭公思永之第三女，「封仁和縣君，嚴正有禮，事舅以孝稱，善睦其族」。生五子，三早卒，端愨，其一也。「曰端懿，蔡州汝陽縣主簿；曰端本，治進士業」。四女：嬌兒、澶娘夭，一適假承務郎朱純之，公掞子。一擇配未得，其稱賢而未嫁，以母喪哀毀，於明年卒。伊川先生誌其墓，所謂孝女也。《明道行狀》、《伊川文集》。先生嘗曰：「熙寧初，王介甫行新法，並用君子小人。君子正直不合，介甫以爲俗學，不通世

❶「某」下，四庫本《龜山集》有「嘗」字。

務，斥去。小人苟容諂佞，介甫以爲有才，知變通，適用之。君子如司馬君實不拜樞密以去，范堯夫辭修注得罪，張天祺以御史面折介甫被責。介甫性狠愎，衆人以爲不可，則執之愈堅。君子既去，所用小人争爲刻薄，故害天下益深。使衆君子未與之敵，俟其勢久自緩，委曲平章，尚有聽從之理，則小人無隙可乘，其害不至如此之甚也。」《邵氏聞見録》，下同。先生謂伯温曰：「人之爲學，忌先立標準，若循循不已，自有所至矣。」李文定公爲舉子時，從种放明逸先生學。將試京師，攜明逸書見柳開仲塗，以文卷爲贄，與謁俱入。久之，仲塗出，曰：「讀君之文，須沐浴乃敢見。」因留之門下。一日，仲塗自出題，令文定與其諸子及門下客同賦。賦成，驚曰：「君必魁天下，爲宰相。」令門下客與諸子拜之，曰：「異日無忘也。」及文定爲宰相，仲塗門下客有柳某者，文定命長子東之娶其女，不忘仲塗之言也。文定所擬賦題不傳。如王沂公曾初作《有物混成賦》，識者知其決爲宰相。蓋所養所學，發爲言詞者，可以觀矣。先生爲伯温云。《宋史》：李文定公，名迪，字復古，濮州人。相真宗。仁宗慶曆七年卒，年七十七，謚文定。王沂公，名曾，字孝先，咸平五年及第，相真宗。仁宗寶元元年卒，年六十一，封沂國公，謚文正。

八年乙丑，五十四歲。三月，哲宗即位，改承議郎。五月庚子，召爲宗正寺丞。六月丁丑卒。

三月五日，神宗升遐，遺詔至洛。先生爲汝州酒官，以檄來舉哀府治，既罷，謂留守韓康公之子宗師兵部曰：「某以言新法不便，忤大臣，同列皆謫官，某獨除監司。某不敢當。念先帝見知之恩，終無以報。」已而泣。兵部問：「今日朝廷之事如何？」先生曰：「司馬君實、吕晦叔作相矣。」兵部曰：「二公果作相，當何如？」先生曰：「當與元豐大臣同。若先分黨與，他日可憂。」兵部曰：「何憂？」先生曰：「元豐大臣皆嗜利者，若使自變其已甚害民之法則善矣。不然，衣冠之禍未艾也。❶君實忠直，難與議。晦叔解事，恐力不足耳。」既而皆驗。先生論此時，范醇夫、朱公掞、杜孝錫、伯温同聞之。《邵氏聞見録》。《續通鑑長編》：韓康公絳以元豐六年，復爲建雄軍節度使，知河南府。子宗師，字傳道，累官集賢殿修撰，知河中府。杜孝錫，名純，累擢侍御史，至兵部侍郎。《朱子文集》：「明道言『當與元豐大臣共政』，此是聖賢之用義理之正，非姑爲權譎，苟濟事於一時也。蓋伊川氣象自與明道不同，而其論變化人材，亦有此意。」見《外書》胡氏所記。陳忠肅公嘗作《責沈文》云：「予元豐乙丑夏爲禮部貢院點檢官，適與校書范公淳夫同舍，公嘗謂顔子之不遷不貳，惟伯淳有之。予問公曰：『伯淳誰也？』公默然久之，曰：『不知有程伯淳耶？』予謝曰：『生長東南，實未知也。』時予年二十九矣。自是以來，嘗以寡陋自媿，每得先生之文，必冠帶而後

❶「禍」，原作「禍」，據四庫本《邵氏聞見録》改。

讀之。」《伊洛淵源録》。《宋史》：陳忠肅公名瓘，字瑩中。吕氏《童蒙訓》云：「所謂責沈者，葉公沈諸梁也。」「葉公當世賢者，魯有仲尼而不知，宜乎子路之不對也。瑩中以謂世有伯淳而已，不知宜自責者也。」朱子《跋責沈文》云：「陳忠肅公剛方正直之操，得之天姿，而其燭理之益精，陳義之益切，則學問之功有不可誣者。觀於此帖，其克己尊賢，虚心服善之意，尚可識也。」胡文定公嘗見鄒志完，論近世人物，因問：「先生如何？」志完曰：「此人得志使萬物各得其所。」胡氏集。《宋史》：胡文定，名安國，字康侯。鄒志完，名浩，常州人。子德久，從伊川學。哲宗嗣位，覃恩，改承議郎。先生雖小官，賢士大夫視其進退，以卜興衰。聖政方新，賢德登進，先生特爲時望所屬。五月，召爲宗正寺丞。未行，以疾終，六月十五日也，享年五十有四。士大夫識與不識，莫不哀傷，爲朝廷生民憾惜。《明道行狀》，下同。先生資禀既異，而充養有道：純粹如精金，温潤如良玉；寬而有制，和而不流；忠誠貫於金石，孝弟通於神明。視其色，其接物也，如春陽之温；聽其言，其入人也，如時雨之潤。胸懷洞然，徹視無間；測其藴，則浩乎若滄溟之無際；極其德，美言蓋不足以形容。

「先生行己：内主於敬，而行之以恕；見善若出於己，不欲勿施於人；居廣居而行大道，言有物而動有常。

「先生爲學：自十五六時，聞汝南周茂叔論道，遂厭科舉之業，慨然有求道之志。未知其要，泛濫於諸家，出入於老、釋者幾十年，返求諸六經而後得之。明於庶物，察於人倫，知盡性至命，必本於孝弟；窮神知化，由通於禮樂。辨異端似是之非，開百代未明之惑，秦、漢而下，未有臻斯理也。

「謂孟子没而聖學不傳，以興起斯文爲己任。其言曰：『道之不明，異端害之也。昔之害近而易知，今之害深而難辨。昔之惑人也，乘其迷暗；今之入人也，因其高明。自謂窮神知化，而不足以開物成務。言爲無不周徧，實則外於倫理；窮深極微，而不可以入堯、舜之道。天下之學，非淺陋固滯，則必入於此。自道之不明也，邪誕妖異之説競起，塗生民之耳目，溺天下於汙濁。雖高才明智，膠於見聞，醉生夢死，不自覺也。是皆正路之蓁蕪，聖門之蔽塞，闢之而後可以入道。』

「先生進將覺斯人，退將明之書；不幸早世，皆未及也。其辨析精微，稍見於世者，學者之所傳爾。先生之門，學者多矣。先生之言，平易易知，賢愚皆獲其益，如群飲於河，各充其量。

「先生教人：自致知至於知止，誠意至於平天下，灑埽應對至於窮理盡性，循循有序；病世之學者舍近而趨遠，處下而窺高，所以輕自大而卒無得也。

「先生接物：辨而不間，感而能通。教人而人易從，怒人而人不怨，賢愚善惡咸得其心，狡僞者獻其誠，暴慢者致其恭，聞風者誠服，覿德者心醉。雖小人以趨向之異，顧於利害，時見排斥，退而省其私，未有不以先生爲君子也。

「先生爲政：治惡以寬，處煩而裕。當法令繁密之際，未嘗從衆爲應文逃責之事。人皆病於拘礙，而先生處之綽然。衆憂以爲甚難，而先生爲之沛然。雖當倉卒，不動聲色。方監司競爲嚴急之時，其待先生率皆寬厚，設施之際，有所賴焉。先生所爲綱條法度，人可效而爲也。至其道之而從，動之而和，不求物而物應，未施信而民信，則人不可及也。先兄明道之葬，頤狀其實，以求誌銘，且備異日史氏采録。既而門人朋友爲文以敘其事迹、述其道學者甚衆，其所以推尊稱美之意，人各用其所知，蓋不同也；而以孟子之後，傳聖人之道者，一人而已，是則同。」《伊川文集》，《門人朋友敘述序》。自孟子没，聖學失傳，學者穿鑿妄作，不知入德。先生傑然自立於千載之後，芟闢蓁穢，開示本原，聖人之庭户曉然可入，學士大夫始知所向。然高才世希，❶能造其藩閾者蓋鮮，況堂奥乎？

「先生德性充完，粹和之氣盎於面背，樂易多恕，終日怡悦。立之從先生三十年，未嘗

❶「世希」，原倒，據清吕留良本《二程全書》乙正。

見其有忿厲之容。接人温然，無賢不肖，皆使之款曲自盡。聞人一善，咨嗟奬勞，惟恐其不篤。人有不及，開導誘掖，惟恐其不至。故雖桀傲不恭，見先生，莫不感悦而化服。風格高邁，不事標飾，而自有畦畛。望其容色，聽其言教，則放心邪氣不復萌於胸中。

「先生抱經濟大器，有開物成務之才，雖不用於時，然至誠在天下，惟恐一物不得其所。見民疾苦，如在諸己。聞朝廷興作小失，則憂形顔色。嘗論所以致君堯、舜，措俗成、康之意，其言感激動人。千五百年，一生斯人，時命不會如此，美志不行，利澤不施，惜哉！」劉立之《叙述》。「先生得聖人之誠者也。自始學至於成德，雖天資潁徹，絶出等夷，然卓然之見，一本於誠。故推而事親則誠孝，事君則誠忠，友於兄弟則綽綽有裕，信於朋友則久要不忘，修身慎行則不愧於屋漏，臨政愛民則如保乎赤子。非得夫聖人之誠，孰能與於斯？才周萬物而不自以爲高，學際三才而不自以爲足，行貫神明而不自以爲異，識照古今而不自以爲得。至於六經之奥義，百家之異説，研窮搜抉，判然胸中。天下之事，雖萬變交於前，而燭之不失毫釐，權之不失輕重。凡貧賤富貴死生，皆不足以動其心，真可謂大丈夫者。非所得之深，所養之厚，能至於是歟？

「自孟子以來，千有餘歲，先王大道得先生而後傳。其補助天地之功，可謂盛矣！雖不得高位以澤天下，然而以斯道倡之於人，亦已較著，其間見而知之，尚能似之，先生爲不亡矣！」朱光庭《敘述》。陸世儀云：「朱光庭謂明道『得聖人之誠』，此言雖似少過，然亦庶幾近之。明道平生論新法及待介甫，最爲得宜，只是胸中廓然大公，功不必己出，名不必己成，惟以朝廷天下爲心，故能如此，他人不能也。同爲君子，而有化與未化之分，只在此處看。」

「先生之材，大小左右内外，用之無不宜。蓋其所知，上極堯、舜、三代帝王之治，其所以包涵博大，悠遠纖悉，上下與天地同流，其化之如時雨者，先生固已默而識之；至於興造禮樂，制度文爲，下至行師用兵戰陣之法，無所不備，❶皆造其極。外之夷狄情狀，山川道路之險易，邊鄙防戍，城寨斥堠控帶之要，靡不究知。其吏事操決文法簿書，又皆精密詳練。若先生，可爲通儒全才矣！」邢恕《敘述》。

「先生爲人，清明端潔，内直外方。其學本於誠意正心，以聖賢之學可以必至，勇於力行，不爲空文。先生於經，不務解析爲枝詞，要其用在己而明於知天。其教人曰：『非孔子之道，不可學也。』蓋自孟子没而《中庸》之學不傳，後世之士不循其本，而用心於末，故不可與入堯、舜之道。先生以獨智自得，去聖人千有餘歲，發其關鍵，直覩堂奥，

❶「備」，清吕留良本《二程全書》作「講」。

一天地之理，盡事物之變。故其貌肅而氣和，志定而言厲，望之可畏，即之可親，叩之者無窮，從容以應之，其出愈新，真學者之師也。成就人材，於時爲多。」范祖禹《敘述》。

高景逸云：「《大學》者，聖學也；《中庸》者，聖心也，匪由聖學，寧識聖心。發二書之秘，教萬世無窮者，先生也。淵乎微乎，非先生，學者不識天理爲何物矣；不識天理，不識性爲何物矣。是儒者至善極處，是佛氏毫釐差處。」

「先生雖不用，而未嘗一日忘朝廷。然久幽之操，確乎如石，胸中之氣沖如也。所至，士大夫多棄官從之學，朝見而夕歸，飲其和，茹其實，既久而不能去。其徒有貧者，以單衣御冬，累年而志不變，身不屈。蓋先生之教，要出於爲己，而士之遊其門者，所學皆心到自得，無求於外，以故甚貧者忘飢寒，已仕者忘爵禄，魯重者敏，謹細者裕，强者無拂理，愿者有立志，❶可以修身，可以齊家，可以治國平天下。非若世之士，妄意空無，追詠昔人之糟粕，而身不與焉，及措之事業，則倀然無據而已也。」游酢《書行狀後》。

「先生負特立之才，知《大學》之要；博聞强識，躬行力究；察倫明物，極其所止；涣然心釋，洞見道體。其造於約也，雖事變之感不一，知應以是心而不窮；雖天下之理至

❶「愿」，清吕留良本《二程全書》作「懦」。

衆，知反之吾身而自足。其致於一也；異端並立而不能移，聖人復起而不與易。其養之成也，和氣充浹，見於聲容，然望之崇深，不可慢也；遇事優爲，從容不迫，然誠心懇惻，弗之措也。其自任之重也，寧學聖人而未至，不欲以一善成名。寧以一物不被澤爲己病，不欲以一時之利爲己功。其自信之篤也，吾志可行，不苟潔其去就。吾義所安，雖小官有所不屑。夫位天地，育萬物者，道也；傳斯道者，斯文也；振已墜之文，達未行之道者，先生也。使學不卒傳，志不卒行，至於此極者，天也。先生之德，可形容者，猶可道也。其獨智自得，合乎天，契乎先聖者，不可得而道也。」吕大臨《哀詞》。「元豐八年夏六月既望，河南承議先生以疾終於官。是月晦，邸報至彭城，其門人楊某聞知，爲位慟哭於寢門，而以書訃諸嘗同學者。嗚呼！道之無傳也久矣，孟子没千有餘歲，更漢歷唐，士之名世，楊雄氏而止耳。雄之自擇所處，於義命猶有未盡。自雄而下，其智足以窺聖學門牆者，蓋不可一二數也，況足與語道而傳之哉？

「宋興百年，士稍知師古，諸子百氏之籍與夫佛、老荒唐謬悠之書，下逮戰國縱横之論，❶幽人逸士浮誇詭異可喜之文章，皆雜出而並傳。世之任道者，日夜憊精勞思，深

❶「逮」，四庫本《龜山集》作「迨」。

討博取，可謂勤矣。然其支離蔓延，不知慎擇而約守之，故其用志益勞，而去道彌遠。使天下靡然趨之，如適諸夏而棄通衢大道，犯荆棘之墟，行蒼崖之巔，眩然迷殆而卒莫知自反者，其於世教何補哉？先生於是時，乃獨守遺經，合内外之道，默識而性成之。其學之淵源，蓋智者不能窺，而善言者所不能稱説也。自周衰以來，天下之學，其失如彼，而後之得聖人之道而傳之者，於吾先生可不獨任其責哉？嗚呼！道之傳亦難矣！夫由堯、舜而來至於湯、文、孔子，率皆百有餘歲，而後得一人焉。孔子没，其徒環天下，然猶積百年而後孟子出。由孟子而來迄漢唐，千有餘歲，卒未有一人傳之者。若孔、孟，又皆窮老於衰世，其道方不得一施於天下。夫聖賢之不世出，而時之難值也如此。今幸而有其人，又且遭時清明，朝廷方登崇俊良，而先生未及用而死，則予之慟哭，豈特以師弟之私恩而已哉。故爲辭以泄其哀，而自慰云：余悲古人之不見兮，逢世德之險微。析道真之純美兮，肆全體而分剸。駕異端而並逐兮，騁支轂乎多歧。亘千歲其泯泯兮，❶去聖遠而卓彼先覺兮，惟德是仔。展斯文之在兹兮，萬世之師。榛棘蓁之荒穢兮，闢正路之孔夷。伏聖賢之軌躅兮，背世轍而疾馳。帶鉤距而負繩兮，紛萬

❶「亘」，原作「一旦」，據四庫本《龜山集》改。

變而莫窺。弛銜勒而弗厲兮，尚回旋其中規。嗟命之懸於天兮，匪予敢知。畜溟渤而載華岳兮，曾有塵之弗施。歎道之難行兮，孔、孟窮老以栖栖。伊時勢則然兮，此云胡其若兹。通闢闔於一息兮，尸者其誰。斡天樞而自爾兮，欲執咎其焉歸。齊生死於晝夜兮，天理之常。匪往匪來兮，雖壽夭兮何傷。想德音其未遠兮，儼若在旁。固誠之不可掩兮，何有何亡。日月逝兮，形魂藏，嗚呼已矣兮，斯亦難忘。」楊時《祭文》、《哀詞》，《龜山集》。龜山《與翁好德書》、《明道行狀》計已讀之，惟吾先生道學行義，足以澤世垂後，進不得行其志，退未及明之書而死，使其道將遂泯滅而無傳，則學者不忍焉，此《行狀》敘述所以作也。道廢千年，士不知所止，故物我異觀，天人殊歸，而高明中庸之學，析爲二致，天下莫以爲非也。❶ 故《行狀》之末，深論吾先生之趨，以明世學之失，庶幾志道之士，有聞風而起者，則《行狀》之傳蓋將以明道，非如長者所疑也。某向嘗作哀辭一篇，謾録去，試一觀之何如耳。「天生賢傑，必將濟時。胡屯其位，不俾設施。復奪之壽，天豈徒爲。伯淳之亡，理實難推。❷ 惟君之德，顔氏庶幾。惟君之道，孟軻無疵。嘉言遠識，後學所師。進爲御史，言直身危。退字畿民，如母憐兒。再謫筦庫，恬窶安卑。伯仲孝養，親顔怡怡。或禄或耕，如壎應篪。聖上繼明，政

❶「天下」下，四庫本《龜山集》有「泯然」二字。
❷「實」，四庫本《范忠宣集》作「益」。

推母儀。選登俊賢，以輔邦基。君首被召，捧詔伸眉。畎畝愛君，心同商伊。如何遘厲，梁壞山頹。緊予不肖，辱君重知。夷吾多罪，鮑叔不疑。君今歿矣，吾道疇依。身縻窮邊，素車莫馳。遥陳薄奠，寓哀以詞。音容永隔，畢世長思。嗚呼哀哉！」范堯夫《祭程宗丞文》。「綵衣方養志，諫省遽翹英。短命嗟顔子，長星喪孔明。臨津失舟楫，支厦闕梁楹。名節同伊水，滔滔萬古清。天乎喪吾道，命矣歎斯人。後學隳梁木，明時奪國珍。孔懷存愛弟，皓首奈慈親。惟有延陵志，斯文久愈新。素忝金蘭契，情由道義親。聖時方際遇，英氣忿沈淪。❶琴在無鍾子，斤存失郢人。遥聞歸葬日，清淚滿衣巾。」范堯夫《挽詞三首》。「先生於書，無所不讀，自浮屠、老子、莊、列，莫不思索究極以知其義，而卒宅於吾聖人之道。其持己清峻，若不可及，而與人甚恕而温。論治道卓乎至於無能名，而應世接物莫不曲盡其宜。苟善於君矣，爵禄可舍也。苟利於民矣，法禁不避也。自元豐以來，論賢士大夫宜在天子左右者，君必與焉。銘曰：善乎孟軻之言，義命也。蓋不知義不足以立命，不知命不足以存義。先生居官，不問内外大小，率所言所事，一出於正，雖貴勢豪力不爲少變。嗚呼！其處義命，可謂兼之矣。」韓

❶「忿」，四庫本《范忠宣集》作「忽」。

持國撰《墓誌銘》。「先生名顥，字伯淳，葬於伊川。潞國太師題其墓曰『明道先生』。弟頤序其所以而刻之石曰：『周公没，聖人之道不行；孟軻死，聖人之學不傳。道不行，百世無善治；學不傳，千載無真儒。無善治，士猶得以明夫善治之道，以淑諸人，以傳諸後；無真儒，天下貿貿焉莫知所之，人欲肆而天理滅矣。先生生千四百年之後，得不傳之學於遺經，志將以斯道覺斯民。天不憖遺，哲人早世。鄉人士大夫相與議曰：道之不明也久矣。先生出，揭聖學以示人，辨異端，闢邪説，開歷古之沉迷，聖人之道，得先生而復明，爲功大矣。於是帝師采衆議而爲之稱，以表其墓。學者之於道：知所嚮，然後知斯人之爲功；知所至，然後見斯名之稱情。山可夷，谷可堙，明道之名亘萬古而長存。勒石墓傍，以詔後人。元豐乙丑十月戊子書。』」《明道先生墓表序》、《伊川文集》。黄百家云：「伊川之表先生墓，謂『孟軻死，聖人之學不傳，學不傳，千載無真儒，先生生於千四百年之後，一人而已』。自斯言出，後人群然無異辭也。而要識先生之所以爲真儒，千四百年後之一人者，何在？蓋由其學本於識仁，識仁斯可以定性。然仁何以識？先生曰：『存久自明，則存養之功爲要也。』又曰：『學者識得仁體，先實有諸己，只要義理栽培，如求經義，皆栽培之意。』又曰：『學以知爲本，且未説到持守，持守甚事，須先在致知。』又曰：『悟則一句句皆是這箇道理，已得後，無不是此事也。』夫曰『存久則明』，曰『先實有諸己』，將經義只爲栽培。曰『學以知爲本』，曰『悟』，將論先生之學者，又疑爲禪矣。不知儒釋之辨，只有理與無理而已。先生自道『天理二字是自家體貼出來』，而伊川亦云：『性即理也。』又云：『人只有箇天理，卻不能存得，更做甚人？』兩先生之言，如出一口，此其爲學之宗主，所以克嗣續洙泗，而迥異乎異氏之滅絶天理者也。至於先生之德性和粹，劉宗禮謂從先生三十餘年，未嘗見其忿厲之容，而於興造禮樂制度文爲，下及兵刑水利之事，無不悉心精練。使先生而得志有爲，三代之治不難幾也。顧裕陵亦有意於先生，而不容於安石之褊拗，且年壽亦不永。富鄭公曰：『伯淳無福，天下之人也無福。』信哉！」按：富鄭公卒在先生前二年，其言「無福」者，謂不得大用，非謂年壽不永也，黄氏誤解。「賢哉先生！始於孝弟，孝篤於親，弟友其弟。推以治人，不爲而化，民靡有争，揖讓於野。移之事君，讜言忠謨，姦邪之言，感動欷歔。舉以教人，粹然王道，天下英材，躬服允蹈。本於正身，惟德温温，如冬之日，如夏之雲。終其默識，洞暢今古，鈎深窮微，該世之務。賢哉先生！超然絶倫，大用甚邇，胡奪之年？先生之道，不在其弟。方其初起，天下咸喜。今其西矣，天下懷矣。誰爲有力，進之君矣。俾行其道，覺斯民矣。」陳恬《贊》。恬，字叔易。「揚休山立，玉色金聲。元氣之會，渾然天成。瑞日祥雲，和風甘雨。龍德正中，厥施斯普。」《明道先生贊》、《朱子文集》。

池篇庭商訂二程年譜手簡

按：彭夫人之歸雖不可考，然以周子作《彭推官詩序》推之，彭公以至和二年爲益州轉運使，而先生行狀云「彭夫人事舅以孝稱，而不及姑」，時太中正在鳳州，疑先生之娶亦在服闋後也。己丑八月八日。

《年譜》一書，年月本難於考據精詳，若體例盡善，即吾二人所得者，亦足以成書，繼有所考，逐漸補入，久之自可以傳信。弟又欲另爲一稿本，自大中祥符四年辛亥起，至大觀元年丁亥止，凡周、邵、張、程五夫子言行事實，及各門人仕宦出處、受學年月，俱按年纂入，倣史傳中表例，庶眉目清晰。積累既多，可分可合也。必俟兄來面商。如蒙過我，祈將程、朱年譜，及《宋名臣言行録》俱帶來。《司馬文正公年譜》若得借觀，更妙。《游景叔碑》，弟無此種。近日校《正蒙》未畢，《龜山集》尚未暇看，俗事分心，流光虚擲，奈何？庚寅十一月二十七日。

承諭數條，蒐羅剔抉，精到之至。鄭白渠一節，《上宰相書》與侯先生誌情事脗合，決爲代俁仲良無疑。惟宰相仍須考訂，若以爲吕大防，則上書應在元祐三年四月以後、紹聖元年三月以前，此六年中，不知的係何年？來示謂「應在紹聖元、二年間」，恐不然也。汲公以元年三月罷知永興軍，此後不復登朝矣。書中所云「閣下嘗尹長安，事在爲相之前」，又云「僕射相公以經緯之才，逢時得君，以天下事爲己任」，是又在宣仁聽斷之時。若泰陵親政，則紹述論興，時事遂變，安能有爲乎？弟意謂須兼攷吕公著、范純仁、劉摯、蘇頌諸賢，在元祐入相之先，何人曾尹長安否？至書「中方外不順，師旅之興」等語，亦有端倪可尋。祈再將《宋史》暨《忠宣公集》檢查。《殿丞誌》「二年」，「二」字係「十年」之誤，此段考證精確不差，其爲傳刻之誤無疑，得兄摘出，豁然貫通，暢快之至。伊川著《家世舊事》在元祐年間，此亦近是簡册，至今流傳已尠，吾輩旁搜遠紹，亦不過於此數書中，每見每知所益。若其不可强通處，只得闕疑，以待隨時隨地觸發耳。今早濃陰，令人望雲思雪，旋又開霽，暄暖如故，祈善爲調攝，餘容面罄。庚寅十二月初五日。按《宋史》：汲公在元豐初，已嘗知秦州，徙永興則在入相之先矣。初札未細核，故籥庭駁之。今據史則《代人上宰相書》，宰相仍係汲公，當在元祐三年四月，汲公超拜左僕射時，惜無由起籥庭而辨正也。己酉閏四月，星杓記。

來示四條，一以《代人上宰相書》指温公，一以明道避親指彭中丞，俱明確可信。其尤辨證精細，指魯、魚之誤，而釋千古之疑者。在十八歲上書一條，以「皇」字爲「嘉」字之僞，發前人所未發，可謂目明如炬，心細如髮。得兄指示，令人暢然意滿，真益友也。至「師直尹洛」，以元祐二年知蔡州當之，仍恐不然。洛與蔡州顯然兩地，且細按《家世舊事》所載云：「師直尹洛時，嘗談經與鄙意不合，因曰伯淳亦然。」尚稱「伯淳」，則尹洛談經應在元祐以前。伊川蓋述《舊事》而連類追記之耳。然則「師直尹洛」，當在元豐年間考之，而《家世舊事》之述，可否編入元祐五年宅憂之時？祈再詳查指示。來示偶有抑塞之感，此亦天理人情之至。然士之所争，在千古而不在一日，潛見待之，時數仁義，飽乎膏粱。兄任重致遠之力，百倍於弟，願益勉之，並時指弟之愚昧而警覺之，蘄相與於有成也。庚寅十二月初七日。

奉到《年譜提綱》一本，暢慰之至，敏則有功，於兄益信。篇中應加按語之處，弟當悉心綴屬，以待訂正。所云不難於比屬，而難於大綱，此至當之言。後人著書好繁，此一大弊，然簡而明，豈易言哉？兄步而弟趨，不敢不竭力也。奉議一節，弟意亦以爲應在元豐三年。手册留下，總於三日後呈閲。明日擬城外一行，餘日在寓，過我爲慰。庚寅十二月初九日。

細翫《提綱》數紙，其中不合體裁者頗多。蓋牽引太中，已不免有窒礙。又雜入文簡諸公仕履，更無眉目。以爲家譜則書闕有間，嫌其挂漏。以爲《年譜》，則主客不分，雜然並舉，終不免著書好繁之失。不得已，或取《太中家傳》年月可稽處注於句下，冠之篇端。《年譜》專載二先生，綱如《春秋》，目如《左氏》，非僭擬也，竊師古也。另録數頁附呈訂正，目中按語亦不宜繁。文省事增，此編書之大要。後人著書，指千證百，究其所證，未必可信，徒多辭説，至義反蕪。率呈臆見，以俟裁示。有須面商，非筆所罄，擬即過我，藉釋群疑。即請文安，寒節珍重。庚寅十二月十一日。

承示安溪《正蒙注》，語意精簡，能發張子之奥義，洵善本也。安宜之書《石經記》，容細看畢奉上。所稱汲郡吕公，似進伯、微仲兩無所屬，恐别有其人，闕疑俟考可也。吴充薦明道以下數條，宜載入，誠如明諭。胃氣作痛，祈於動息節宣之理加意。書《年譜》亦不必太急，總以養身爲要，餘俟面罄。庚寅十二月十五日。《金石粹編》云：汲郡「吕公者，宣公大防之兄」。「以直龍圖閣知秦州，大忠也。」方是時，宣公在朝，二三執政罔非正人，監司、長吏咸以興起學校，裒集經史爲務。至紹聖元符之際，小人一柄政，諸君子咸被重罪以去。宣公竄死虔州。未幾，大忠亦降官。按此，則汲郡吕公確係進伯，篇庭偶未檢耳。己酉閏四月，星杓記。

先後兩奉手書，具見讀書精密，不肯一字放過。《年譜》得兄如此推勘，其爲功於先民不小。弟近日塵事愈擾，讀《年譜》尚未終篇，大約初五、六日，方能摒擋一切，抽兩半日之閒，悉心考訂。並迎吾兄過廣，面質所疑也。現纂國史館列傳，亦爲賓客所擾，或作或輟。奈何！奈何！庚寅十二月十七日。

昨承示手校李遜齋《道南講授》，於程門淵源考訂精詳，頃語祁春浦學士，知《李文貞公集》，陳碩士侍郎自閩刻攜歸，已全部相贈。日來服膺此書，精深博大，紫陽以後一人而已。來示勗以慎交遊，並以醇儒之道自律，深媿薄植，無所成就，然不敢不自勉，以無負愛我者之期望。仍祈始終訓迪，愈賜箴砭。至於道義之交，近時誠不可多得，惟節其長而棄其短，庶規模不至於狹隘耳。秋色澄清，頗有停雲之思，擬於月中奉訪也。辛卯八月望前。

伻來，讀手書，所論處旅貴内外之正，舍此無心亨之道，惟同心可共語。此精義入神之學，利用安身即在於此。兄之自得深矣，惠我亦深矣。昨夜夢中有人問云：「世間何處最險？」應之曰：「平處最險。」又問：「何處最平？」應之曰：「險處最平。」覺而憶之，此語似有意味，可作「生於憂患」注脚，不知先儒有此説否？抑積思之久，閲歷之多而通於夢耶？此亦惟同心可共語也。《程子年譜》清本，弟攜去，容公暇手訂一過，俟兄來粤商定付梓。此别數月善自愛。癸巳正月二十八日。

癸巳九月十六日，於太平試院奉到手書，所以慰存之者至殷且摯。卻憾明日清風不來嶺外久，欲奉書速駕，因天涯地角，郵遞爲艱。且慮海内士大夫聞風，傾慕者早已延而致之，則雙鯉浮沉，徒勞悵望。本年賈運生試使來粤，復奉賜函，頓解調飢，如聆謦欬。惟是雁墖瓊林，屢困昭諫，在仁人君子固安之有素，而同舟者不能不詠「文章憎命達」之句，而氣爲之不平也。既廣恩少寇府中，賢主嘉賓必非泛泛，此時不但都門館地可有可無，即弟亦不欲勞兄遠行，何也？轉瞬又是春闈，兄之文行，理無終屈，高堂之期望，在此弟之所，昕夕禱祝者亦在此。惟甘旨之需，不可久缺。兹借星使還軺，奉上紋銀百兩。同年中弟亦有菲意，前曾彙寄許玉叔侍御處，因其中小有周折，故稍遲遲。家嚴於本年四月初八日抵桂林，不服水土，又爲家事所牽，已於八月二十八日嚴慈同行，攜三舍弟回滇，一切俱叨平順至在。弟嶺右三載於今，此中山水之奇甲於天下，士生其間，得靈秀之氣，頗不乏明穎者。惟家無藏書，人無教法，求一根柢盤深者，未之見焉。大約童子開筆未久，塾師遽授以庸俗墨卷，臨文不過摹其腔調，以希速售，變化之方，愧勵之法，文告固不可廢，然已末矣。弟譾閒時，進諸生而面訓之，稍有所進，即破格以獎勵之，敏者頗能信從，仍以不能遍及爲憾。《小學》則已風行一時矣，《近思録》現尚不能刊發。此有二焉：一則諸生初聞端緒，先沈潛於四子、六經、《孝經》、《小學》，而後啟其門徑，則有實功而無流弊。間有一二好學之士，已自能購是書而讀之矣。一則考試匆匆，無暇校勘。《小學》之所以成功者，皆泗舸先生之力也。且現又窘於資力，故不能爲。至場屋弊端逐漸清釐，士論頗以爲嚴。然夙興夜寐，惟求真才，故不畏人之怨。其知我者，則自不怨也。年來公行文字，皆殫心力而爲之，現已不少，然不欲寄，近於好名者之所爲，他日尚求教也。此中有可以惠吾士子而裨益弟之所不及者，望悉心指示。兄能言之，弟能行之，此正朋友之大義。若但有嘉許，則非弟之所望於兄也。《程子年譜》亦非百冗中所能卒業，蓋一入宦途，則一切無益而不能廢之，虚文故套，又耗去精神大半。天假之緣，異日燕山風雨，重理巾箱，則平生之志慰矣。千里神交，情長紙短，計此信到京，長安太平鼓又已聲滿六街矣。《小學》一部附呈，其中必多舛誤之處，望簽出，他日面訂，尚可重刊也。弟履任以來，搜採通省孝子順孫、義夫節婦，給扁者已千有餘人，會題者現有一百八十餘人，凡前明、國初之湮没不彰者，俱已表揚，此事差堪告慰也。泐此順候元安，爲道珍攝，不盡欲言。弟生春頓首。乙未九月七日。

講授師友紀略附知遇師友。以親炙先後爲次，不論名位，僅就管見紀其大略云。

蘭鄰先生姓陳，諱徵芝，閩縣人。性敏嗜學，逾冠，魁戊午榜。壬戌，成進士，即用知縣。選浙江會稽，有儒吏風，民不忍欺。振興斯文，愛才如命。古小學者，尹和靖先生講學地也。選士之秀者月課奬勵，縣試則終日坐堂皇，閲卷得佳士，視如子弟。士風丕振，人謂古靈再世。鑑拔如陶際堯、王藩、屠湘之、宗稷辰，皆不愧師門。星杓辱知最深，屢置冠群。調平湖，延課世弟，習見穆行孝友出於自然。公餘博覽群書，見精校善本必購得之，有心悟輒劄記，一經寓目，終身不忘。居官以勵名節爲先。當丁鄭太孺人憂，有富紳被逮，願出三千金求釋，時公項正絀，左右進説，先生擗踊痛叱曰：「此何時，敢以此言汙我哉？寧被劾，臨變易節，誓不爲也。」卒以交代故典質一空，鬻及書籍不已。其持正類如此。服除，補江西永豐，調彭澤、廬陵，署九江同知，題升雲南騰越廳。兩膺卓薦，引見星杓，館盧文肅公邸。際堯諸同門皆官曹部屬。稷辰爲文壽先生六十。避親，調浙江秀水。癸巳，星杓南下趨謁，留止館舍，再親炙焉。時方輯《程子年譜》，先生出藏書資考訂，時書片紙以決群疑，猶自謂駁而善志。何學之博而德之恭也。歲暮告歸，特蒙厚賜，使供甘旨。會林少穆先生薦，分鴛湖半席，次年仍止郡齋。一日，從容爲星杓言太翁年逾九十，違侍而來者，爲夙累也。三十年浮湛州縣，子視我於宦情何如哉？爾來思親日摯，但得歸侍，歡娱晚景，間尋舊學，吾願足矣。即日謝病，守堅留不顧，僦居以俟交欵。自是日親提命，益聞所未聞。歸日，太翁尚康彊，期而棄養，哀毁盡禮。終喪未幾，先生亦捐館，年六十有五。吁！近世士大夫以官爲家，往往不遑將父，銜恤靡至，抱憾終天。先生雖位不副德，未究底蕴，而孝行清節如此，無愧古人，其學之力歟？配葉孺人，有淑行，先五年卒。子四人：遠謨，庠生。德詮，癸卯舉人，乙巳進士，廣東即用知縣。延諴、延詵。孫十人，皆業儒，先生育才之報方未艾也。星杓從遊最久，又嘗爲其仲季授讀，獲益尤多，述此志感。

王文恪公諱鼎，字定九，省厓其號也，蒲城人。丙辰進士。己卯，典試浙江，得星杓卷，目爲宿學，取中第五。會試謁見，猶口誦示同門。留京十年，公位業日崇，未嘗造請。一日，以親壽乞言謁直園，出池生春撰壽序求正，知有《程子年譜》之輯。極蒙嘉奬，留飲劇談。謂講是學者鮮不爲迂，某三十年不談性理，微子無以發吾之蕴。酒酣燈炧，傾瀉生平，娓娓不倦。席次贈余三言曰：「正己而不求於人，默而成之，不言而信。」及歸寓，則籥庭已待漏趨禁矣。丙申，公爲會試總裁，闈中語同門許乃安、王藩曰：「味青今科必捷，我識其文也。」房官薦呈吴侍郎傑文，已取中，以詩中醻字平仄雙用，誤批失粘被黜。時星杓已選慈谿學職，謁公告歸，索卷閱之，一讀一擊節，幾爲墮淚，云：「有此文，不中，命也。」諄勉再試。竟不果，孤負期許一席之誨，遂成永憾。往事難追，酬知無自，誌此爲之泫然。公立朝大節，國史書之，天下誦之，不具載。

盧文肅公，諱蔭溥，號南石，德州人。辛丑進士。夙負人倫鑒。甲子，典試浙江，所取皆知名士。庚辰，會試總裁，得人尤盛，自三元陳繼昌外，留詞館六十餘人，多爲名臣。道光丙戌，宗稷辰、項名達同館門下。名達成進士告歸，公語以舉賢自代，稷辰以星杓告，名達遂薦諸公。丁亥，延課公孫慶綸，禮遇有加。嘗與池生春輯《程子年譜》，公命取架上群書移置館中，悉資采獲。復以《李文貞公》全部相贈，謂國朝名相，理學傳家當推第一。公七衮賜壽，賚予駢蕃，異數稠疊，縉紳榮之。隨扈盛京，慶綸始昏之夕，遽遭母喪，苫凷哀毀，誓不入室。洎公歸成殯，稟請願宿書齋，終喪三年，刻苦自勵，百折不回。公語門人陶際堯曰：「吾孫能持大節，師之教也。」亟稱大君子。自是寢興不離，學問日新。癸巳告歸，慶綸已服闋。公寓書富海帆中丞，薦主緱城講席。乙未，復上春官，公子告在邸，入見卧内，七年知遇，一席晤言，感舊懷今，遂成永別。辛丑，慶綸成進士，入詞林，繩武有人，公其無憾。公之相業，光昭史册，朝野誦之。星杓敬紀賓館相知之雅，以志高仰云。

林文忠公，諱則徐，字少穆，晚號竢邨，侯官人。辛未進士。己卯，典試滇中，鑒識皆一時英俊，成進士者十六人，爲歷科所未有。楚雄池生春，同榜中年最少，性最醇，公擕之偕行。癸巳，生春視學粵西，星杓侍池太夫人過吴，謁公節署，公誠之心見於詞氣。顧謂籥庭少許可，前以書來，獨稱君爲同志，且聞德州公亦亟稱君之賢。今一見，果然佳士。因語及同輯《程子年譜》，深蒙嘉許，謂名山大業必當傳世，異日訂定成書，當序而行之。尋簡寄嘉守，爲分鴛湖半席，使主講授。乙未，北上，復謁公於吴，賜經籍碑帖卷資，期望甚摯。星杓屢困春官。丙申，選授慈谿學，公猶在吴，勗以師儒之官，正可講學明道，仍堪應試，益勵素學，無墮厥志。會海氛不靖，公馳赴浙東督辦軍事，星杓迎謁舟次，當羽書旁午之秋，首詢曾否應試，諄諄以《程子年譜》爲念，且言籥庭入祠名宦，有弟膺鄉薦，足慰存注。然蒐輯遺文，同志責也，子其有意乎？誦言在耳，孤負初心，已矣，當今無復有斯人矣。公德在生民，功在社稷，史不勝書，無俟贅述。敬誌知遇之感如此，不勝山頹梁壞之悲云。

予友池君籥庭，諱生春，楚雄人。生有賢資，端厚仁恕，見於髫齓之時。幼通經學，善詩古文辭，補弟子員。顧南雅、宋芷灣兩先生奇其才，招致門下，闢小六有齋居之，造養益邃。一日，得《通書》、《西銘》讀之，默契理要，鋭然以聖賢自期。己卯，林少穆先生典試滇中，甄録皆英萃，尤賞識籥庭，挈之偕行。癸未，成進士，用庶常。丙戌，授編修。好古力學，屏迹當路。星杓留京定交，日夜劘切，講求濂、洛、關、閩之學。久與相處，一毫世俗之見不敢萌於心。竊在盧文肅公東閣，徧觀天下士，如籥庭者不可一二數，生平心契在師友之間。戊子，典試陝甘，還，召對。先帝嘉其器識，特命入南書房瀛臺應制，賦《瓊島初冬七律二首》，援筆立就。寵賚甚厚，期以大用。禁籞宣勤，益昭敬慎。己丑，邀星杓過直廬，商訂《程子年譜》。往復推勘，積四寒暑，稿初具。癸巳，簡任粵西學政，事無鉅細，必躬必親，尤以求真才、勵實學爲先，多所造就。乙未，寓書星杓，謂《程子年譜》非百冗中所能卒業。尋擢國子監司業，仍留學政任。丙申十月，卒於官，年三十九。嗚呼！籥庭之德，蓋完於天，向使天假之年，成就其所至，自當無愧聖賢。迺自通籍，爲文學侍從、直史館，世所知者，詩賦書翰之超絶耳。其生平志學，不獲盡見於事業。卒之日，賢士大夫相與惜之。星杓每閱遺簡，潸焉出涕，自傷卑賤，不能導揚盛美，使有傳於後，愧負心朋，悵憾何已！粵西大吏奏祠名宦，弟融春登賢書，聞之少穆先生云。

仁和項君梅侶，諱名達，一字潛園。丙子，舉人，考取學正。留京，館盧文肅公邸，課文孫慶綸。丙戌，成進士，即用知縣，以親老不赴，改歸京職，一時名公鉅卿皆見尊禮。謁告歸省文肅，語以薦賢自代。介宗滌甫訪星杓於宛平書館，傾蓋定交，歡若平生，推挽甚力，辭不獲已。丁亥，文肅延課慶綸。梅侶南歸，逾年復入都，館蒲城王文恪公邸。咫尺光儀，時親講論，嘗語及心學於儒釋之界，剖晰精微，實有心得。刻意力行，視塵世軒冕泊如也。

晚主紫陽書院，衡文必準聖賢理脈，雖時髦不少假，凡經繩削，無不憚其嚴而服其正。已而謝病，力辭講席。清修精進，雖古名德不逮也。星杓授慈谿學，往還益密，嘗邀遊育王、天童諸山島。先君子，欲刊丹桂籍，乞重訂一過。籥庭下世，《程子年譜》稿寄君，留之累載，爲一一訂定體例，期不失籥庭初意。及繕寫再請校正，而竟徂謝矣。君性行與籥庭相似，而尤心折籥庭。其遺文事實，人其傳之，有子錦標能世其學，可以無憾。語稱今古名輩，皆自夙慧中來，非一世黨習所致，兹於梅侶益信。

滌甫宗君，名稷辰，一字攻恥，愛秦望之勝，又號越峴。世居卧龍山麓。其先公諱霈，己巳，進士，令零陵，有惠政。滌甫少有志操，應童子試，陳蘭鄰先生極賞之，隨侍之永、向學益勤，以詩古文有聲湖湘間。父卒於官，貧不能歸。主永州、辰州講席，士多嚮化。辛巳，鄉舉後，尚爲僑人。丙戌，會試吾鄉，公車至不能容，創議山會置館，中外翕和，集數千金，事以克成。其勇於爲義，雖仕而有力者不及也。是科同學多登第。星杓留京，心契益親。將之湘，留語項梅侶，薦館盧邸。己丑，復同寓，晨夕樂數，勤見啟誨。與人交，直諒無隱。先君子六十壽，約同人爲詩歌，序以寄祝。其質直醇厚，自池籥庭外無及也。辛卯，奉母來京，襆被入直中書，仍資筆墨以養。嘗録《程子年譜》稿就質，復書謂編類甚斟酌，以其身繫天下，故略其家事，亦見用意之嚴密。及星杓授慈學，爲文贈行，勗以奉親迪士，追踪楊適、杜醇，仁者贈言之義，良友相愛之情，兼得之矣。既而入樞禁，贊機密，束身愈謹，交遊益淡，而書問時至，無一語爲無益，以是敬之。丁未後，讀禮家居，又以《程子年譜》定本請正，且乞爲序。滌甫慨然念業是之劬，慮後之無嗣音也，亟序而歸之，力促付梓，並薦講席，少助剞劂。噫！近世道義交固不可得，即求温不增華，寒不改葉，亦難概見，如滌甫之終始不渝，當於古人求之。今且陟諫垣，得時言事，行將力行所學，以垂不朽，吾知果不負越中之望矣。世有知滌甫者，當以予爲知言。

杜尺莊先生，諱煦，系出祁公，爲越中望族。家多藏書，博綜該貫，早負譽望，承筠谿公志，樂善好施無虛日。丁卯，同弟春生登鄉榜。癸巳，子寶辰成進士，從子寶霨暨孫蘅先後選拔，諸孫皆游庠。主持詩社，提唱風雅數十年。吾郡稱耆德碩學，必首推。與先君子交最契，星杓竊聞謦欬。居恤後，時親几席。終日小齋，手一編以自娱。校《胡稺威先生文集》，自謂三十年猶未精善，且以日力不足，❶笑謂予曰：「書不如此讀，若後世更生，當從頭讀起。」雖一時戲言，抑何學彌篤而心彌下也。嘗執《程子年譜》就正，留閱數月，簽示疑義數十條，往復商定，並以程門講友、門人，閱者不能了了，屬詳注源委。於是重加詮釋，再求質

❶ 「日力」，或當作「目力」。

正，閲之暢然稱快。庚戌上元前日，序先君子丹桂籍三編，趨聆教言，傾談永日。聞予將之嘉定，握手惜别，期以後會。豈意半年契闊，遽歸道山，卒年七十一。噫！如先生之樂，善本乎至誠，好學至於没齒，不可復見，後生小子，將何所則傚？星杓亦煢煢垂老，念世契之無人，能不爲之臨風隕涕而欷歔？

松江姚樗寮先生椿負海内重望，名公鉅卿莫不虚心咨訪，星杓每以不及見爲憾。庚戌夏，邂逅其弟子樞於嚴仙舫觀察署中。素心共數見少穆先生與先生書，有論國朝文録、學録之輯，兼和詩章，知先生所學一本伊洛、考亭。秋仲，訪其廬，得親光霽，雍容樂易，行觴侍坐，星聚一堂，益歎先生充養有道也。因出《程子年譜》求正，先生以爲先賢必不可少之書，許留裁定，期以畢歲。論及《宋元學案》，雖較勝於《明儒學案》之專主陽明，❶然亦有不滿人意處。三代下如范文正公，所謂無文王而興者，故朱子以爲振古人豪，不止爲兩宋名臣第一。鄞王氏梓材。以爲睢陽戚正素所傳，蓋止據晏元獻延主講席一事，未足以賅一生本末，是欲尊范公而適以小之也。睢陽亦誠君子儒，但所成就似猶在善信之間，未足以興起斯文。謝山特立《高平學案》，而底稿無存，鄞王氏補之，惜其於范公學術太略，後人無從

❶「陽」，原作「揚」，據文義改。

窺見用功次第，必以爲公乃天人，不可幾及。若按公《文集》以次填補，使人知體用一貫，外王必本於内聖，於以鼓舞學者，其必有無師而興起者矣。此事他日必有如程、朱、湯、陸其人者，起而正之，庶可爲後生之鵠，執事其有意乎？星杓謂范公振興斯文於濂、洛未起之先，獨以《中庸》授張子，非深契道統，何以能此？其原本仁義，用功次第，集中具有可攷。謝山特以講授之故，尊安定、泰山爲先河，其實安定、泰山皆公所獎成，必如先生所論三代下無文王而興，當推公第一，乃爲至論。星杓末學固陋，何敢妄議前人。然如謝山謂二程未嘗得統於濂溪，不必溝而合之，自是一偏之見，不能違萬世之公也。是年冬，先生訂正《程子年譜》，並寄《思辨録》以資采列，且謂如陳蘭鄰、池籥庭諸君，不可無傳以紀。今悉本先生意附載於後，異日往來淞泖間，得再窺真編，大業，則終幸矣。辛亥九月，諸星杓謹識。

宋儒發明聖學會合先後攷

自古名賢會合，蓋有天意，非偶然也。宋興，五星聚奎，實啟文明之運跡，其無待而興，直接聖學，本仁義發爲功業以振起斯文者，端推范文正公一人。當其延胡安定爲教授，授張横渠《中庸》，授孫明復《春秋》於濂洛未起之前，可不謂群賢之魁樞與？文正與濂溪父同榜，時許渤、胡宿與文正游，亦與濂溪游，固有世契，非若王君貺之不知濂溪受卻拜也。且胡宿嘗與邵天麥從廬山隱者受《易》，則與邵堯夫亦非不知。方是時，范、韓同朝，爲一時名賢歸重。歐陽、文、富折節下賢，士多歸之。二程子幼時及見韓、范，明道嘗稱范文正公「才氣老成」。及論元豐間西舉，謂前日希文能「以虛聲走敵，今日不知誰能爲希文者」。韓魏公亦知太中，伊川稱「魏公是間氣」，其量不可學，特以二公德尊望重，遠不相接。歐陽知慕堯夫，屬子棐請教，而微不滿於彭公。彭公知明道於童穉中，歐陽知貢舉，得明道、横渠，而所契乃在蘇、曾，何道德文章之異趣耶？文、富晚與太中爲耆英會，最重二程。司馬溫公稍後於文、富，然與文、富皆尊禮堯夫、二程，横渠亦信服程、邵，而不及見濂溪。范堯夫、彝叟則極心折二程，固其家學所漸與？夫以文正之直接聖學，使與周、邵、張、程會合一時，其樂當不亞洙泗。乃不使之聚於一方，而使千百載後偕韓、歐，司馬同從祀於廟廷，此以知理學名臣之後先輝映，固自有天意存乎其間也！

伊川先生年譜卷一

宋仁宗明道二年癸酉，先生生。

先生名頤，字正叔，太中子，明道先生弟。生於黄州黄陂寓舍。《朱子文集》。按《南陽集·程伯純墓誌銘》云：「弟頤正道樂道不仕」，是先生亦字正道。

景祐元年甲戌，二歲。

二年乙亥，三歲。

三年丙子，四歲。

四年丁丑，五歲。

寶元元年戊寅，六歲。

二年己卯，七歲。

康定元年庚辰，八歲。

慶曆元年辛巳，九歲。

二年壬午，十歲。

幼有高識，非禮不動。朱子《伊川年譜》。按：《遺書》卷六：「叔一生不曾看《莊》、《列》，非禮勿動、勿視，出於天與，從幼小有如是才識。」朱子本此。

三年癸未，十一歲。

四年甲申，十二歲。

五年乙酉，十三歲。

六年丙戌，十四歲。始事周子。

與明道同受業於舂陵周茂叔先生。見《哲宗徽宗實録》。先生曰：「王拱辰君貺初見周茂叔，爲與茂叔世契，便受拜。及坐上，大風起，説《大畜》卦。一作「風天小畜」。君貺乃起曰：『某適來，不知受卻公拜，今某卻當納拜。』茂叔走避。君貺此一事卻過人。」❶《遺書》唐彦思録，下同。按：王拱辰，字君貺，天聖八年進士第一。周子父輔成，大中祥符八年進士；伯父識，天聖五年進士；惟叔父伯高舉進士，不詳某年。君貺所云「世契」，疑與伯高同榜也。嘗見李初平問周茂叔云：「吾欲讀書，如何？」茂叔曰：「公老矣，無及也。待某只説與公。」初平遂聽説話，二年乃覺悟。按：周子以丙戌冬移郴州令，郴守李初平知其賢，不以屬吏遇之。皇

❶「卻」，清呂留良本《二程全書》作「亦」。

祐己丑初，平卒。此云「嘗見」，疑先生從周子至郴矣。《元豐九域志》：郴州屬荆湖南路。

七年丁亥，十五歲。至醴泉。

先生曰：「少師卜居醴泉，第舍卑狹。某少時嘗到，宛然如舊，諸房門皆題誰居，先公太中所記也。後十年嘉祐丙申。再到，則已爲四翁名逢堯。房子孫所賣，更易房室，不忍復觀矣。」《家世舊事》。

八年戊子，十六歲。

皇祐元年己丑，十七歲。

先生曰：「某自十七八讀《論語》，當時已曉文義，讀之愈久，但覺意味深長。《論語》，有讀了後全無事者，有讀了後其中得一兩句喜者，有讀了後知好之者，有讀了後不知手之舞之足之蹈之者。」《遺書》揚遵道録。

二年庚寅，十八歲。

上書闕下，勸仁宗以王道爲心，生靈爲念，黜世俗之論，期非常之功，且乞召對，面陳所學。不報。見《伊川文集》。陸世儀云：「伊川《上仁宗書》，大概頗似《治安策》，猶未免少年氣，但所見不同，便能置身三代，高視叔季，儒者所以不同於縱横也。」朱子《伊川年譜》：「皇祐二年，年十八，上書闕下。」按：是年九月，大饗明堂，太中以覃恩改殿中丞，自龔州代還，歷授知徐州沛縣事，始遷國子博士。而《上仁宗書》中，以稱臣父珦「今爲博士」，「食君禄四世一百年矣」，自建隆至嘉祐二年，計九十八年，疑「皇祐」係「嘉祐」之誤。予友宗滌甫稷辰云：「此必至太學已受學職後所上，朱子文必誤刻，宜改正。」今姑仍繫此以俟考。

三年辛卯，十九歲。

四年壬辰，二十歲。母侯夫人卒。

二月二十八日，侯夫人終於江寧。《上谷郡君家傳》。五月，儂智高攻陷二廣。十月，孫威敏沔。奉命出征。見《明道文集》。先生有《聞侯舅應辟南征詩》：「辭華奔競至道離，茫茫學者争驅馳。先生獨奮孟軻舌，扶持聖教增光輝。志期周禮制區夏，人稱孔子生闕西。當途聞聲交薦牘，蒼生無福徒爾爲。道大不爲當世用，著書將期來者知。今朝有客闕内至，聞從大幕征南垂。南垂凶寇陷州郡，久張螳臂抗天威。聖皇赫怒捷書緩，虎侯秉鉞驅熊羆。宏才未得天下宰，良謀且作軍中師。蕞爾小蠻何足殄，庶幾聊吐胸中奇。」《伊川文集》註：「時年十八。」恐誤。孫沔，字元規，會稽人，謚威敏。先生曰：「某年二十時，解釋經義，與今無異，然思今日，覺得意味與少時自別。」《遺書》劉元承編。某年二十時，看《春秋》，黄聱隅問某如何看？答之曰：「有兩句法云：以傳考經之事迹，以經别傳之真僞。」又問：「《公》、《穀》如何？」曰：「又次於《左氏》。」「左氏即是丘明否？」

曰：「傳中無丘明字，不可考。」《遺書》周伯忱録。《宋儒學案》：黄聱隅，名晞，字景微，建安人。少通經，自號聱隅子。慶曆中，石徂徠在太學，遣諸生以禮聘，不出。嘉祐元年，韓魏公薦爲太學助教，受命一夕卒。見《澠水燕談》、《聱隅子跋》作蜀人，疑誤。《延平答問》云：「伊川有看《春秋》之法，以傳考經之事迹，以經别傳之真僞，參考理義之長，求聖人所書之意，庶或得之。」

五年癸巳，二十一歲。

至和元年甲午，二十二歲。

季夏，作《養魚記》：「書齋之前有石盆池。家人買魚子食猫，見其煦沫也，不忍，因擇可生者，得百餘，養其中，大者如指，細者如箸。支頤而觀之者竟日。始舍之，洋洋然，魚之得其所也；終觀之，戚戚焉，吾之感於中也。

「吾讀古聖人書，觀古聖人之政禁，數罟不得入洿池，魚尾不盈尺不中取，市不得鬻，人不得食。聖人之仁，養物而不傷也如是。物獲如是，則吾人之樂其生，遂其性，宜何如哉？思是魚之於是時，寧有是困耶？推是魚，孰不可見耶？

「魚乎！魚乎！細鈎密網，吾不得禁之於彼，炮燔咀嚼，吾得免爾於此。吾知江海之大，足使爾遂其性，思置爾於彼，而未得其路，徒能以斗斛之水，生爾之命。生爾誠吾心。爾得生已多，萬類天地中，吾心將奈何？魚乎！魚乎！感吾心之戚戚者，豈止魚而已乎？因作《養魚記》。」《伊川文集》。朱子云：「先生平日不喜人説文字，如《易傳序》之類，固是説道理。其他小小記文，今取而讀之，也不多一字，不少一字，《如養魚記》、《顔子好學論》之類。」

二年乙未，二十三歲。

嘉祐元年丙申，二十四歲。至京師，始居河南，再至醴泉。間遊太學。時海陵胡翼之先生方主教導，嘗以《顔子所好何學論》試諸生。得先生所試，大驚，即延見，處以學職。《朱子文集》。論曰：「聖人之門，其徒三千，獨稱顔子爲好學。夫《詩》、《書》、六藝，三千子非不習而通也。然則顔子所獨好者，何學也？學以至聖人之道也。

「聖人可學而至歟？曰：然。學之道如何？曰：天地儲精，得五行之秀者爲人。其本也真而静，其未發也五性具焉，曰仁、義、禮、智、信。形既生矣，外物觸其形而動於中矣。其中動而七情出焉，曰喜、怒、哀、樂、愛、惡、欲。情既熾而益蕩，其性鑿矣。是故覺者約其情使合於中，正其心，養其性，故曰性其情。愚者則不知制之，縱其情而至於邪僻，梏其性而亡之，故曰情其性。凡學之道，正其心，養其性而已。中正而誠，則聖矣。君子之學，必先明諸心，知所養，然後力行以求至，所謂自明而誠也。故學必盡其心。盡其心，則知其性，知其性，反而誠之，聖人也。故《洪範》曰：『思曰睿，睿作聖。』誠之之道，在乎信道篤。信道篤則行之果，行之果則守之固；仁義忠信不離乎心，造次必於是，顛沛必於是，出處語默必於是。久而弗失，則居之安，動容周旋中禮，而邪僻之心無自生矣。

「故顏子所事，則曰：『非禮勿視，非禮勿聽，非禮勿言，非禮勿動。』仲尼稱之，則曰：『得一善，則拳拳服膺而弗失之矣。』又曰：『不遷怒，不貳過，有不善未嘗不知，知之未嘗復行也。』此其好之篤，學之之道也。視聽言動皆禮矣，所異於聖人者，蓋聖人則不思而得，不勉而中，從容中道。顏子則必思而後得，必勉而後中。故曰：顏子之與聖人，相去一息。孟子曰：『充實而有光輝之謂大，大而化之之謂聖，聖而不可知之謂神。』顏子之德，可謂充實而有光輝矣，所未知者，❶守之也，非化之也。以其好學之心，假之以年，則不日而化矣。故仲尼曰：『不幸短命死矣。』蓋傷其不得至於聖人也。所謂化之者，入於神而自然，不思而得，不勉而中之謂也。孔子曰『七十而從心所欲不踰矩』是也。

---

❶「知」，清呂留良本《二程全書》作「至」。

「或曰：聖人，生而知之者也。今謂可學而至，其有稽乎？曰：然。孟子曰：『堯、舜，性之也；湯、武，反之也。』性之者，生而知之者也；反之者，學而知之者也。又曰：「又曰」二字疑衍。『孔子則生而知也，孟子則學而知也。』後人不達，以謂聖本生知，非學可至，而爲學之道遂失。不求諸己而求諸外，以博聞强記、巧文麗辭爲工，榮華其言，鮮有至於道者。則今之學，與顔子所好異矣。』」《伊川文集》，下同。朱子云：「先生《好學論》説得條理，只依此學，便可以終其身也。」劉蕺山云：「此伊川得統於濂溪處。」按：《好學論》一云十八歲作，一云始冠，但十八歲爲皇祐二年，胡安定尚未爲直講。若二十歲，爲侯夫人卒年，皆不合。當在嘉祐初至京時，胡公以天章閣侍講，仍治太學也。《四箴》并序：❶「顔淵問克己復禮之目，夫子曰：『非禮勿視，非禮勿聽，非禮勿言，非禮勿動。』四者，身之用也，由乎中而應乎外，制於外所以養其中也。顔淵事斯語，所以進於聖人。後之學聖人者，宜服膺而弗失也。因箴以自警。」其《視箴》曰：「心兮本虛，應物無迹；操之有要，視爲之則。蔽交於前，其中則遷；制之於外，以安其內。克己復禮，久而誠矣。」其《聽箴》曰：「人有秉彝，本乎天性；知誘物化，遂亡其正。卓彼先覺，知止有定；閑邪存誠，非禮勿聽。」其《言箴》

❶「并」，清呂留良本《二程全書》作「有」。

曰：「人心之動，因言以宣；發禁躁妄，内斯静專。矧是樞機，興戎出好；吉凶榮辱，惟其所召。傷易則誕，傷煩則支；己肆物忤，出悖來違。非法不道，欽哉訓辭！」其《動箴》曰：「哲人知幾，誠之於思；志士厲行，守之於爲。順理則裕，從欲惟危；造次克念，戰兢自持；習與性成，聖賢同歸。」按：黄勉齋云：「周子以誠爲本，以欲爲戒，此繼孔、孟不傳之緒也。至二程則曰：『涵養須用敬，進學在致知。』又曰：『非明則動無所之，非動則明無所用。』而爲《四箴》以著克己之義焉。此二程得統於周子者也。」故附《好學論》後。先生曰：「凡從安定先生學者，其醇厚和易之氣，望之可知也。」《聞見録》。先生二十四五時，呂原明首師事之。《外書·龜山語録》。滎陽公年二十一時，正獻公使入太學，與先生隣齋。先生長滎陽公纔數歲，公察其議論大異，首以師禮事之。其後，楊應之國寶、邢和叔恕、年十九。左司公待制皆師尊之。自後學者遂衆，實自滎陽公發之也。呂氏《童蒙訓》，下同。按《續通鑑長編》：元祐七年，范祖禹言呂希哲可備勸講，今已五十四歲。據此是滎陽公生於寶元二年己卯，少伊川六歲，至嘉祐元年，年十八。《宋儒學案》：楊應之，名國寶，呂正獻公甥。左司待制，名希純，字子進，希哲之弟。先生嘗識楊應之於江南，常稱其偉度高識，絶人遠甚。孫元忠朴嘗對滎陽公譏笑正叔，公云：「正叔有多少好事公都不説，只揀他疑似處非笑，何也？」元忠釋然心服，不敢復議。滎陽公嘗言，先生自小説話過人，嘗笑人事取有行，不論知見者。又説世人喜説某人，只是説得。先生言，只説得好話亦大難，好話亦豈易説也？公以爲二程遠過衆人者，學皆類此。《吕氏家傳》。太中卜葬祖考於伊川，始居河南。《太中家傳》。先生曰：「少師治醴泉，惠愛及人至深。」「嘉祐初，某過邑，去少師時八十年矣。驢足病，呼醫治之，問知姓程，辭錢不受。昔時村婦多持香茶祈蠶於冢，因掐取其土以乞靈，後禁止之。」《家世舊事》。按：史稱少師治醴泉，有政績。先生《上仁宗書》言：「臣高祖羽，太祖朝年六十餘，❶爲縣令，一言遭遇，聖祖特加拔擢，攀附太宗，終於兵部侍郎。」溯太平興國元年至嘉祐初，正八十年。

二年丁酉，二十五歲。

《與方元寀手帖》：「聖人之道，坦如大路，學者病不得其門耳，得其門，無遠之不可到也。求入其門，不由於經乎？今之治經者亦衆矣，然而買櫝還珠之弊，人人皆是。經所以載道也，誦其言辭，解其訓詁，而不及道，乃無用之糟粕耳。覬足下由經以求道，勉之又勉，異日見卓爾有立於前，然後不知手之舞，足之蹈，不加勉而不能自止矣。」《程氏遺文》。朱子《跋》云：先生與莆田方君元寀道輔帖，乃嘉祐二年語。時先生之年纔二十有五爾。

---

❶「六」，原作「八」，據清吕留良本《二程全書》改。

「先生德性嚴重，不輕與人接，今觀與方公父子兄弟之間，拳拳如此，則方公之賢可知矣。」「雖先生之所以書者，有非熹之所敢知，然觀於應舉耕田之語，可以決内外取舍之輕重。察於買櫝還珠之論，可以知讀書求道之要，在此而不在彼也。」據此則先生與方君有數帖，此其一也。又《宋儒學案》：方元寀，字道輔，莆田人。父峻，聚徒講學，鑿井舍旁，禱曰：「願子孫居官如此水。」初官潤州，識太中珦。及卒，明道爲作《行狀》，范華陽祖禹爲《墓道碑》。道輔少與伊川遊，書問往來，積數十帖，有云：「經所以載道也，誦其言辭，解其訓詁，而不及道，乃無用之糟粕耳。覬足下由經以求道，勉之又勉，異日見卓爾有立於前，然後不知手之舞之、足之蹈之。」又曰：「足下非混俗之流，其志道之士。」元祐三年，以特科出身，終威武軍節度推官。註：參《道南源委》。按：太中自慶曆三年調潤州觀察支使，六年知虔州，興國縣方君峻官潤州，識太中當在此數年間。道輔少與伊川遊，疑亦在明道居庠序，寓丹陽時，明道爲峻作《行狀》未詳何時，《文集》無之，俟攷。是年，先生再見周子於合州。《周子年譜》。傅伯成答書云：「心朋遠寓名方。」《道國志》註：謂二程。

三年戊戌，二十六歲。

四年己亥，二十七歲。舉進士，廷試報罷。

先生舉進士，廷試報罷，遂不復試。太中公屢得任子恩，❶輒推與族人。見《涪陵記善

---

❶ 「恩」，原作「思」，據清呂留良本《二程全書》改。

録》。先生曰：「某兄弟幼時，夫人勉之讀書，因書綫帖上曰『我惜勤讀書兒』。又並書二行，曰『殿前及第程延壽』，先兄幼時名也；次曰『處士』。及先兄登第，某以不才罷應科舉，方知夫人知之於童稚中矣。」《上谷郡君家傳》。按：《家傳》作於元祐五年，係追溯，故稱「先兄」。

五年庚子，二十八歲。

六年辛丑，二十九歲。

七年壬寅，三十歲。

先生叔父殿丞瑜卒於京師。見《明道文集》。

八年癸卯，三十一歲。

英宗治平元年甲辰，三十二歲。至京師。

呂申公判太學，命衆博士即先生之居，敦請爲太學正，先生固辭，公即命駕過之。見《呂申公家傳》。《謝呂晦叔待制相見書》：「竊以古之時，公卿大夫求於士，故士雖自守窮閻，名必聞，才必用。今之時，士求於公卿大夫，故干進者顯榮，守道者沉晦。頤處乎今之世，才微學寡，不敢枉道妄動，雖親戚鄉閭間，鮮克知其所存者，矧敢期知於公卿大夫乎？伏承閣下屈近侍之尊，下顧愚陋，仰荷厚禮，媿不足以當之。

「噫！公卿不下士久矣。頤晦於賤貧，世莫之顧，而公獨降禮以就之。非好賢樂善之深，孰能如是乎？幸甚！幸甚！願閣下持是好賢之心，廣求之之方，盡待之之道，異日登廟堂，翊明天子治，以之自輔，以福天下，豈不厚與！鄙朴之人，不善文詞，姑竭其區區，少致謝懇。」《伊川文集》。按《續通鑑長編》：是年四月，命天章閣待制兼侍講吕公著同修起居注，時蓋與先生初相見。又范淳甫奏，稱「相知二十餘年，然後舉之」，是數此至元豐八年論薦於朝言也。吕原明言：「治平中，見先生，云：『今之守令，惟制民之產一事不得爲，其他在法度中，甚有可爲者，患人不爲耳！』」《外書·吕氏家塾記》。

二年乙巳，三十三歲。

四月，詔議崇奉濮王典禮。先生《代彭中丞論濮王稱親疏》：「臣思永言：伏見近日以濮王稱親事，言事之臣奏章交上，中外論議沸騰。此蓋執政大臣違亂典禮，左右之臣不能開陳理道，而致陛下聖心疑惑，大義未明。臣待罪憲府，不得不爲陛下明辨其事。竊以濮王之生陛下，而仁宗皇帝以陛下爲嗣，承祖宗大統，則仁廟，陛下之皇考；陛下，仁廟之適子。濮王，陛下所生之父，於屬爲伯。陛下，濮王出繼之子，於屬爲姪。此天地大義，生人大倫，如乾坤定位，不可得而變易者也。固非人意所能推移，苟亂大倫，人理滅矣。陛下，仁廟之子，則曰父，曰考，曰親，乃仁廟也。若更稱濮王爲親，是有二親。則是非之理昭然自明，不待辨論而後見也。

「然而聖意必欲稱之者，豈非陛下大孝之心，義雖出繼，情厚本宗，以濮王實生聖躬，曰伯則無以異於諸父，稱王則不殊於臣列，思有以尊大，使絕其等倫，如此而已，此豈陛下之私心哉？蓋大義所當，典禮之正，天下之公論。而執政大臣不能將順陛下大孝之心，不知尊崇之道，乃以非禮不正之號上累濮王，致陛下於有過之地，失天下之心，貽亂倫之咎。言事之臣又不能詳據典禮，開明大義，雖知稱親之非，而不知爲陛下推所生之至恩，明尊崇之正禮，使濮王與諸父夷等，無有殊別。此陛下之心所以難安而重違也。

「臣以爲所生之義，至尊至大。雖當專意於正統，豈得盡絕於私恩？故所繼主於大義，所生存乎至情。至誠一心，盡父子之道，大義也。不忘本宗，盡其恩義，至情也。先王制禮，本緣人情。既明大義以正統緒，復存至情以盡人心。是故在喪服，恩義別其所生，蓋明至重與伯叔不同也。此乃人情之順，義理之正，行於父母之前，亦無嫌間。至於名稱，統緒所繫，若其無別，斯亂大倫。

「今濮王陛下之所生，義極尊重，無以復加，以親爲稱，有損無益。何哉？親與父同，而所以不稱父者，陛下以身繼大統，仁廟父也。在於人倫，不可有貳，故避父而稱親，則是陛下明知稱父爲決不可也。既避父而稱親，則是親與父異。此乃姦人以邪説惑陛下，言親義非一，不止謂父。臣以謂取父義，則與稱父正同，決然不可。不取父義，則其稱甚輕。今宗室疎遠卑幼，悉稱皇親，加於所生，深恐非當。孝者以誠爲本，乃以疑似無正定之名，黷於所尊，體屬不恭，義有大害。稱之於仁廟，乃有嚮背之嫌；去之於濮王，不損所生之重；絶無小益，徒亂大倫。

「臣料陛下之意，不必須要稱親，止謂不加殊名，無以別於臣列。臣以爲不然。推所生之義，則不臣自明；盡致恭之禮，則其尊可見。況當揆量事體，別立殊稱，要在得盡尊崇，不愆禮典。言者皆欲以高官大國加於濮王，此甚非知禮之言也。先朝之封，豈陛下之敢易？爵秩之命，豈陛下之敢加？臣以爲當以濮王之子襲爵奉祀，尊稱濮王爲濮國太王，如此則夐然殊號，絶異等倫。凡百禮數，必皆稱情請，舉一以爲率。借如既置嗣襲，必伸祭告，當曰姪嗣皇帝名，敢昭告於皇伯父濮國太王。自然在濮王極尊崇之道，於仁皇無嫌貳之失，天理人心，誠爲允合。不獨正今日之事，可以爲萬世之法。復恐議者以太字爲疑，此則不然。蓋繫於濮國下，自於大統無嫌。

「今親之稱，大義未安。言事者論列不已，前者既去，後者復然，雖使臺臣不言，百官在位，亦必繼進，理不可奪，勢不可遏，事體如此，終難固持。仁宗皇帝在位日久，海宇億兆涵被仁恩。陛下嗣位之初，功德未及天下，而天下傾心愛戴者，以陛下仁廟之子也。今復聞以濮王爲親，含生之類，發憤痛心。蓋天下不知陛下孝事仁皇之心，格於天地，尊愛濮王之意，非肯以不義加之；但見誤致名稱，所以深懷疑慮，謂濮王既復稱親，則仁廟不言自絶，群情洶懼，異論喧嚣。夫王者之孝，在乎得四海之歡心，胡爲以不正無益之稱，使億兆之口指斥謗讟，致濮王之靈不安於上？臣料陛下仁孝，豈忍如斯。皆由左右之臣不能爲陛下開明此理，在於神道不遠人情。故先聖謂：『事死如事生，事亡如事存。』設如仁皇在位，濮王居藩，陛下既爲冢嗣，復以親稱濮王，則仁皇豈不震怒？濮王豈不側懼？是則君臣兄弟立致釁隙，其視陛下當如何也？神靈如在，亦豈不然？以此觀之，陛下雖加名稱，濮王安肯當受？

「伏願陛下深思此理，去稱親之文，以明示天下；則祖宗濮王之靈交歡於上，皆當垂祐陛下，享福無窮，率土之心，翕然慰悦，天下化德，人倫自正，大孝之名光於萬世矣。夫姦邪之人，希恩固寵，自爲身謀，害義傷孝，以陷陛下。今既公論如此，不無徊徨，百計搜求，務爲巧飾，欺罔聖聽，枝梧言者，徼冀得已，尚圖自安，正言未省，而巧辯已至，使陛下之心無由而悟。伏乞將臣此章，省覽數遍，裁自宸衷，使無姦人與議。其措心用意，排拒人言，隱迹藏形，陰贊陛下者，皆姦人也。幸陛下察而辨之，勿用其説，則自然聖心開悟，至理明白，天下不勝大願。」《伊川文集》，下同。《彭侍郎行狀》：權御史中丞，時追崇濮王，「諫官、御史以典禮未正，相繼論列者六七人，皆以罪去」。公「力陳其不可，且請召還言事者。上未之察，更爲疏極論其事，言益切至。英宗深加聽納，事幾施行，而大臣持之甚力，故不果」。八月京師大水，詔求直言，先生爲太中上應詔書：「天下之勢所甚急者，在安危治亂之機；若夫指一政之闕失，陳一事之利病，徒爲小補，不足以救當世之弊，而副陛下勤求之意也。」安危治亂之機，「臣以爲所尤先者有三焉，請爲陛下陳之。一曰立志，二曰責任，三曰求賢」。「三者之中，復以立志爲本，君志立而天下治矣。所謂立志者，至誠一心，以道自任，以聖人之訓爲可必信，先王之治爲可必行，不狃滯於近規，不遷惑於衆口，必期致天下如三代之世也。夫以一夫之身，立志不篤，則不能自修，況天下之大，非體乾剛健，❶其能治乎？自昔人君，孰不欲天下之治？然而或欲爲而不知所措，或始鋭而不克其終，或安於積久之弊而不能改爲，或惑於衆多之論而莫知適用。此皆上志不立故也。

「故臣願陛下以立志爲先，法先王之治，稽經典之訓，篤信而力行之，救天下深沉固結

---

❶「體」，原作「禮」，據清吕留良本《二程全書》改。

之弊，爲生民長久治安之計，勿以變舊爲難，勿以衆口爲惑，則三代之治可望於今日也。」「所謂責任者：海宇之廣，億兆之衆，一人不可以獨治，必賴輔弼之賢，然後能成天下之務。自古聖王，未有不以求任輔相爲先者也。在商王高宗之初，未得其人，則恭默不言，蓋事無當先者也。及其得説而命之，則曰濟川作舟楫，歲旱作霖雨，和羹作鹽梅，其相須倚賴之如是。此聖人任輔相之道也。夫圖任之道，以慎擇爲本。擇之慎，故知之明；知之明，故信之篤；信之篤，故任之專；任之專，故禮之厚而責之重。擇之慎，則必得其賢；知之明，則仰成而不疑；信之篤，則人致其誠；任之專，則得盡其力；禮之厚，則體貌尊而其勢重；責之重，則其自任切而功有成。是故推誠任之，待以師傅之禮，坐而論道，責之以天下治，陰陽和；故當之者，自知禮尊而任專，責深而勢重，則挺然以天下爲己任，故能稱其職也。雖有姦諛巧佞，知其交深而不可間，勢重而不可摇，亦將息其邪謀，歸附於正矣。後之任相者異於是。其始也不慎擇，擇之不慎，故知之不明；知之不明，故信之不篤；信之不篤，故任之不專；任之不專，故禮之不厚，而責之亦不重矣。擇不慎，則不得其人；知不明，則用之猶豫；信不篤，則人懷疑慮；任不專，則不得盡其能；禮不厚，則其勢輕而易摇；責不重，則不稱其職。是故任之不盡其誠，待之不以其禮，僕僕趨走，若吏史然，文案紛冗，下行有司之事。當之者自知交不深而其勢輕，動懷顧慮，不肯自盡，上懼君心之疑，下虞群議之奪，故蓄縮不敢有爲，苟循常以圖自安爾。君子不願處也。姦邪之人亦知其易摇，日伺間隙。如是其能自任以天下之重乎？若曰非任之艱，知之惟艱，且何以知其賢而任之？或失其人，治亂所係，此人君所以難之也。臣以爲知人誠難，亦繫取之之道如何耳。皐陶爲帝舜謨曰：『在知人。』禹吁而難之，及其陳九德，載采采，則曰『厎可績』，蓋詢行考實，『人焉廋哉』？願陛下既堅求治之志，則以責任宰輔爲先，待之盡其禮，任之盡其誠，責之盡其職。不患其不爲，患其不能爲；不患其不能爲，患其不得爲。蓋不爲者可責之必爲，不能者可勉求而能，惟不得爲則已矣。所謂不得爲者，君臣之志不通，懷顧慮而不肯自盡，此由失待任之道也。所謂求賢者：古聖王之所以能致天下之治，無他術也。朝廷至於天下，公卿大夫，百職群僚，皆稱其任而已。何以得稱其任？賢者在位，能者在職而已？何以得賢能而任之，求之有道而已。今取士之弊，議者亦多矣。大概投名自薦，記誦聲律，非求賢之道。求不以道，則得非其賢，間或得才，適由偶幸，非知其才而取之也。以今選舉之科，用今進任之法，而欲得天下之賢，興天下之治，其猶北轅適越，不亦遠乎」？願陛下「既立求治之志，又思責任之道，則以求賢爲先。苟不先得賢，雖陛下焦心勞思，將安所施？誠得天下之賢，置之朝廷，則端拱無爲而天下治矣。

此所謂勞於求賢，逸於得人也。若曰非不欲賢也，病求之之難也。臣以爲不然。夫以人主之勢，心之所嚮，天下風靡景從。設若珍禽異獸、瓌寶奇玩之物，雖遐方殊域之所有，深山大海之所生，志所欲者，無不可致。蓋上心所好，奉之以天下之力也。若使存好賢之心如是，則何巖穴之幽不可求？山林之深不可致？所患好之不篤耳！夫人君用賢，亦賴公卿大臣推援薦達之力。今朝廷未嘗求賢，公卿大臣亦不以求賢取士爲意。相先引彙，世所罕聞；訪道求師，「貴達所恥」。欲其助皇明，燭幽隱，不可得也，「然亦繫上之所爲而已。陛下誠能專心致志，孜孜不倦，以求賢爲事，常恐天下有遺棄之才，朝廷之上，推賢援能者登進之，蔽賢自任者疎遠之，自然天下嚮風。自下及上，孰不以相先爲善行，薦達爲急務？搜拔既廣，雖小才片善，無所隱晦。如此則士益貴而守益堅，廉恥格而風教厚矣。既得天下之賢，則天下之治不足道也。今世人情淺近，積慣成俗，朝廷進人，苟循常法，則雖千百而取，群伍而用，庸惡混雜，曾不以爲非。設或拔一賢，進一善，出於不次，則求摭小差，衆議囂沸。如真廟擢种放，先朝用范仲淹是也。設非君心篤信，寧免疑惑，反自以爲過。此所以非常之舉，曠久不行也」。「臣前所陳三者，治天下之本也。臣非不知有興利除害之方，安國養民之術，邊境備禦之策，教化根本之論，可以爲陛下陳之。顧三者不先，徒虛言爾。三者既行，不患爲之無術也。願陛下以社稷爲心，以生民爲念，鑒苟安之弊，思永世之策，賜之省覽，察其深誠，萬一有毫髮之補於聖朝，臣雖被妄言之誅，無所悔恨。」依《榕村講授》節本。

三年丙午，三十四歲。

九月，吕申公知蔡州，將行，言曰：「臣伏見南省進士程頤，年三十四，有特立之操，出群之資。嘉祐四年，已與殿試，自後絶意進取，往來太學，諸生願得以爲師。臣方領國子監，親往敦請，卒不能屈。臣嘗與之語，洞明經術，通古今治亂之要，實有經世濟物之才，非同拘士曲儒，徒有偏長。使在朝廷，必爲國器。伏望特以不次旌用。」《吕氏雜記》。

先生自以爲學不足，不願仕也。《伊川文集》。

四年丁未，三十五歲。隨侍太中至漢州。

先生爲《太中上神宗論薄葬書》：❶「具位臣程珦皇恐昧死，再拜上書皇帝陛下。臣聞孝莫大於安親，忠莫先於愛主，人倫之本，無越於斯。人無知愚，靡不知忠孝之爲美也，然而不得其道則反害之。故自古爲君者，莫不欲孝其親，而多獲不孝之譏。爲臣者，莫不欲忠其君，而常負不忠之罪。何則？有其心，行之不得其道也。伏惟陛下以

❶ 此篇名清吕留良本《二程全書》作「代太中上皇帝書」。

至德承洪業，以大孝奉先帝，聖心切至，天下共知。然臣以疎賤，復敢區區冒萬死以進其説者，願陛下以至孝之心盡至孝之道，鑑歷古之失，爲先帝深慮，則天下臣子之心無不慰安。

「所謂歷古之失，臣觀秦、漢而下，爲帝王者，居天下之尊，有四海之富，其生也奉養之如之何，其亡也安厝之如之何，然而鮮克保完其陵墓者，其故何哉？獨魏文帝、唐太宗所傳嗣君，能盡孝道，爲之遠慮，至今安全，事迹昭然，存諸簡策。嗚呼！二嗣君不苟爲崇侈以狥己意，乃以安親爲心，可謂至孝矣。漢武之葬，霍光秉政，暗於大體，奢侈過度，至使陵中不復容物，赤眉之亂，遂見發掘。識者謂赤眉之暴，無異光自爲之，爲其不能深慮以致後害也。二君從儉，後世不謂其不孝；霍光厚葬，千古不免爲罪人。自古以來，觀此明鑑而不能行之者，無他，衆議難違，人情所迫爾。苟若務合常情，遂亡遠慮，是乃厚於人情而薄於先君也，不亦惑乎！

「魏文帝所作終制，及唐虞世南所上封事，皆足取法。其指陳深切，非所忍言，願陛下取而觀之，可以見明君賢臣所慮深遠。古人有言曰：『死者無終極，國家有廢興。』自昔人臣當大事之際，乃以興廢之言爲忌諱，莫敢議及於此，❶苟循人情，辜負往者，不忠之大者也。

「臣竊慮陛下追念先帝，聖情罔極，必欲崇厚陵寢，以盡孝心。臣愚以爲：違先帝之儉德，損陛下之孝道，無益於實，有累於後，非所宜也。伏願陛下損抑至情，深爲永慮，❷承奉遺詔，嚴飭有司，凡百規模，盡依魏文之制，明器所須，皆以瓦木爲之，金銀銅鐵珍寶奇異之物無得入壙，然後昭示遐邇，刊之金石。如是則陛下之孝顯於無窮，陛下之明高於曠古。至於紈帛易朽之物，亦能爲患於數百年之後，漢薄后陵是也。

「或曰：山陵崇大，雖使無藏，安能信於後世？臣以爲不然，天下既知之，後世必知之。臣嘗遊秦中，歷觀漢、唐諸陵，無有完者，惟昭陵不犯。陵旁居人尚能道當日儉素之事，此所以歷數百年，屢經寇亂而獨全也。夫臣之於君，猶子之於父，豈有陛下欲厚其親，而臣反欲薄於其君乎？誠以厚於先帝，無厚於此者也。遺簪墜履，尚當保而藏之，不敢不恭，況於園陵，得不窮深極遠以慮之乎？

---

❶「於」，清吕留良本《二程全書》作「如」。

❷「永」，清吕留良本《二程全書》作「遠」。

「陛下嗣位方初，群臣畏威，臣苟不言，必慮無敢言者。陛下以臣言爲妄而罪之，則臣死且不悔；以臣言爲是而從之，則可以爲先帝之福，大陛下之孝，安天下之心，示萬世之法，所補豈不厚哉？臣哀誠内激，言意狂率，願陛下詳覽而深察之，天下不勝大願。臣無任踰越狂狷恐懼之極，臣昧死頓首謹言。」《伊川文集》。按：是年正月丁巳，英宗崩。戊午，神宗即位。先生之父嘗守廣漢，先生與兄皆隨侍遊成都，見治篾箍桶者挾册，就視之，則《易》也。欲擬議致詰，而篾者先曰：「若嘗學此乎？」因指「《未濟》，男之窮」以發問。二程遜而問之，則曰：「三陽皆失位。」兄弟涣然有所省。翌日再過之，則去矣。《宋史・譙定傳》。《元豐九域志》：漢州屬成都府路。先生過成都，坐於所館之堂讀《易》。有造桶者，前視之，指《未濟》卦問。先生曰：「何也？」曰：「三陽皆失位。」先生異之，問其姓與居，則失之矣。《易傳》曰：「聞之成都隱者。」《外書》時紫芝集。

伊川先生年譜卷二

神宗熙寧元年戊申，三十六歲。

《爲太中作試漢州學生策問三首》：「問：士之所以貴乎人倫者，以明道也。若止於治聲律，爲禄利而已，則與夫工技之事，將何異乎？夫所謂道，固若大路然，人皆可勉而至也。如不可學而至，則古聖人何爲教人勤勤如是？豈其欺後世邪？然學之之道當如何？

「後之儒者，莫不以爲文章、治經術爲務。文章則華靡其詞，新奇其意，取悦人耳目而已。經術則解釋辭訓，較先儒短長，立異説以爲己工而已。如是之學，果可至於道乎？仲尼之門，獨稱顔子爲好學，則曰『不遷怒不貳過也』。與今之學，不其異乎？

「或曰：如是則在修身謹行而已。夫檢於行者，設曰勉强之可也。通諸身者，姑謹修而可能乎？况無諸中不能强於外也，此爲儒之本，諒諸君之所素存也，幸明辨而詳著於篇。

「問：聖人之道，傳諸經學者，必以經爲本。然而諸經之奥，多所難明。今取其大要，各舉其一以言之。

「夫《易》卦之德，曰元、亨、利、貞。或爲四：曰元也，亨也，利也，貞也。或爲二曰：大亨也，利於貞也。其詞既同，義可異乎？所以異者何謂？

「《春秋》垂褒貶之法，所貶則明矣，所褒者何事？

「《詩》之美刺，聖人取其止乎禮義者，以爲法於後世。晋武公身爲并奪，《無衣》美之，其教安在？

「《書》爲王者軌範，不獨著聖王之事以爲法也，亦存其失以示戒爾，《五子之歌》是也。如盤庚之遷國，穆王之訓刑，爲是而可法耶？爲非而可戒耶？

「《禮記》雜出於漢諸儒所傳，謬亂多矣。考之，完合於聖人者，其篇有幾？

「夫古人之學貴專，不以泛濫爲賢。諸君之於經，必各有所治，人言其所學可也，惟毋泛毋略。

「問：儒者積學於己，以待用也。當世之務，❶固當講明。若夫朝廷之治，君相謨之，斯無間矣。以一郡而言，守之職豈不以養人爲本？然而民産不制，何術以濟乎困窮？

❶「務」，清吕留良本《二程全書》作「故」。

吏繇有數，何道以寬乎力役？比閭無法，教化何由而可行？衣食不足，風俗何緣而可厚？

「自唐而上，世有循吏，著之史册。何今世獨無其人？豈古之治不可行於今耶？抑爲之者不得其道耶？思欲仰希前哲之爲，上副聖朝之寄，何所施設而能及斯？

「諸君從事於學，既勤且久，爲政之方，固當明其體要，至於民俗利病，皆耳目之所接也。願陳高論，得以矜式。」《伊川文集》，下同。《爲太中請宇文中允典漢州學書》：「中允明公執事。竊以生民之道，以教爲本。故古者自家黨遂至於國，皆有教之之地。民生八年則入於小學，是天下無不教之民也。既天下之人莫不從教，小人修身，君子明道，故賢能群聚於朝，良善成風於下，禮義大行，習俗粹美，刑罰雖設而不犯。此三代盛治由教而致也。後世不知爲治之本，不善其心而驅之以力，法令嚴於上，而教不明於下，民放僻而入於罪，然後從而刑之。噫！是可以美風俗而成善治乎？

「往者朝廷深念其然，究思治本，詔京師至於郡縣皆立學。雖未能如古之時，比屋人人而教之，可以教爲士者矣。誠能教之由士始，使爲士者明倫理而安德義，知治亂之道，政化之本，處足以爲鄉里法，出可以備朝廷用，如是，則雖未能詳備如古之教，亦得其大端近古而有漸矣。是朝廷爲教之意，非不正也。顧州縣之吏奉承之何如爾！

「珦庸瑣之質，叨恩領郡，雖才不足以有爲，然少承父師之訓，久從士大夫之後，涉聞學古爲政之道，不敢斷斷如俗吏之爲，專以簿書期會爲事勉思，所以副朝廷明教化育賢才之意，以學校爲先務。然念教道之職，非得豪傑之士，學術足以待問，行義足以率人，則何以爲衆人矜式？

「竊聞執事懿文高行，爲時所推，仕不合則奉身而退，不爲榮利屈其志。歸安田間，道義爲鄉里重。豈特今人之難能？古人所難能也。愚謂執事非甘於退處而樂於自善也，蓋道既不偶，去就之義，不得不然。在執事之心，諒無一日忘天下，不以行道濟物爲意也。蓋聞賢人君子，未得其位，無所發施其素藴，則推其道以淑諸人，講明聖人之學，開導後進，使其教益明，其傳益廣。故身雖隱而道光，跡雖處而教行，出處雖異，推己及人之心則一也。此鄉人所望於執事，而執事所以自任也。珦是以敢布其區區之意。

「願執事從鄉人之望，枉屈軒馭，來憩郡庠，俾後進子弟得所依歸。不獨一郡學者漸被善教，四方之士聞風慕義，亦將奔走門下。是執事之道雖未用於時，而所及人者固已博矣。孟子所謂『天下之樂也』，執事豈無意乎？或賜允從，不勝幸甚。」再書：「近者書其鄙懇，陳於左右，輒欲邀致軒從。内省不度，方負媿惕，辱教之答，詞意甚厚，且承燕居休適，感慰深矣。然而過持謙巽，未許臨屈。區區之意，有所未盡，輒敢再浼聽覽。

「珦之郡之初，延見僚吏士民，首道朝廷所以憂念遠方，愛養元元之意；既則詢州郡之賢人，足以取則爲治者，於是聞執事之名於衆人之口。珦退而三思三省之。始曰：『彼鄉先生也，吾將奉之以教郡人。』既而曰：❶『賢者以類至，惟賢能致賢，彼賢豈我屑耶？』既又曰：『賢者雖有爲而退，豈將自善其身耶？』必將化導鄉里，教育後進。自古賢者，未有不然者也。豈特守之爲乎？於是決之不疑，以請於左右。豈意執事未賜深亮，拒而弗從。

「珦竊觀在《易·觀》之上九曰：『觀其生，君子无咎。』《象》曰：『觀其生，志未平也。』上九以陽剛之德，居無位之地，是賢人君子抱道德而不居其位，爲衆人仰觀法式者也。雖不當位，然爲衆人所觀，固不得安然放意，謂己無與於天下也；必觀其所生，君子矣乃得无咎。聖人又從而贊之，謂志當在此，固未得安然平定無所慮也。觀聖人教示後賢如是之深，賢者存心如是之仁，與夫索隱行怪，獨善其身者異矣。今執事居是鄉，爲

❶「而」，清呂留良本《二程全書》作「又」。

一鄉所宗仰，適當《觀》上九之義，豈得圖一身之安逸，而不以化導爲意乎？「見諭『日近多微疾，憚於應接』，此大不然。古者庠序爲養老之地，所養皆眉壽之人；其禮有扶，有杖，有哽噎之祝，則其羸廢可知。蓋資其道德模範，豈尚其筋力也哉？幸執事觀《觀》爻之義，詳聖人贊之之意，思賢人君子所當用心，勉從鄉人之願，不勝幸甚！」《宋史》：宇文之邵，字公南，漢州綿竹人。爲文州曲水令。治平四年，神宗立，上疏論時政，不報。以太子中允致仕，時年三十九。

二年己酉，三十七歲。

明道爲御史，上使推擇人才，所薦數十人，以父表弟張載暨弟頤爲稱首。《明道行狀》。

先生《答横渠書》：「累書所論，病倦不能詳說，試以鄙見道其略，幸不責其妄易。觀吾叔之見，至正而謹嚴。如『虛無即氣則虛無』之語，深探遠賾，豈後世學者所嘗慮及也？餘所論，以大概氣象言之，則有苦心極力之象，而無寬裕温厚之氣。非明睿所照，而考索至此，故意屢偏而言多窒，小出入時有之。明所照者，如目所觀，纖微盡識之矣。考索至者，如揣料於物，約見髣髴爾，能無差乎？更願完養思慮，涵泳義理，他日自當條暢。何日得拜見，當以來書爲據，句句而論，字字而議，庶及精微。牽勉病軀，不能周悉。

謝生佛祖禮樂之論，❶相知之淺者，亦可料也。何吾叔更見？問大哥書中云『聖人之悟，前後矛盾』，不知謂何，莫不至此否？」《伊川文集》，下同。《再答》：「昨書中所示之意，於愚意未安，敢再請於左右。今承盈幅之諭，詳味三反，鄙意益未安。此非侍坐之間，從容辨析，不能究也，豈尺書所可道哉？況十八叔、大哥皆在京師，相見且請熟議，異日當請問之。

「内一事，云已與大哥議而未合者，試以所見言之。所云『孟子曰：「必有事焉而勿正心，勿忘勿助長也。」此信乎入神之奥。若欲以思慮求之，是既已自累其心於不神矣，惡得而求之哉？』頤以爲有所事，乃有思也，無思則無所事矣。孟子之是言，方言養氣之道如是，何遽及神乎？氣完則理正，理正則不私。不私之至，則神。自養氣至此猶遠，不可驟同語也。以孟子觀之，自見其次第也。當以『必有事焉而勿正』爲句，『心』字屬下句。此説與大哥之言固無殊，但恐言之未詳爾。遠地未由拜見，豈勝傾戀之切？餘意未能具道。所論『勿忘者，但不舍其虚明善應之心爾』，此言恐未便。既有存於心而不舍，則何謂虚明？安能善應耶？虚明善應，乃可存而不忘乎？」龜山《跋横

❶「論」，清呂留良本《二程全書》作「説」。

渠先生書》：「横渠之學，其源出於程氏，而關中諸生尊其書，欲自爲一家，故余録此簡以示學者，使知横渠雖細，務必資於二程，則其他故可知。」攷此跋書，於大觀元年八月己卯餘杭，在伊川先生未歿前二十餘日。朱子云横渠有一簡與先生，問其叔父葬事，末有提耳懇激之言，疑龜山所跋即此簡也。侯世與云：「某年十五六時，明道先生與某講《孟子》，至『勿正心，勿忘勿助長處』，云：『二哥以必有事焉而勿正爲一句，心勿忘勿助長爲一句，亦得。』因舉禪語爲況云：『事則不無，擬心則差。』某當時言下有省。」《遺書》李端伯記。

三年庚戌，三十八歲。

《謝傅耆伯壽手謁》：「頤謹詣行館拜謝長官秘書。十月日，河南程頤狀。」見《朱子文集》。朱子云：度正言得此手狀於傅君光家，「乃其祖大夫公，嘉祐初實見濂溪周先生於合陽求教，先生手書《家人》、《艮》遇等説贈之。其後太中公知漢州，大夫公時爲邑西川，又得交伊川兄弟間，手筆相問往往皆在」，此狀殆伊川「先生入蜀時手筆也。大夫公集爲日記册，此版起六月，終七月十六日，附載王氏父子、❶呂氏兄弟遷擢。蓋熙寧間日報作細字，背面皆滿，先生字處闕之，獨得不漫」。「傅君周旋周、程師弟之間，知所主友，而伊川先生手刺謁謝，爲禮亦恭，則其人之賢，不問可知。」按《周子年譜》：傅耆，一字伯成，遂寧人。嘉祐二年至合州，從學周子。及歸，有書《謝所寄姤説》。六年登第，相遇京

❶「附」，四庫本《晦庵集》作「内」。

師，周子有《賀新恩先輩》傳弟手謁。治平四年，傅知嘉州平羌縣，明年有《謝所寄改定同人説》。累官至朝議大夫，知漢州。作《蜀守記》：「成都人稱近時鎮蜀之善者，莫如田元鈞、文潞公；語不善者，必曰蔣堂、程戡。故謡言曰：『彦博虧虧，猶言不如也。田況，程戡勝蔣堂。』言最善之中田更優，不善之中程猶差勝也。予嘗訪之士大夫，以至閭里間，察其善不善之迹。所謂善者，得民心之悦，固有可善焉。所謂最不善者，乃可謂至善者也。至今人言及蔣公時事，必有不樂之言。問其所不樂者，衆口所同，惟三事而已：減損遨樂，毁后土廟及諸淫祠，伐江瀆廟木修府舍也。其尤失人心者，節遨樂也。前蔣者數十年爲政。」後闕。按《宋史》及《續通鑑長編》：蔣堂，字希魯，宜興人。慶曆初，代楊日嚴知益州，會詔天下建學，因廣文翁石室爲學宫，選屬官以教，士人翕然稱之。日嚴在蜀有能名，堂不喜之，頗變其政。四年，文彦博代堂知益州。田況，字元均，信都人，富鄭公妹壻。皇祐初知益州，逾二年，拊循教誨，蜀人尤愛之。程戡，字勝之，陽翟人。女嫁文彦博子。皇祐四年，知益州。至和初，田況爲副樞密使，程戡參知政事。嘉祐四年，彦博封潞國公。記云「近時」，又稱「潞公」，蓋追敘十數年前事，當是入蜀時作，故繫此。先生自少時未嘗乘轎。頃在蜀，與二使者遊三峽，使者相强乘轎，不可。詰其故，語之曰：「某不忍乘，分明以人代畜。若疾病及泥濘，則不得已也。」二使者亦將不乘，某語之曰：「使者安可不乘？」既至留題壁間，先生曰：「毋書某名。」詰其故，曰：

「以使者與一閒人遊，若錚客。」當時竟不乘轎，亦不留名。《外書》卷十。邵康節代書寄先生詩，有「嚴親出守劍門西，色養歡深世表儀」之句。見《擊壤集》。陳襄領國子監，薦先生。見《陳古靈集》。

四年辛亥，三十九歲。

范公堯夫攝帥成都，先生將告歸，一作「時先生隨侍過成都」。別焉。公曰：「願少留，某將別。」先生曰：「既別矣，何必復勞輿衛。」遂行。公使人要於路曰：「願一見也。」既見，曰：「先生何以教我？」先生曰：「公嘗言爲將帥當使士卒視己如父母，然後可用，然乎？」公曰：「如何？」先生曰：「公言是也。然公爲政不若是，何也？」公曰：「可得聞與？」先生曰：「舊帥新亡，而公張樂大饗將校於府門，是教之視帥如父母乎？」曰：「亦疑其不可，故使屬官攝主之也。」先生曰：「是尤不可也。公與舊帥同僚也，失同僚之義，其過小；屬官於主帥，其義重。」曰：「廢饗而頒之酒食，如何？」曰：「無頒也。武夫視酒食爲重事，弗頒，則必思其所以而知事帥之義，乃因事而教也。」公曰：「若從先生言而不來，則不聞此矣。」其喜聞義如此。《遺書》張思叔録，下同。先生言：「范公堯夫之寬大也。『昔余過成都，公時攝帥，有言公於朝者，朝廷遣中使降香峨眉，實察之也。公一日訪予款語，予問曰：「聞中使在此，公何暇也？」公曰：「不爾則拘束。」已而中使果怒，以鞭傷傳言者耳。屬官喜謂公曰：「此一事足以塞其謗，請聞於朝。」公既不折言者之爲非，又不奏中使之過也，其有量如此。』」《續通鑑長編》：熙寧四年二月，陳經爲成都府轉運使，仍令密體量監司范純仁、謝景初燕飲踰違事，以李元瑜言故也。《范忠宣公行狀》：「公言新法不便，仍戒州縣不得遽行，以待報。安石怒，命其客李元瑜爲提舉常平官，且伺察公，將遂害之，卒無所得，元瑜以是年六月死。」按此則先生隨侍太中罷漢州，當在是年春，以《家傳》中有「李元瑜爲使者」一節也。先生過成都，時轉運判官韓宗道綜子。議減役，至三大户亦減一人焉。先生曰：「只聞有三大户，不聞兩也。」宗道曰：「三亦可，兩亦可，三之名不從天降地出也。」先生曰：「乃從天降地出也。古者朝有三公，國有三老。『三人占則從二人之言』，『三人行則必得我師焉』。若止二大户，則一人以爲是，一人以爲非，何從而決？三則從二人之言矣。雖然，近年諸縣有使之分治者，亦失之意也。」按《韓宗道墓誌》：「熙寧初，知巴州，會叔父康公去相位，擢成都轉運判官兼管農田水利差役事。講議法制，凡有改爲，蜀人不知其擾。」蓋即先生所論減役事也。《續通鑑長編》：宗道，范純仁姻家。

五年壬子，四十歲。至醴泉。

先生曰：「自少師貴顯，居京師，醴泉第宅，大評事從高祖。諸孫居之，後遂分而賣之，先公未嘗問也。券契皆存，以其上有少師書字，故不忍毀去；然收藏甚密，家中子弟有未嘗見者。先公守鳳州時，四翁名逢堯。問欲得宅否？先公答以叔有之與某有之正同，當善守而已。又出一少師小印合示頤曰：『祖物也，可收之。』頤曰：『翁能保之足矣。』不敢受者，所以安其疑心也。又如太宗皇帝御書及少監真像皆在，亦未敢求見，不意纔數年，四翁卒。比再至醴泉，則散失盡矣。思之痛傷。後又二十年，元祐辛未。頤到醴泉，改葬少師，始求得少監、段太君誥於三翁家，少師犀帶於長安太監簿家，少師緑玉枕於四翁女种家，鞍兀於三翁家。」《家世舊事》。富文忠公辭疾歸第，以其俸券還府，府受之。先生曰：「受其納券者固無兄議，然納者亦未爲得也。留之而無請可矣。」《遺書》附《師説》後。《續通鑑長編》：熙寧四年，知汝州富弼許以西京養疾。五年，以司徒使相致仕。李中師知河南府，籍其户，令與富民均出錢。朱子《跋富公與洛尹帖》云：在洛，往還凡十三帖，「李之事公不爲不謹，公之遇李亦不爲不厚。而其後李因奉行免役之令，乃籍公户，使出泉同於編氓，以媚用事者。小人覰時狗勢，何世無之」。按此則受券者，即李中師也。

六年癸丑，四十一歲。居洛。

韓持國帥許，先生往見，謂公曰：「適市中聚浮圖，何也？」公曰：「爲民祈福也。」先生曰：「福斯民者，不在公乎？」《遺書》張思叔録，下同。韓持國使掾爲亭，成而蓮已生其前，蓋掾盆植而置之。公甚喜。先生曰：「斯可惡也。使之爲亭，而更爲此以説公，非端人也。」公曰：「奈何人見之則喜！」按《續通鑑長編》：韓持國知許州，當在六年二月。知許州，韓絳遷官之後。至七年三月，詔持國知開封矣。先生年四十以後，記性愈進。今人年長則健忘，豈可不知其故哉？《外書》震澤語録。

七年甲寅，四十二歲。

先生同朱公掞訪康節，因以論道。先生指面前食卓曰：「此卓安在地上，不知天地安在甚處？」康節爲之極論天地萬物之理，以及六合之外。先生歎曰：「平生惟見周茂叔論至此。」《易學辨惑》，下同。朱子云：「此康節之子伯温所記。但云『極論』，而不言其所謂云何。今按康節之書，有曰：『天何依？』曰：『依乎地。』曰：『地何附？』曰：『附乎天。』曰：『天地何所依附？』曰：『自相依附。天依形，地附氣，其形也有涯，其氣也無涯。』竊恐當時康節所論，與伊川所聞於周先生者亦當如此，因附見之。」先生又同張子堅來，方春時，康節率同遊天門街看花。先生辭曰：「平生未嘗看花。」康節曰：「庸何傷乎？物物皆有至理。吾儕看花，異於常人，自可以觀造化之妙。」先生曰：「如是則願從先生遊。」邵堯夫謂先生曰：「子雖聰明，然天下之事亦衆矣，子能盡知耶？」先生曰：「天下之事，某所不知者固多。然堯夫所謂不知者何事？」是時適雷起，堯夫曰：「子知雷起處乎？」先生曰：「某知之，堯夫不知也。」堯夫愕然曰：「何謂也？」先生曰：「既知之，安用數推也？以其不知，故待推而後知。」堯夫曰：「子以爲起於何處？」先生曰：「起於起處。」堯夫瞿然稱善。《遺書》張思叔録。先生曰：「公揆昨在洛有書室，兩旁各一牖，牖各三十六隔，一書天道之要，一書仁義之道，中以一牓，書『毋不敬，思無邪』。中處之，此意亦好。」《遺書》呂與叔《東見録》。按《宋史》：朱光庭，字公掞，偃師人。第進士，調萬年簿，歷修武、垣曲縣令。神宗召見，除簽判河陽。元祐初，爲左正言，遷司諫，拜侍御史，轉給事中。是公掞在洛，在立朝前，故繫此。

八年乙卯，四十三歲。

先生叔父郎中璠，卒於河南。見《明道文集》十月，彗星見，詔求直言。先生《代呂中公應詔疏》：❶「伏覩今月十三日詔敕，以彗出東方，許中外臣僚直言朝廷闕失。臣自言事得罪，久去朝廷，無所補報，退就閑冗。尚敢區區以言自進者，誠見陛下寅畏天命，有恐懼修省之意。草萊之人，尚思效其忠懇，況臣世荷國恩，久忝近侍，雖罪釁之餘，敢不竭其愚誠，以應明詔？

「臣伏觀前史所載，彗之爲變多矣，鮮有無其應者，蓋上天之意，非徒然也。今陛下既有警畏之心，當思消弭之道。且以今日之變，孰從而來？《書》曰：『天視自我民視，天

❶「申公」，清呂留良本《二程全書》作「晦叔」。

聽自我民聽。』豈非政之所致歟？如曰非政之由，則經爲誣矣，臣復何言？詔之所求，亦爲虚設。若以爲政之所致，則改以一作「而」。順天，在陛下而已。晏子所謂『可祝而來，亦可禳而去』也。《傳》曰：『天之有彗，以除穢也。』又曰：『所以除舊布新。』臣願陛下祗若天戒，思當除者何事，而當新者何道。如曰舊政既善，無所可除，則天爲誣矣，臣復何言？若以爲當求自新，則在陛下思之而已。

「自非大無道之世，何嘗不遇災而懼？然而能自新者蓋寡，大率蔽於所欲，惑於所任，明不足以自辨也。視是而爲非，以邪而爲正，敗亡至而不寤，天亦不能戒也。豈其惡存而好亡，憎治而喜亂哉？亦惑而不能辨爾。臣以爲辨之非艱，顧不得其道也。誠能省己之存心，考己之任人，察己之爲政，思己之自處，然後質之人言，何惑之不可辨哉？能辨其惑，則知所以應天：自新之道矣。臣請爲陛下辨之。

「所謂省己之存心者，人君因億兆以爲尊，其撫之治之之道，當盡其至誠惻怛之心，視之如傷，動敢不慎？兢兢然惟懼一政之不順於天，一事之不合於理。如此，王者之公心也。若乃恃所據之勢，肆求欲之心，以嚴法令，舉條綱爲可喜，以富國家强兵甲爲自得，鋭於作爲，快於自任，貪惑至於如此，迷錯豈能自知？若是者，以天下狥其私欲者也。勤身勞力，適足以致負一作「貪」。敗；夙興夜寐，適足以招後悔。以是而致善治者，未之聞也。願陛下内省於心，有近於是者乎？苟有之，則天之所戒也，當改而自新者也。

「所謂考己之任人者：夫王者之取人，以天下之公而不以己，求其見正而不求其從欲，逆心者求諸道，巽志者察其非，尚孜孜焉懼或失也。此王者任人之公也。若乃喜同而惡異，偏信而害明，謂彼所言者吾之所大欲也。悦而望之，信而惑之，至於甚惡而不察，恣欺而不悟。推是而往，鹿可以爲馬矣。願陛下考己之任人，有近於是者乎？苟有之，則天之所戒也，當改而自新者也。

「方陛下思治之初，未有所偏主，好惡取舍一以公議，天下謂之賢，陛下從而賢之者衆矣，進之於朝亦多矣。及乎既有爲也，皆以不合而去之，更用後來之人，皆昔未嘗以爲賢者也，然後議論無違。始之所賢者皆愚，始之未嘗賢者皆賢，此爲天下之公乎？已意之私乎？自論議無違之後，逆耳怫心之言亦罕聞矣。夫以居至尊之位，負出世之資，而不聞怫逆之言，可懼之大者也。知人之難，雖至明不能無失。然至於朝合則爲不世之賢，暮隙則有一作「爲」。無窮之罪，顛錯亦已甚矣。在任人之道當改亦明矣。

「所謂察己之爲政者：爲政之道，以順民心爲本，以厚民生爲本，以安而不擾爲本。陛下以今日之事，方於即位之初，民心爲歡悦乎？爲愁怨乎？民生爲阜足乎？爲窮蹙乎？政事爲安之乎？爲擾之乎？億兆之口非不能言也，顧恐察之不審爾。苟有不察，則天之所戒也，當改而自新者也。

「所謂思己之自處者：聖人謂『亡者保其存者也，亂者有其治者也』，陛下必不以斯言爲妄。自古以來，何嘗有以危亡爲憂而至危亡者乎？惟其自謂治安而危亡卒至者則多矣。不識陛下平日自處，以天下爲如何？聖心所自知也。苟有憂危恐懼之心，常慮所任者非其人，所由者非其道，唯恐不聞天下之言，如此則聖王保天下之心也，上帝其鑒之矣。或以爲已安且治，所任者當矣，所由者至矣，天下之言不足恤矣，如此則天之所戒也，當改而自新者也。

「所謂質之人言者，當有其方。欲詢之於衆人乎？衆人之言可使同也。欲訪之下民乎？下民之言亦可爲也。察之以一人之心，而蔽之以衆人之智，其可勝乎？是不足以辨惑，而足以固其蔽爾。臣以爲在外一二老臣，事先朝數十年，久當大任，天下共知其非欺妄人也，知其非覆敗邦家者也，臣願陛下禮而問之，宜可信也。及天下所謂賢人君子，陛下聞之於有爲之前，而不在今日利害之間者，亦可訪也。以是數者參考之，則所當改者何事，所當新者何道，固可見矣。

「天下之人，一聞詔音，莫不鼓舞相慶，謂陛下必能上應天心，召迎和氣。臣以爲唯至誠可以動天，在陛下誠意而已。昔在商王中宗之時有桑穀之祥，高宗之時有雊雉之異，二王以爲懼而修政，遂致王道復興，皆爲商宗，百世之下頌其聖明。近世以來，引咎之詔，自新之言，亦常有之，倘人君不由於至誠，則天下徒以爲虚語，其能感天心弭災變乎？臣願陛下因此天戒，奮然改爲，思商宗之實休，鑑後代之虚飾，不獨消復災沴於今日，將永保丕基於無窮，天下幸甚！」《伊川文集》。按《續通鑑長編》：別載呂公著疏，是先屬先生代作，既而不用也。

九年丙辰，四十四歲。

張横渠先生弟御史戩卒。先生言：「天祺戩自然有德氣，似箇貴人氣象，只是卻有氣短處，規規太以事爲重，傷於周至，卻是氣局小。景庸薛昌朝，字景庸，横渠門人，嘗爲御史，論新法。則只是才敏。須是天祺與景庸相濟，乃爲得中也。」《遺書》呂與叔《東見録》，下同。

先生曰：「天祺昔在司竹，嘗愛用一卒長，及將代，自見其人盜筍皮，遂治之無少貸。罪已正，待之復如初，略不介意，其德量如此。」《邵氏聞見録》云：「天祺在司竹，舉家不食筍。」

十年丁巳，四十五歲。

春三月，張横渠先生應同知太常禮院召過洛。先生《與横渠簡》曰：「堯夫説《易》好，今夜試來聽他説看。」一作「説先天之圖甚有理，可試往之聽他説看」。《朱子語類》。惠氏棟

《易漢學》辨兩儀四象：「案《朱子語類》言程子説《易》，『只云三畫上疊成六畫，八卦疊成六十四卦，與邵子説異。蓋康節不曾説與程子，程子亦不會問之，故一向隨他所見去』。又云《伊川易傳》有『未盡處，當時康節傳得數甚佳，卻輕之不問』。又云『邵子所謂《易》，程子多理會他不得』。楝謂邵子一分爲二，二分爲四，四分爲八之説，漢、唐言《易》者不聞有此，程子非不能理會邵《易》，但以之解《周易》，恐其説之未必然也。」七月，堯夫病且革，先生往視之，因警之曰：「堯夫平日所學，今日無事否？」他氣微不能答。次日見之，卻有聲如絲髮來大，答曰：「你道生薑樹上生，我亦只得依你説。」是時，諸公都在廳上議後事，各欲遷葬城中。他在房間便聞得，令人喚大郎來，云：「不得遷葬。」堯夫已自爲塋。衆議始定。又諸公恐喧他，盡出外説話，他皆聞得。一人云：有新報云云，堯夫問有甚事？曰有某事。堯夫云：「我將謂收卻幽州也。」以他人觀之，便以爲怪，此只是必虚而明，故聽得。《遺書》劉元承編。先生謂堯夫曰：「從此與先生永訣矣，更有可以見告者乎？」堯夫聲氣已微，舉張兩手以示之。先生曰：「何謂也？」曰：「前面路徑，須常令寬。路徑窄，則自無著身處，況能使人行也？」《易學辨惑》。張子厚罷太常禮院，歸關中，過洛而見先生。先生曰：「比太常禮院所議，可得聞乎？」子厚曰：「大事皆爲禮房檢正所奪，所議惟小事爾。」先生曰：「小事謂何？」子厚曰：「如定謚及龍女衣冠。」先生曰：「龍女衣冠如何？」子厚曰：「當依夫人品秩，蓋龍女本封善濟夫人。」先生曰：「某則不能。既曰龍，則不當被人衣冠。矧大河之塞，本上天降祐，宗廟之靈，朝廷之德，而吏士之勞也。龍何功之有？又聞龍有五十三廟，皆曰三娘子，一龍耶？五十三龍耶？一龍則不當有五十三廟，五十三龍不當盡爲三娘子也。」子厚默然。《遺書》張思叔録。横渠再移病西歸，過洛，見二程先生曰：「載病不起，尚可及長安也。」行至臨潼而殁。先生謂：「某接人治經論道者亦甚多，肯言及治體者，誠未有如子厚。」《遺書》蘇季明録，下同。伯淳言：「井田今取民田使貧富均，則願者衆，不願者寡。」先生言：「亦未可言民情怨怒，止論可不可爾。」「須使上下都無怨怒，方可行。」「議法既大備，❶卻在所以行之之道。」子厚言：「豈敢！某近欲成書，庶有取之者。」先生言：❷「不行於當時，行於後世，一也。」朱子云：「昔顧子敦嘗爲人言『欲就山間，與程正叔讀《通典》十年』。世之以是病先生之學者，蓋不獨今日也。」「先生之學，固非求子敦之知者，而爲先生之徒者，吾懼子敦之言遂得行其間，因取先生兄弟，與横渠相與講明法度者，録之篇首，而集其平居議論附之。」有人言：「今日士大夫未見賢者。」先生言：「不可謂士大夫有不賢者，便謂朝廷之官人

---

❶「議」上，清吕留良本《二程全書》有「正叔言」三字。

❷「先生」，清吕留良本《二程全書》作「正叔」。

不用賢也。」❶先生言：「禮院者，天下之事無不關。此但得其人，則事儘可以考古立法。苟非其人，只是從俗而已。」先生說：「堯夫對上之詞，言陛下富國强兵後待做甚？以爲非是。此言安足諭人主？如《周禮》，豈不是富國之術存焉？」按《范忠宣集》：熙寧間，常對上言：「人主不當言利，但當務農桑節用而已。」先生言：「永叔詩：『笑殺潁陰常處士，十年騎馬聽朝雞。』夙興趨朝，非可笑之事，不必如此説。」又言：「常秩晚爲利昏，元來便有在此，鄉黨莫之尊也。」按：是年二月，常秩卒。秩起處士，在朝廷碌碌，無所發明，聞望日損，爲時譏笑。彭汝礪懇辭臺職。先生言：「報上之效已了耶？上冒天下議論，顯拔至此，曾此爲報上之意已足？」《宋史》：彭汝礪，字器資，鄱陽人。治平二年，進士第一。熙寧九年，爲監察御史。鄧綰舉之，既而以安石不悦，自劾失舉。上怒綰，即日除汝礪。先生論安南事：「當初邊上不便，令逐近點集，應急救援。其時，雖將帥革兵冒涉炎瘴，朝廷以赤子爲憂，亦有所不恤也。其時不救應，放令縱恣，戰殺至數萬。今既後時，又不候至秋涼迄冬，一直趨寇，亦可以前食嶺北，食積於嶺南搬運。今乃正於七月過嶺，以瘴死者自數分。及過境，又糧不繼，深至賊巢，以栰渡五百人過江，且砍且焚，破其竹寨幾重，不能得，

---

❶「謂」，清吕留良本《二程全書》作「爲」。

復棹其空栰，續以救兵，反爲賊兵會合禽殺，吾衆無救，或死或逃，遂不成功。所争者二十五里耳，欲再往，又無舟可渡，無糧以戍。此謬算，未之有也。猶得賊辭差順，遂得有詞，且承當了。若使其言猶未順，如何處之？運糧者死八萬，戰兵瘴死十一萬，餘得二萬八千人生還，尚多病者。又先爲賊戮數萬，都不下三十萬口。其昏謬無謀，如此甚也。」按：是年七月，郭逵以安南失，律貶。先生言：「郭逵新貴時，衆論喧然，未知其人如何。後聞人言，欲買韓王宅，更不問可知也。如韓王者，當代功臣，一宅己致而欲有之，大煞不識好惡。」《宋史》：郭逵，字仲通，以兄遵蔭，仕至太尉。韓王，趙普也。先生言：「管轄人亦須有法，徒嚴不濟事。今帥千人，能使千人依時及節得飯吃，亦能有幾人？嘗謂軍中夜驚，亞夫堅卧不起，不起善矣，然猶夜驚何也？亦是未盡善。」子厚言：「關中學者，用禮漸成俗。」先生言：「自是關中人剛勁敢爲。」子厚言：「亦是自家規矩太寬。」先生言：「某家治喪，不用浮屠。在洛，亦有一二人家化之。」吕進伯老而好學，理會直是到底。先生謂：「老喜學者尤可愛。人少壯則自當勉，至於老矣，志力須倦，又慮學之不能及，又年數之不多。不曰『朝聞道，夕死可矣』乎？學不多，年數之不足，不猶愈於終不聞乎？」按《宋史》：吕進伯，名大忠，藍田人。比部郎中蕡之長子，皇祐中進士。弟大防，長伊川六歲，則進伯時年五十餘矣，始從横渠遊。元豐己未，入洛，與弟和叔、與叔見二程問學。

子厚言：「十詩之作，止是欲驗天心於語默間耳。」先生謂：「若有他言語，又烏得已也。」子厚言：「十篇次序，固自有先後。」按：朱高安軾校刊《張子全集》，内《送蘇修撰赴闕》詩有「聊驗天心語默間」句，下有《别館中諸公》、《聖心》、《老大》、《有喪》、《土牀》、《芭蕉》、《貝母》、《題解詩後》、《上堯夫先生兼寄伯淳》、《正叔》諸詩，正合十篇之數。雖前有《鞠歌行》、《君子行》二首，是樂府，應不在内。先生言：「洛俗恐難化於秦人。」子厚言：「秦俗之化，亦先自和叔有力焉，亦是士人敦厚，東方亦恐難肯向風。」按《伊洛淵源録》：和叔，名大鈞，進伯之弟，嘉祐二年進士，於横渠爲同年友。横渠倡道關中，和叔心悦而好之，遂執弟子禮，於是學者靡然知所趨向。横渠之教，以禮爲先，和叔條爲《鄉約》，關中風俗爲之一變。横渠卒，入洛從二程卒業。《論中書》，其講授要旨也。子厚言：「今日之往來，俱無益，不如閒居，與學者講論，資養後生，卻成得事。」先生言：「何必然？義當來則來，當往則往爾。」按《綱目》：横渠自崇文歸，與諸生講學。吕大防薦之，三月，召同知太常禮院。議禮不合，七月罷歸。先生謂子厚：「越獄，以謂卿監以上不追攝之者，以其貴朝廷。有旨追攝，可也；又謂枷項，非也。不已太辱矣？貴貴，以其近於君子。」子厚謂：❶「若終不伏，則將奈何？」先生謂：「寧使公事勘不成則休，朝

❶「子」，原無，據清吕留良本《二程全書》補。

廷大義不可虧也。」子厚以爲然。《遺書》呂與叔《東見録》。按：越獄，即《明道文集》中論子厚按浙東苗振獄事。八月丙申，太中葬弟殿丞瑜，郎中璠於伊川。先生經其役事。見《明道伊川文集》。

伊川先生年譜卷三

元豐元年戊午，四十六歲。至扶溝。

明道知扶溝縣事，先生侍行，先生奉太中至扶溝，居數月而還。見《縣志》。又《黄涪翁集》有《寄扶溝程太丞》之「扶亭大丞伯淳父，❶平生執鞭所欣慕」之句。謝顯道將歸應舉。先生曰：「何不止試於太學？」顯道對曰：「蔡人尠習《禮記》，決科之利也。」先生曰：「汝之是心，已不可入於堯、舜之道矣。夫子貢之高識，曷嘗規規於貨利哉？特於豐約之間，不能無留情耳。且貧富有命，彼乃留情於其間，多見其不信道也。故聖人謂之『不受命』。有志於道者，要當去此心而後可語也。」顯道乃止。是歲登第。《遺書》游定夫録，并註。按《上蔡語録》：「余初及第，歲前夢入内庭，不見神宗，而太子涕泣。及釋褐時，神宗晏駕，哲廟嗣位。」是顯道至元豐八年始登第，此云「是歲」，疑誤。又祁寬記《和靖語》：謝顯道久在太學，❷將還蔡州取解，先生

❶「亭」下，原衍「詩」字，據四庫本《山谷集》删。

❷「在」，清吕留良本《二程全書》作「住」。

問其故，曰：「太學多士所萃，未易得之，不若鄉中可必取也。」先生曰：「不意子不受命如此！」顯道復還，次年獲國學解。疑是元豐七年語，與至扶溝不合，或因久住大學，約始終言之。先生以事至京師，一見游酢，謂其資可與適道。是時，明道先生知扶溝，先生兄弟方以倡明道學爲己任，設庠序，聚邑人子弟教之，召游定夫來職學事。游欣然往從之，得其微言，於是盡棄其學而學焉。《楊龜山集》。游酢初見先生，次日先生復禮，因問安下飯食穩便。因謂「君子食無求飽，居無求安」。顔子簞瓢陋巷不改其樂，簞瓢陋巷何足樂？蓋別有所樂以勝之耳。《外書》游氏本拾遺。先生曰：「節嗜慾，定心氣。」即是天氣下降，地氣上騰。便和無疾。《遺書》卷六，疑游定夫録，下同。論性，不論氣，不備；論氣，不論性，不明。二之則不是。無妄之謂誠，不欺其次矣。李邦直云：「不欺之謂誠。」便以不欺爲誠。徐仲車云：「不息之謂誠。」《中庸》言「至誠無息」，非以無息能誠也。或以問先生，故先生云云。先生曰：「李覯謂若教管仲身長在宫内，何妨更六人。此語不然。管仲時，桓公之心特未蠹也，若已蠹，雖管仲可奈何？未有心蠹尚能用管仲之理。」《遺書》謝顯道記，下同。《宋史》：李覯，字泰伯，南城人。皇祐初，范文正公薦爲太學助教。嘉祐中，爲太學説書。卒。許渤與其子隔一牖而寢，乃不聞其子讀書與不讀書。先生謂：「此人持敬如此。」曷嘗有如此聖人。❶許渤，見《明道

---

❶「曷嘗有如此聖人」，原作正文，據清吕留良本《二程全書》改爲小注。

年譜》。先生曰：「語學者以所見未到之理，不惟所聞不深徹，反將理低看了。」罪己責躬不可無，然亦不當長留在心胸爲悔。入道莫如敬，未有能致知而不在敬者。今人主心不定，視心如寇賊而不可制，不是事累心，乃是心累事。當知天下無一物合少得者，不可惡也。大抵人有身，便有自私之理，宜其與道難一。

二年己未，四十七歲。

正月戊戌，西齋南窗下書《養魚記後》：「吾昔作《養魚記》，於兹幾三十年矣，故橐中偶見之。竊自歎，少而有志，不忍毁去。觀昔日之所知，循今日之所至，愧負初心，不幾於自棄者乎？示諸小子，當以吾爲戒。」《伊川文集》，下同。三月，作《禊飲詩序》：「上巳禊飲，風流遠矣，而蘭亭之會，最爲後人所稱慕者，何哉？蓋其遊多豪逸之才，而右軍之書，復爲好事者所重爾。事之顯晦，未嘗不在人也。潁川陳公廙始治洛，居則引流迴環爲泛觴之所。元豐己未，首修禊事。公廙好古重道，所命皆儒學之士。既樂嘉賓，形於咏歌，有『不媿山陰』之句。諸君屬而和者，皆有高致。野人程頤不能賦詩，因論今昔之異，而爲之評曰：『以我好賢方逐樂之心，禮義爲疎曠之比，道藝當筆札之工，誠不媿矣。安知後日之視今日，不若今人之慕昔人也哉？』」按尹和靖《書禊帖後》云：❶

---

❶「書」下，四庫本《和靖集》有「伊川先生」四字。

「陳公廙，予之舅氏也。元豐戊午，卜居於此，❶後一年爲此會。少時嘗至其處，時先生在會中，有此文。」《上富鄭公書》：「伊川程頤齋心裁書，再拜獻於致政司空相公閣下。頤鄙野之人，未嘗請謁有位，故不獲從鄉里士子趨進門下。今者來自山中，聞太皇太后厭代，心誠有所迫切，無路上達，敢以聞於左右。蓋非公無可告者，非公無肯爲者。

「頤頃歲見治昭陵，制度規畫，一出匠者之拙謀，中人之私意。宰執而下，受成而已，莫復置思。以巨木架石爲之屋，計不百年，必當損墜。既又觀陵中之物，見所謂鐵罩者，鐵幾萬斤，以木爲骨，大不及三寸，其相穿叩之處，厚纔寸餘。遠不過二三十年，決須摧朽，壓於梓宮。於是私心惶駭，不能自已。使人聞於魏公，魏公不以爲意。以魏公之忠孝，於仁皇非不盡心，惟其蔽於衆論，昧於遠慮，以天下之力，葬一人於至危之地，可不痛哉！陵土既復，固知無可奈何。然每一念之，心悸魄喪，或終夕不寐。今鄉鄰之間有如是事，可謀爲而不以告人，必謂之不信，況仁皇天下父母乎？

「今也不幸太皇太后奄棄宮闈。因此事會，可爲之謀。夫合葬之禮，周公已來，未之有改；近取諸唐，帝后亦或同穴。至於乾陵，乃是再啟。太祖皇帝神謀遠慮，超越萬古，

---

❶「此」，四庫本《和靖集》作「洛」。

昭憲太后，亦合安陵。稽典禮則得尊親之道，狥俗法則皆享福之永。此爲可行，無足疑者。

「伏願公忠誠奮發，爲朝廷極論其事，請奉太皇太后，合祔昭陵，因得撤去鐵罩，用厚陵石槨之制，仍更別加裁處，使異日雖木壞石墜，不能爲害。救仁皇必至之禍，成主上莫大之孝，任此事者，非公孰能？誠能爲之，天祐忠孝，必俾公熾昌壽臧，子孫保無疆之休。

「竊惟公事仁宗皇帝三十餘年，位極人臣，恩遇無比。料公之心，苟能使仁皇聖體保其安全，雖陷一作「蹈」。禍患，所不避也。況一言之易，肯顧慮而不發乎？事理至明，顧主上素未知爾。以公言之重，竭誠致懇，再三陳之，不憂朝廷之不悟，獨繫公爲不爲爾。哀誠憤激，語辭鄙直，內省狂易，戰灼無地。不宣。」《答富公小簡》：「昨日妄有布聞，方懷煩瀆之懼，乃辱教誨，加賜酒食。仰荷台意之厚，不勝媿悚！尊者之賜，禮不敢辭。然頤方有言於左右。公若見取，雖執鞭門下，蓋所欣慕，況受賜乎？苟不見從，是忘忠義。公之賜也，實爲頤羞，未敢拜貺，謹復上納。瀆冒台嚴，第深戰慄。」《代富公上神宗論永昭陵疏》：❶「臣弼伏覩太皇太后山陵有期，老臣之心有所甚切，不忍

---

❶ 此篇名，清吕留良本《二程全書》作「代富弼上神宗皇帝疏稿」。

不言，昧死以聞，惟陛下深思而力行之，不勝大願！往者營奉昭陵時，英宗皇帝方不豫，未能聽事，朝廷罔然不知其制，失於迫卒，不復深慮博訪，凡百規畫，一出匠者之拙謀，中人之私意。以巨木架石爲之屋，計不百年，必當損墜。壙中又爲鐵罩，重且萬斤，以木爲骨，大止數寸，不過二三十年，決須摧毁。梓宫之厚，度不盈尺，異日以億萬鈞之石，自高而墜，其將奈何？思之及此，骨寒膽喪。臣始則不知其詳，後則無以爲計。士民之間有知之者，無不痛心飲恨，況老臣之心乎？況陛下之心乎？

「其後厚陵始爲石藏，議者竊意主事大臣已悟昭陵之事，獨陛下未知之爾。今也不幸，太皇太后奄棄天下之養，因此事會當爲之謀。竊以周公制合葬之禮，仲尼善魯人之祔。歷代諸陵，雖不盡用，亦多行之。太祖皇帝神謀聖慮，超越萬古，昭憲太后亦合安陵。夫以周公之制，仲尼之訓，歷代之舊，藝祖之法，循而行之，可無疑也。老臣願陛下思安親之道，爲後日之慮，決於聖心，勿循浮議，奉太皇太后合祔昭陵，因得撤去鐵罩，用厚陵石藏之制，仍更别加裁處，使異日雖木壞石墜，不能爲害，救仁皇帝必至之禍，成陛下莫大之孝。復何難哉？在陛下斷之而已。既合禮典，又順人情，雖無知之人必不敢以爲非是。但恐有以陰陽拘忌之説上惑聰明者，在陛下睿斷，不難辨也。不遵聖訓，不度事宜，而規規於拘忌者，爲賢乎？爲愚乎？且陰陽之説，設爲可信，吉凶之應，貴賤當同。今天下臣庶之家，夫婦莫不同穴，未聞以爲忌也。獨國家忌之，有何義理？唐中宗庸昏之主，尚能守禮法，盡孝心，責嚴善思愚惑之論，卒祔乾陵。其後高宗子孫歷世延永，是合葬非不利也。老臣位至三公，年將八十，復何求哉？所保者名節而已，肯以不是事勸陛下取譏於後世乎？

「復恐陛下謂臣心雖忠切，而識慮愚暗，不能曉達事理。臣誠至愚，然臣所言者，欲陛下守經典之訓，遵藝祖之規，使仁宗皇帝得安全之道，於太皇太后極崇奉之意，豈獨老臣之心哉？天下之心莫不然也。陛下不信，試以臣之所陳，訪於群臣，必無以爲非者。若以臣言爲非，則是使仁宗遺骨聖體碎於巨石之下而不恤，乃爲是也。凡有血氣之類，孰肯爲此意乎？

「臣事仁宗皇帝三十餘年，位至宰相，聾瞽之蔽，不能早知而救之於始，已爲大罪。今遇可爲之時，若更惜情顧己，不能極言，天地神靈，必加誅殛，死何面目見仁宗於地下？且陛下不知則已，今既聞之，在常人之情，無可忍而不爲之理，況陛下至仁大孝乎？惟陛下深思而力行之，則天下不勝大願。」

富公見託爲此奏，頤以拙於文辭，辭之再三，其意甚切，義不可拒。數日之間，遂生顧慮，不克上。惜乎其不果於義也，遂爲忠孝罪人。按：是年太皇太后崩，明年葬永昭陵。疏中有「年將八十」語，時富公年七十六。富公嘗語先生曰：「先生最天下閑人。」曰：「某做不得天下閑人。相公將誰作天下最忙人？」曰：「先生試爲我言之。」曰：「禪伯是也。」曰：「禪伯行住坐卧無不在道，何謂最忙？」曰：「相公所言乃忙也。今市井賈販人，至夜亦息。若禪伯之心，何時休息。」《遺書》唐彦思録。呂與叔見先生，與叔學於横渠，横渠卒，己未，入洛，見先生。先生曰：「一人之心即天地之心，一物之理即萬物之理，一日之運即一歲之運。」《遺書》呂與叔《東見録》，下同。「志道懇切，固是誠意；若迫切不中理，則反爲不誠。蓋實理中自有緩急，不容如是之迫，觀天地之化乃可知。學者須敬守此心，不可急迫，當栽培深厚，涵泳於其間，然後可以自得。但急迫求之，只是私己，終不足以達道。賢者惟知義而已，命在其中。中人以下，乃以命處義。如言『求之有道，得之有命』，是求無益於得。知命之不可求，故自處以不求，若賢者則求之以道，得之以義，不必言命。朱子云：「程子言義不言命之説，有功於學者，亦前聖所未發之一端。」人之於患難，只有一箇處置，盡人謀之後，卻須泰然處之。有人遇一事，則心心念念不肯捨，畢竟何益？若不會處置了放下，便是無義無命也。横渠教人，本只是謂世學膠固，故説一箇清虚一大，只圖得人稍損得没去就道理來，然而人又更别處走。今日且只道敬。與叔所問，今日宜不在有疑。今尚差池者，蓋爲昔亦有雜學。故今日疑所進有相似處，則遂疑養氣爲有助。便休信此説。蓋爲前日思慮紛擾，今要虚静，故以爲有助。其極，欲得如槁木死灰，又卻不是。蓋人活物也，又安得爲槁木死灰？既活，則須有動作，須有思慮。必欲以槁木死灰，除是死也。『忠信所以進德』者，何也？閑邪則誠自存，誠存斯爲忠信也。如何是閑邪？非禮而勿視、聽、言、動，邪斯閑矣。以此言之，又幾時要身如枯木，心如死灰？又如絶四後，畢竟如何，又幾時須如枯木死灰？『敬以直内』，則須君則是君，臣則是臣，凡事如此，大小大直截也。巽之凡相見須窒礙，蓋有先定之意。和叔據理卻合滯礙，而不然者，只是他至誠便相信心直篤信。《宋史》：范育，字巽之，横渠門人，嘗爲御史，仕至户部侍郎。微仲之學雜，其愷悌嚴重寛大處多，惟心艱於取人，自以才高故爾。語近學，則不過入於禪談；不常議論，則以苟爲有詰難，亦不克易其言，不必信心，自以才高也。《宋史》：吕大防，字微仲，進伯之弟，封汲公。元祐名臣。和叔常言『及相見則不復有疑，既相别則不能無疑』，然亦未知果能終不疑。和叔任道擔當，其風力甚勁，然深潛縝密，有所不逮於與叔。與叔以氣不足而養之，此猶只是自養求無疾，如道家修養亦何傷，若須要存想飛昇，此則不可。《論語》爲書，傳道立言，深得聖人之學者矣。如《鄉黨》形容聖人，不知者豈能及是？英宗欲改葬西陵，當是時，潞公對以禍福，遂止。其語雖若詭對，要之卻濟事。與叔守横渠學甚固，每横渠無説處皆相從，纔有説了，更不肯回。」《遺書》楊遵道録。

三年庚申，四十八歲。至關中。

先生至關中，作《遺金閑志》：❶「元豐庚申歲，予行至雍、華間，關西學者相從者六七人。予以千錢掛馬鞍，比就舍則亡矣。僕夫曰：『非晨裝而亡之，則涉水而墜之矣。』予不覺歎曰：『千錢可惜。』坐中二人應聲曰：『千錢失去，甚可惜也。』次一人曰：『千錢微物，何足爲意？』後一人曰：『水中囊中，可以一視。人亡人得，又何歎乎？』予曰：『人得之，乃非亡也。吾歎夫有用之物，若沉水中，則不復爲用矣。』至雍，以語與叔曰：『人之器識固不同，自上聖至於下愚，不知有幾等。同行者數人耳，其不同如此也！』與叔曰：『夫數子者之言如何？』予曰：『最後者善。』與叔曰：『誠善矣。然觀先生之言，則見其有體而無用也。』予因書而志之。」《伊川文集》，下同。《上河東帥書》：❷「頤荷德既深，思報宜異，輒以狂言，浼聞台聽。公到鎮之初，必多詢訪。衆人對公之語，頤能料之。當曰：『虜既再寇河外，必不復來，公可高枕矣。』是常

❶「遺金閑志」，清涂宗瀛本《二程全書》作「雍行録」。
❷「東」，清吕留良本《二程全書》作「南」。

言也，未知奇勝之道。兵法曰：『攻必取者，攻其所不守也。』謂其不來，乃其所以來也。又曰：『彼興大衆，豈徒然哉？河外空矣，復來何利？』是大不然。誠使彼得出不意，破蕩數壘，足以勞弊一道，爲利大矣，何必負載而歸，然後爲利也？竊恐謀士悦於寬憂，計司幸於緩責，衆論既一，公雖未信，而上下之心已懈矣，是可慮也。

「寧捐力於不用，毋惜功而致悔。莫若使彼聞嚴備而絶意，則疆埸安矣！豈獨使敵人知有備而不來？當使内地之人信可恃而願往，則一二年間，便可致完實，長久之策也。自古乘塞禦敵，必用驍猛；招徠撫養，多在儒將。今日之事則異矣，願公念之。」

按：是年文潞公判河東永興軍，復判河南。此書疑上潞公所論皆河外事，故繫於入關時。《答人示奏草書》：「辱示奏藁，足以見仁人君子愛民之心，深切如此。欽服！欽服！子弟當勉公以速且堅，何可已也？然於愚意有未安者，敢布左右。

「觀公之意，專以畏亂爲主。頤欲公以愛民爲先，力言百姓飢且死，丐朝廷哀憐，因懼將爲寇亂可也。不惟告君之體當如是，事勢亦宜爾。公方求財以活人，祈之以仁愛，則當輕財而重民；懼之以利害，則將恃財以自保。古之時得蓲民則得天下，財散則人聚。後世苟私利於目前，以兵制民，以財聚衆。聚財者能守，保民者爲迂。秦、漢而下，莫不然也。竊慮廟堂諸賢，未能免此。惟當以誠意感動，覬其有不忍之心而已。

淺見無取，惟公裁之。」按：書中自稱「子弟」，詞氣謙抑，疑亦與潞公諸賢，故類繫此。先生之盩厔，時樞密趙公瞻持喪居邑中，杜門謝客，使侯鷩語先生以釋氏之學。先生曰：「禍莫大於無類。釋氏使人無類，可乎？」鷩以告趙公。公曰：「天下知道者少，不知道者衆，自相生養，何患乎無類也？若天下盡爲君子，則君子將誰使？」侯子以告。先生曰：「豈不欲人人盡爲君子哉？病不能耳，非利其爲使也。若然，則人類之存，不賴於聖賢，而賴於下愚也。」趙公聞之，笑曰：「先生未知佛道弘大耳。」先生曰：「釋氏之道誠弘大，吾聞傳者以佛逃父入山，終能佛收。❶若儒者之道，則當逃父時已誅之矣，豈能俟其成佛也？」《遺書》張思叔録。按《宋史》：趙瞻，字大觀，盩厔人。爲御史，論濮王禮不合，出。熙寧初，又不附安石，以親老乞祠。元祐三年，始爲樞密，蓋追述也。先生曰：「觀秦中氣豔衰，邊事所困，累歲不稔。昨來餽邊喪亡，今日事未可知，大有可憂者；以至士人相繼淪喪，爲足妝點關中者，則遂化去。吁！可怪也。凡言王氣者，實有此理。生一物須有此氣，不論美惡，須有許大氣豔，故生是人。至如闕里，有許多氣豔，故此道之流，以至今日。昔横渠説出此道理，至此幾乎衰矣。只介甫一箇，氣豔大小大。」《遺書》吕與叔《東

---

❶「佛收」，清吕留良本《二程全書》作「成佛」。

見録》，下同。關中學者，以今日觀之，師死而遂倍之，卻未見其人，只是更不復講。先生曰：「與叔、季明以知思聞見爲患，某甚喜此論，邂逅卻正語及至要處。世之學者，大敝正在此，若得他折難堅叩，方能終其説，直須要明辨。」《遺書》關中學者記《入關語録》，下同。按《伊洛淵源録》：蘇昞，字季明，武功人。横渠門人，後師二程先生。「天地之間，只有一箇感與應而已，更有甚事？」《近思録》作明道語，以《入關語録》注有「或云明道語」也。「公則一，私則萬殊。人心不同如面，只是私心。沖漠無朕，萬象森然已具，未應不是先，已應不是後。如百尺之木，自根本至枝葉，皆是一貫，不可道上面一段事，無形無兆，卻待人旋安排引入來，教入塗轍。既是塗轍，卻只是一箇塗轍。近取諸身，百理皆具。屈伸往來之義，只於鼻息之間見之。屈伸往來只是理，不必將既屈之氣，復爲方伸之氣。生生之理，自然不息。如《復》卦言『七日來復』，其間元不斷續，陽已復生，物極必返，其理須如此。有生便有死，有始便有終。」「古之學者，優柔厭飫，有先後次序。今之學者，卻只做一場話説，務高而已。常愛杜元凱語：『若江海之浸，膏澤之潤，渙然冰釋，怡然理順。』然後爲得也。今之學者，往往以游、夏爲小，不足學。然游、夏一言一事，卻總是實。」「後之學者好高，如人游心於千里之外，然自身卻只在此。修養之所以引年，國祚之所以祈天永命，常人之至於聖賢，皆工夫到這裏，則有此應。忠恕所以公平，造德則自忠恕，其致則公平。仁之道，要之只消道一公字。公只是仁之理，不可將公便喚做仁。公而以人體之，故爲仁。只爲公，則物我兼照，故仁，所以能恕，所以能愛，恕則仁之施，愛則仁之用也。學者爲氣所勝、習所奪，只可責志。人不能祛思慮，只是吝，吝故無浩然之氣。學者不學聖人則已，欲學之，須熟玩味聖人之氣象，不可只於名上理會。如此只是講論文字。涵養吾一。閑邪則誠自存，不是外面捉一箇誠將來存著。今人外面役役於不善，於不善中尋箇善來存著，如此則豈有入善之理？只是閑邪，則誠自存。故孟子言性善，皆由内出。只爲誠便存，閑邪更著甚工夫？但惟是動容貌、整思慮，則自然生敬，敬只是主一也。主一，則既不之東，又不之西，如是則只是中。既不之此，又不之彼，如是則只是内。存此，則自然天理明。學者須是將敬以直内，涵養此意，直内是本。朱子云：「先生所以有功於學者，❶最是敬之一字有力。」閑邪則固一矣，然主一則不消言閑邪。有以一爲難見，不可下工夫。如何一者，無他，只是整齊嚴肅，則心便一，一則自是無非僻之奸。此意但涵養久，則天理自然明。」「學者先務，固在心志。然有謂欲屏去聞見知思，則是『絶聖棄智』。有欲屏去思慮，患其紛亂，

❶「學」上，四庫本《朱子語類》有「後」字。

則是須坐禪入定。如明鑑在此，萬物畢照，是鑑之常，難爲使之不照。人心不能不交感萬物，亦難爲使之不思慮。若欲免此，惟是心有主。如何爲主？敬而已矣。有主則虛，虛謂邪不能入。無主則實，實謂物來奪之。」「大凡人心，不可二用，用於一事，則他事更不能入者，事爲之主也。事爲之主，尚無思慮紛擾之患，若主於敬，又焉有此患乎？所謂敬者，主一之謂敬。所謂一者，無適之謂一。且欲涵泳主一之義，一則無二三矣。」「至於不敢欺、不敢慢、尚不愧於屋漏，皆是敬之事也。」朱子云：「有主於中，外邪不能入，便是虛。有主於中，義理甚實，便是實。」「有主則實，重在主字上。有主則虛，重在敬字上。言敬自虛静，故邪不得而干之。」❶做官奪人志。先生與明道侍太中遊壽安山。《太中家傳》。按：《續通鑑長編》註：建中靖國元年，邢恕《申實録院狀》云「元豐三年，頤曾到京師與之相見，至今二十年不曾相會」，則先生是年又至京師矣。

四年辛酉，四十九歲。在潁昌。

先生曰：「韓持國服義最不可得。一日，某與持國、范夷叟泛舟於潁昌西湖，須臾客將去，有一官員上書謁見大資，某將謂有甚急切公事，乃是求知己。某云：『大資居位，卻

❶「干」，清呂留良本《二程全書》作「奸」。

不求人，乃使人倒來求己，是甚道理？』夷叟云：『只爲正叔一作「姨夫」。太執，求薦章，常事也。』某云：『不然。只爲曾有不求者不與，來求者與之，遂致人如此。』持國便服。」《遺書》楊遵道録。按《續通鑑長編》：韓持國於元豐三年九月，知汝州，遷資政殿學士。四年四月，知潁州。五年八月再任。六年三月，提舉崇福宮。時二先生寓居潁昌。「韓持國與二先生善。韓在潁昌，欲屈致伊川、明道，預戒諸子姪，使置一室，至於修治窗户，皆使親爲之。」「二先生到，暇日與持國同遊西湖，命諸子侍行。行次，有言貌不莊敬者，伊川回視，厲聲叱之曰：『汝輩從長者行，敢笑語如此，韓氏孝謹之風衰矣。』持國遂皆逐去之。」注：聞於持國之子彬叔，名宗質。《外書》祁寬記《尹和靖語》。韓持國維閑居潁，先生嘗自洛中往訪之。時范右丞彝叟純禮亦居潁昌，持國嘗戲作詩示二公云：「閉門讀《易》程夫子，清坐焚香范使君。顧我未能忘世味，緑樽紅妓一作「芰」。對西曛。」吕氏《童蒙訓》。先生曰：「楊時於新學極精，今日一有所問，能盡知其短而持之。」《遺書》吕與叔《東見録》，下同。按《楊龜山集》：是年，以師禮見明道於潁昌，有友二人焉，謝顯道及游定夫。游酢、楊時先知學禪，已知向裏没安泊處，故來此，卻恐不變也。蔡州謝良佐雖時學中因議州舉學試得失，便不復計較。建州游酢，非昔日之游酢也，固是潁，然資質渾厚。南劍州楊時雖不逮酢，然煞潁悟。林大節雖差魯，然所問便能躬行。劉質夫久於其事，自小來便在此。

李端伯相聚雖不久，未見佗操履，然才識穎悟，自是不能已也。《伊洛淵源録》：劉質夫，名絢，緱氏人，早師二程。《遺書》有元豐壬戌癸亥，録明道語。李端伯，名籲，緱氏人，質夫外兄弟，師二程，有《端伯傳師説》，爲《遺書》第一卷。林大節，不詳其鄉里。新進游、楊輩數人入太學，不惟議論須異，且動作亦必有異，故爲學中以異類待之，又皆學《春秋》，愈駭俗矣。龜山《與陸思仲書》有云：「某自抵京師，與定夫從河南二程先生游。朝夕粗聞其緒言，雖未能窺聖學門牆，然亦不爲異端遷惑矣。」又有《與明道論春秋書》。先生曰：凡人家法，須月「爲一會以合族」，「古人有花樹韋家宗會法，可取也」。「每有族人遠來」，亦一爲之。「吉凶嫁娶之類，更須相與爲禮，使骨肉之意常相通。骨肉日疎者，只爲不相見，情不相接爾。」《遺書》李端伯記，下同。世人多慎於擇壻，而忽於擇婦。其實壻易見，婦難知，所繫甚重，豈可忽哉！有人勞先生曰：「先生謹於禮四五十年，應甚勞苦。」先生曰：「吾日履安地，何勞何苦？佗人日踐危地，此乃勞苦也。」

五年壬戌，五十歲。在洛。

《上文潞公求龍門菴地小簡》：「頤竊見勝善上方舊址，從來荒廢爲無用之地。野人率易，敢有干聞，欲得葺幽居於其上，爲避暑著書之所。唐王龜構書堂於西谷，松齋之名，傳之至今。頤雖不才，亦能爲龍門山添勝跡於後代，爲門下之美事。可否，俟命。」

《伊川文集》，下同。《元豐九域志》：龍門在河南縣。按：史稱潞公尊德樂善，二程以道自重，賓接之如布衣交。先生《小簡》雖無年月，而潞公自元豐二年復判河南，六年十一月以太師致仕，故繫於居洛之年。《答朱長文書》：「相去之遠，未知何日復爲會合，人事固難前期也。中前奉書，以足下心虚氣損，奉勸勿多作詩文。而見答之辭，乃曰：『爲學上能探古先之陳迹，綜群言之是非，欲其心通而默識之，固未能也。』又曰：『使後人見之，猶庶幾日不忘乎善也。苟不如是，誠懼没而無聞焉。』此爲學之末，宜兄之見責也。使吾日聞夫子之道而忘乎此，豈不善哉？』此疑未得爲至當之言也。某於朋友間，其問不切者，未嘗敢語也。以足下處疾，罕與人接，渴聞議論之益，故因此可論，而爲吾弟盡其説，庶幾有小補也。「向之云無多爲文與詩者，非止爲傷心氣也，直以不當輕作爾。聖賢之言，不得已也。蓋有是言，則是理明；無是言，則天下之理有闕焉。如彼耒耜陶冶之器，一不制，則生人之道有不足矣。聖人之言，雖欲已，得乎？然其包涵盡天下之理，亦甚約也。後之人，始執卷，則以文章爲先，平生所爲，動多於聖人。然有之無所補，無之靡所闕，乃無用之贅言也。不止贅而已，既不得其要，則離真失正，反害於道必矣。詩之盛莫如唐，唐人善論文莫如韓愈。愈之所稱，獨高李、杜。二子之詩，存者千篇，皆吾弟所見也，可考而知矣。苟足下所作皆合於道，足以輔翼聖人，爲教於後，乃聖賢事業，何得爲學之末乎？某何敢以此奉責？

「又言欲使後人見其不忘乎善。人能爲合道之文者，知道者也。在知道者，所以爲文之心，乃非區區懼其無聞於後，欲使後人見其不忘乎善而已。此乃世人之私心也。夫子『疾没世而名不稱』焉者，疾没身無善可稱云爾，非謂疾無名也。名者可以厲中人。君子所存，非所汲汲。

「又云：『上能探古先之陳迹，綜群言之是非，欲其心通默識，固未能也。』夫心通乎道，然後能辨是非，如持權衡以較輕重，孟子所謂『知言』是也。揆之以道，則是非了然，不待精思而後見也。學者當以道爲本。心不通乎道，而較古人之是非，猶不持權衡而酌輕重，竭其目力，勞其心智，雖使時中，亦古人所謂『億則屢中』，君子不貴也。

「臨紙遽書，不復思繹，故言無次序，多註改。勿訝辭過煩矣，理或未安。卻請示下，足以代面語。」按《宋史》及《吴郡志》：朱長文，字伯原，吴人。年未冠，舉嘉祐進士，以病足不仕，築室樂圃坊，著書閲古。吴人化其賢，士大夫以不到樂圃爲恥。元祐二年，范純禮制置江淮，延掌教事，召爲太學博士，遷祕書省正字。元符初卒。有文三百卷，六經皆爲辨説。又著《琴史》。初，從泰山孫明復學《春秋》，得發微深旨。又元祐元年六月，蘇軾薦劄稱：許州司户參軍朱長文「經明行修，嘉祐四年乙科登第」，「隱居不仕，積三十年」，「安貧樂道，闔門著書」。今答書中論爲文在，知道非汲汲於後世之名，似在未仕時，故繫此。問：「作文害道否？」曰：「害也。凡爲文，不專意則不工，若專意則志局於此，又安能與天地同其大也。《書》云『玩物喪志』，爲文亦玩物也。吕與叔有詩云：『學如元凱方成癖，文似相如始類俳；獨立孔門無一事，只輸顔氏得心齋。』此詩甚好。古之學者，惟務養情性，其他則不學。今爲文者，專務章句，悦人耳目。既務悦人，非俳優而何？」曰：「古者學爲文否？」曰：「人見六經，便以謂聖人亦作文，❶不知聖人亦攄發胸中所藴，自成文耳。所謂有德者必有言也。」曰：「游、夏稱文學，何也？」曰：「游、夏亦何嘗秉筆學爲詞章也？且如『觀乎天文，以察時變；觀乎人文，以化成天下』，此豈詞章之文也？」《遺書》劉元承編。朱子云：「道者，文之根本；文者，道之枝葉。惟其根本乎道，所以發之於文者皆道也。三代聖賢文章，皆從此心寫出，文便是道。」按：此與《答朱長文書》同意，故類附焉。《游嵩山詩》：「鞭羸百里遠來遊，巖谷陰雲暝不收。遮斷好山教不見，如何天意異人謀？」《伊川文集》，下同。《元豐九域志》：嵩山在河南府登封縣。《謝王佺期寄藥》。按：王伯厚《困學紀聞》：子真，名筌，岐下陽平人。元豐中，賜號沖熙處士。張芸叟爲《功行碑》，謂「超世之資，與陳圖南侔」。此作「佺期」，傳聞偶異。先生嘗説「王子真曾寄藥來，某無以

---

❶「謂」，清吕留良本《二程全書》作「爲」。

答他，某素不作詩，亦非是禁止不作，但不欲爲此閑言語」，「某所以不嘗作詩」。「今寄謝王子真詩云：『至誠通化藥通神，遠寄衰翁濟病身。我亦有丹君信否，用時還解壽斯民。』子真所學，只是獨善，雖至誠潔行，然大抵只是爲長生久視之術，止濟一身，因有是句。」《遺書》劉元承編。按：先生集中秖有《聞侯舅應辟南征》、《游嵩山》、《謝王佺期寄藥》三首。

王子真來洛中，居於劉壽臣園亭中。一日，出謂園丁曰：「或人來尋，慎勿言我所向。」是日，富鄭公來見焉，不遇而還。子真晚歸。又一日，忽戒灑掃，又於劉丐茶二杯，炷香以待。是日，先生來，款語終日，蓋初未嘗夙告也。劉詰之。子真曰：「正叔欲來，信息甚大。」又嵩山前有董五經，隱者也。先生聞其名，謂其爲窮經之士，特往造焉。董平日未嘗出菴，是日不值。還至中途，遇一老人負茶果以歸，且曰：「君非程先生乎？」先生異之，曰：「先生欲來，信息甚大，某特入城置少茶果，將以奉待也。」先生以其誠意，復與之同至其舍，語甚款，亦無大過人者，但久不與物接，心静而明也。《外書》祁寬記尹和靖語。

鮮于侁問先生曰：「顏子何以能不改其樂？」先生曰：「顏子所樂者何事？」侁對曰：「樂道而已。」先生曰：「使顏子而樂道，不爲顏子矣。」侁未達，以告鄒浩。浩曰：「夫人所造如是之深，吾今日始識伊川面。」《外書》卷七。《宋史》：鮮于侁，字子駿，閬州人，第進士。熙寧四年，轉運副使兼提舉。元豐二年，知揚州。罷，主管西京御史臺。哲宗立，復以侁使京東。元祐初，拜諫議大夫。以疾去，知陳州，進待制。卒，年六十九。按：子駿主西京留臺，當在元豐間，故類繫於先生居洛時。浩昔在潁昌，有趙均國者，自洛中來。浩問：「曾見先生，有何語？」均國曰：「先生語學者曰：『除卻神祠廟宇，人始知爲善。古人觀象作服，便是爲善之具。』」《外書》卷七註。《宋史》：鄒浩，字志完，晉陵人，元豐進士。歷揚州、潁昌教授，吕公著、范純仁爲守，皆禮遇之。元祐中，薦爲太常博士。哲宗親政，除右正言，抗疏諫立劉后，羈管新州。徽宗立，復官。蔡京用事，竄昭州。卒，年五十二，自號道鄉。按：浩在潁昌，當在元豐間，故類繫於此。

六年癸亥，五十一歲。

明道監汝州酒稅。《明道行狀》。先生曰：「汝之多癭，以地氣壅滯。嘗有人以器雜貯州中諸處，水例皆重濁，至有水脚如膠者，食之安得無癭？治之之術，於中開鑿數道溝渠，洩地之氣，然後少可也。」《外書》卷十，下同。《元豐九域志》：汝州屬京西路北路。井泉之異，全由地脈一溜之別。伯淳在扶溝，扶溝水皆鹹，惟僧舍井小甘，不欲令婦女往汲之，乃禁之。既禁之，又一縣無水。乃相一端鑿一井，其味適别，地脈是一溜也。又如在襄城，汝州舊名。寺中水鹹，寺外即甘。一日觀其牆下有地皮一旋裂，於是試令近牆鑿井，遂亦甘，只是要相地脈如何。朱公掞在汝。《侯子雅言》。先生曰：「凡下學人事，便是上達天理。」《外書》朱公掞録，下同。忠者天下大公之道，恕所以行之也。忠言其體，天道也；恕言其用，人道也。致知在所養，養知莫過於寡欲。劉質夫過汝。《遺書》目録。質夫曰：「盡心知性，佛亦有至此者。存心養性，佛本不至此。」先生曰：「盡心知性，不假存養，其惟聖人乎？」《外書》李參録。按：參，端伯之弟，學於伊川。是年，太中與文潞公、席君從、司馬旦爲同甲會，❶洛中圖畫，傳爲盛事。《太中家傳》。按《墨客揮犀》：「文潞公居洛日，❷年七十八，同時有太中大夫程珦、朝議大夫司馬旦、司封郎中席汝言，皆七十八。爲同甲會，各賦一詩。潞公曰：『四人三百一十二歲，況是同生丙午年。』」正在元豐六年。

七年甲子，五十二歲。

先生嘗説：「某於《易傳》，今卻已自成書，但逐旋修改，期以七十，其書可出。韓退之稱『聰明不及於前時，道德日負於初心』。然某於《易傳》，後來所改者無幾，不知如何？故且更期之以十年之功，看如何？《春秋》之書，待劉絢文字到，卻用功亦不多也。今人解《詩》，全無意思，此卻待出些文字。《中庸》書卻已成。今農夫祁寒暑雨，深耕易

❶「司馬旦」，原作「司馬康」，據下小字注改。
❷「居」，四庫本《墨客揮犀》作「住」。

耨，播種五穀，吾得而食之。今百工技藝作爲器用，吾得而用之。甲胄之士，披堅執鋭以守土宇，吾得而安之。卻如此閑過了日月，即是天地間一蠹也。功澤又不及民，别事又做不得，惟有補緝聖人遺書，庶幾有補爾。」《遺書》卷十七。按：質夫以元祐二年丁卯卒，此云「待劉絢文字到」，則在未仕前可知。司馬温公修《通鑑》，先生一日問：「修至何代？」温公曰：「唐初也。」先生曰：「太宗、肅宗端的如何？」温公曰：「皆篡也。」先生曰：「此復何疑？」先生曰：「魏徵如何？」温公曰：「管仲，孔子與之，某於魏徵亦然。」先生曰：「管仲知非而反正，忍死以成功業，此聖人所取其反正也。魏徵只是事讎，何所取耶？」温公竟如舊説。《外書》祁寬記尹和靖語。按：是年上《資治通鑑》。先生曰：「曹彬攻金陵，垂克，忽稱疾不視事。諸將皆來問疾，彬曰：『余之病非藥石所愈，惟須諸公共發誠心，自誓以克城之日，不妄殺一人，則自愈矣。』諸將許諾，共焚香爲誓。明日稍愈。及克金陵，城中皆安堵如故。曹翰克江州，忿其久不下，屠戮無遺。彬之子孫貴盛，至今不絶。翰卒不三十年，子孫有乞匄於海上者矣。」《涑水紀聞》。《宋史》：曹彬，字國華，靈壽人，謚武惠，爲良將第一。曹翰，大名人，陰狡多智，數貪貨賂，多殺降卒。

八年乙丑，五十三歲。六月，明道先生卒。九月，司馬光、吕公著同薦先生。十一月，授汝州團練推官，充西京國子監教授。辭。至再召，赴闕。三月戊戌，神宗崩，哲宗即位。

明道召爲宗正寺丞，未行，以疾卒。六月十五。八月，先生作《明道行狀》。見《伊川文集》，下同。九月，《上韓持國資政求譔墓誌書》「頤輒恃顧遇之厚，敢以哀誠，上煩台聽。「家兄學術才行，爲世所重，自朝廷至於草野，相知何啻千數。今將歸葬伊川，當求誌述，以傳不朽。然念相知者雖多也，能知其道者則鮮矣；有文者亦衆也，而其文足以發明其志意，形容其德美者則鮮矣；能言者非少也，而名尊德重，足以取信於人者則鮮矣。如是，誌之作豈易哉？

「頤竊謂智足以知其道學，文足以彰其才德，言足以取信後世，莫如閣下。家兄素出門下，受知最深，不幸早世，當蒙哀惻。顧其道不得施於時，學不及傳之書，遂將泯没無聞，此尤深可哀也。恭惟閣下至誠待物，與人有終，知其生必當念其死，愛其人必欲成其名。願丐雄文，以光窀穸，俾伯夷不泯於西山，展季得顯於東國，則死生受賜，子孫敢忘？捐軀殞命，未足爲報。率妄之罪，非所敢逃。」《上孫曼叔侍郎求寫兄墓誌書》：「頤輒恃垂顧，敢以哀誠，上煩台聽。

「家兄學術才行，爲時所重，出入門下，受知最深，不幸短命，天下孰不哀之？又其功業不得施於時，道學不及傳之書，遂將泯没無聞，此尤深可哀也。

「切惟自昔有道之士，名或未彰，賢人君子爲之發揚而後顯於後世者多矣。今將歸葬伊川，太一資政韓公爲誌其墓，思得大賢之筆，共久其傳。恭惟閣下，名足以取重將來，道足以流光後世，至誠待物，與人有終，知其生必當念其死，愛其人必欲成其名。願求真蹟，以賁窀穸。倘蒙哀矜，曲賜開允，則死生受賜，子孫敢忘！内循率妄，戰越無地。」《宋史》孫永，字曼叔，趙州人。元豐中，進端明殿學士，知潁昌。元祐初，歷拜尚書，改資政殿學士。卒，年六十八，謚康簡。《答楊時慰書》：「頤泣啟。頤罪惡不弟，感招禍變，不自死滅，兄長喪亡，哀苦怨痛，肝心摧裂。日月迅速，忽將三月，追思痛切，不可堪處。遠承慰問，及寄示祭文哀辭，足見歲寒之意。

「家兄道學行義，足以澤世垂後，不幸至此，天乎奈何！頤悲苦之餘，僅存氣息，筋骸支離，尤倦執筆。況哀誠非書所能盡？所幸老父經此煩惱，飲食起居如常，不煩深慮。伏紙摧咽，言不倫次。頤泣啟楊君法曹。九月二十日。十月二十四日葬，韓持國爲誌，《行狀》頤自作，徐當寄去。」九月丙申，司馬温公與吕申公及韓康公，上其行義於朝，奏曰：「臣竊見河南處士程頤，力學好古，安貧守節，言必忠信，動遵禮義，年逾五十，不求仕進，真儒者之高蹈，聖世之逸民。伏望聖慈特加召，❶擢以不次，以矜式士

❶「聖慈特加召」五字，原無，據四庫本《傳家集》補。

類，裨益風化。」《傳家集》。時温公諸人既薦，而蔡確猶爲左僕射，未即行也。《道命録》。《宋史》：蔡確，字持正，泉州人。善伺人意，與時高下，自知制誥、御史中丞、參知政事，皆以起獄攘奪其位。哲宗初，轉左僕射兼門下侍郎。及爲永裕山陵，使不宿於次，又不扈從，御史連劾之。元祐元年，罷，責新州，卒於貶所。十月二十四日乙酉，葬明道於伊川先塋。同日，葬孝女於伊川先塋之東。有《孝女程氏墓誌》。見《伊川文集》，下同。按：明道長女生於嘉祐辛丑九月庚戌，卒於元豐乙丑二月丙寅，年二十五。即劉立之《敘述》云：「女長過期，至無貲以遣也。母亡，以哀毁死，伊川誌其墓。」戊子，書《明道先生墓表序》。先生視伯淳墳，顯道嘗侍行，問佛儒之辨。先生指牆圍曰：「吾儒從裏面做，豈有不是？佛氏只從牆外見了，卻不肯入來做，不可謂佛氏無見處。」《外書》上蔡語録，下同。顯道曾歷舉佛說與吾儒同處，先生曰：「恁地同處雖多，只是本領不是，一齊差卻。」謝子與先生別一年，往見之。先生曰：「相別又一年，做得甚工夫？」謝曰：「也只去箇矜字。」曰：「何故？」曰：「子細檢點得來，病痛盡在這裏。若按伏得這箇罪過，方有向進處。」先生點頭，因語在坐同志者曰：「此人爲學，切問近思者也。」冬十月，《續通鑑長編》。朱公掞以諫官召，過洛，見先生，顯道在坐，公掞不語。先生指顯道謂之，曰：「此人爲切問近思之學。」《外書》時紫芝集。十一月丁巳，授汝州團練推官、西京國子監教授。見《實録》。先生表辭，不許，再辭。尋召赴闕。見《伊川文集》。

伊川先生年譜卷四

哲宗元祐元年丙寅，五十四歲。二月，至京師，除宣德郎，祕書省校書郎，辭不許。三月召對，除通直郎充崇政殿説書，再辭，始受命。五月，命同修學制。六月，上疏論輔養君德。八月，差登聞鼓院，再辭。

二月庚午，左正言朱光庭奏乞以程頤爲講官。《續通鑑長編》。❶言：「頤道德純備，學問淵博，材資勁正，有中立不倚之風；識慮明徹，至知幾其神之妙；言行相顧而無擇，仁義在躬而不矜。若用斯人，俾當勸講，必能輔養聖德，啟迪天聰，一正君心，爲天下福。」又謂：「頤究先王之藴，達當世之務，乃天民之先覺，聖代之真儒。俾之日侍經筵，足以發揚聖訓；兼掌學校，足以丕變斯文。」又論：「祖宗時起陳摶、种放，高風素節，聞於天下。揆頤之賢，摶、放未必能過之。頤之道，則有摶、放所不及知者。觀其所學，真得聖人之傳，致思力行，非一日之積，有經天緯地之才，有制禮作樂之具。乞訪問其

❶「續」，原作「績」，據上下文改。

至言正論，所以平治天下之道。」又謂：「頤以言乎道，則貫徹三才而無一毫之或間；以言乎德，則并包衆美而無一善之；或遺以言乎學，則博古通今而無一物之不知；以言乎才，則開物成務而無一理之不總。是以聖人之道至此而傳。況當天子進學之初，若俾真儒得專經席，豈不盛哉！」《胡文定集》。先生至京師，王巖叟奏云：「伏見程頤學極聖人之精微，行全君子之純粹，早與其兄顥，俱以德名顯於時。陛下復起頤而用之，頤趨召以來，待詔闕下，四方俊乂，莫不翹首向風，以觀朝廷所以待之者如何，處之者當否，而將議焉。則陛下此舉，繫天下之心。臣願陛下加所以待之之禮，擇所以處之之方，而使高賢得爲陛下盡其用，則所得不獨頤一人而已，四海潛光隱德之士，皆將相招而爲朝廷出矣。」《續通鑑長編》註：巖叟薦先生，不得其月日，太皇太后嘗諭巖叟云：「卿累薦程頤，已除校書郎，來日待行文字召對。」今附二月二十八日。然則巖叟薦頤，不但此一事也。閏二月十八日，除承奉郎，再授宣德郎，祕書省校書郎。《續通鑑長編》。二十四日，先生《辭免館職狀》言：「蒙恩授宣德郎、校書郎，自昨蒙授西京國子監教授，方再辭免，準朝旨，❶令乘遞馬赴闕。祇命而來，未獲進見，遽有此除，義理未安。況祖宗朝布衣被召，自有故

❶「準朝」，清吕留良本《二程全書》作「奉聖」。

事。今臣未得入見，未敢祗命。」《伊川文集》。王巖叟奏云：「臣伏聞聖恩特除程頤京官，仍與校書郎，足以見陛下優禮高賢，而使天下之人歸心於盛德也。然臣區區之誠，尚有以爲陛下言者。願陛下一召見之，試以一言，問爲國之要，陛下至明，遂可自觀其人。臣以頤抱道養德之日久，而潛神積慮之功深，静而閲天下之義理者多，必有嘉言以新聖聽。此臣所以區區而進頤。然非爲頤也，欲成陛下之美耳。陛下一見而後命之以官，則頤當之而無愧，陛下與之而不悔，授受之間兩得之矣。」《伊洛淵源録》。詔特許朝見，仍令上殿。《續通鑑長編》。三月十四日召對，太皇太后面諭，將以爲崇政殿説書。先生面辭，不許。《乞再上殿論經筵事劄子》：「新授汝州團練推官，西京國子監教授臣程頤。右臣昨日上殿，辭免前降恩命。面奉德音，除臣崇政殿説書。臣雖瀝懇辭避，不蒙俞允。❶臣輒有愚誠，昧死上聞天聽。竊以知人則哲，帝堯所難。雖陛下聖鑒之明，然臣方獲進對於頃刻之間，陛下見其何者，遽加擢任？今取臣於畎畝之中，驟置經筵，蓋非常之舉，朝廷責其報效，天下之所觀矚。苟或不當，則失望於今而貽譏於後，可不慎哉？臣亦未敢必辭，只乞再令臣上殿，進劄子三道，言經筵事。所言而是，

❶「俞」，原作「愈」，據清吕留良本《二程全書》改。

則陛下用臣爲不誤，臣之受命爲無愧；所言而非，是其才不足用也，固可聽其辭避。如此，則朝廷無舉動之過，愚臣得去就之宜。」又言：「臣不候命下，便有奏陳，蓋欲朝廷審處於未授之前，免煩回改成命。」又言：「如以臣昨日已上殿，只乞指揮許臣實對劄子進呈，逐一分明貼黄，亦與口陳無異。」《伊川文集》，下同。《論經筵第一劄子》：「臣伏觀自古人君守成而致盛治者，莫如周成王。成王之所以成德，由周公之輔養。昔者周公輔成王，幼而習之，所見必正事，所聞必正言，左右前後皆正人，故習與智長，化與心成。今士大夫家善教子弟者，亦必延名德端方之士，與之居處，使之薰染成性。故曰『少成若天性，習慣如自然』。

「伏以皇帝陛下春秋之富，雖睿聖之資得於天禀，而輔養之道不可不至。所謂輔養之道，非謂告詔以言，過而後諫也，在涵養薰陶而已。大率一日之中，親賢士大夫之時多，親寺人宫女之時少，則自然氣質變化，德器成就。欲乞朝廷慎選賢德之士，以侍勸講。講讀既罷，當留二人直日，夜則一人直宿，以備訪問。皇帝習讀之暇，游息之間，時於内殿朝見，從容宴語。不獨漸磨道義，至於人情物態，稼穡艱難，積久自然通達。比之常在深宫之中，爲益豈不甚大？

「竊聞間日一開經筵，講讀數行，群官列侍，儼然而退，情意略不相接。如此而責輔養之功，不亦難乎？今主上冲幼，太皇太后慈愛，亦未敢便乞頻出，但時見講官，久則自然接熟。大抵與近習處久熟則生褻慢，與賢士大夫處久熟則生愛敬，此所以養成聖德，爲宗社生靈之福。天下之事，無急於此。取進止。」朱子云：「先生嘗進言於朝，以爲人主常使一日之中，親賢士大夫之時多，親宦官宫女之時少，則可涵養氣質，薰陶德性，此皆至切之言也。」「元祐大臣不能白用其説，故紹聖、元符之禍，至今言之猶可痛憾。」❶《第二》：「臣聞三代之時，人君必有師、傅、保之官，師，道之教訓；傅，傅其德義；保，保其身體。後世作事無本，知求治而不知正君，知規過而不知養德，傅德義之道固已疎矣，保身體之法復無聞焉。」

「伏惟太皇太后陛下，聰明睿哲，超越千古，皇帝陛下春秋之富，輔養之道，當法先王。臣以爲：傅德義者，在乎防見聞之非，節嗜好之過；保身體者，在乎適起居之宜，存畏慎之心。臣欲乞皇帝左右扶持祗應宫人内臣，並選年四十五十以上，厚重小心之人；服用器翫皆須質樸，一應華巧奢麗之物，不得至於上前；要在侈靡之物不接於目，淺俗之言不入於耳。及乞擇内臣十人，充經筵祗應，以伺候皇帝起居。凡動息必使經筵官知之，有翦桐之戲則隨事箴規，違持養之方則應時諫止。調護聖躬，莫過於此。取進

❶「痛憾」，四庫本《晦庵集》作「哀痛」。

止。」《第三》：「臣竊以人主居崇高之位，持威福之柄，百官畏懼，莫敢仰視，萬方承奉，所欲隨得。苟非知道畏義，所養如此，其惑可知。中常之君，無不驕肆；英明之主，自然滿假。此自古同患，治亂所繫也。故周公告成王，稱前王之德，以寅畏祗懼爲首。從古以來，未有不尊賢畏相而能成其聖者也。

「皇帝陛下未親庶政，方專問學。臣以爲輔養聖德，莫先寅恭，動容周旋，當主於此，歲月積習，自成聖性。臣竊聞經筵臣寮侍者皆坐，而講者獨立，於禮爲悖。欲乞今後，特令坐講，不惟義理爲順，所以養主上尊儒重道之心。取進止。」又言：「臣以爲，天下重任，唯宰相與經筵；天下治亂繫宰相，君德成就責經筵。由此言之，安得不以爲重？」朱子云：「劉摯論先生辭卑居尊，未被命而先論事，爲非是。蓋不知先生出處語默之際，其義固已精矣。」薛敬軒云：「先生經筵疏，皆格心之論，三代已下爲人臣者，但論政事人才而已，未有直從本原，如程子之論也。」三月二十四日命下，以通直郎充崇政殿説書。見《實録》。先生再辭而後受命。四月三日。有《辭免崇政殿説書表》、《再辭免狀》。見《伊川文集》，下同。《續通鑑長編》：司馬光言：今月二十一日，中使宣問臣：「程頤上殿，若奏對有取，當授以何官職？」「若令在經筵，當令何名目？」❶「臣竊惟

---

❶「令」，四庫本《續資治通鑑長編》作「與」。

程頤，本以布衣守道不仕，昨朝廷除西京教授，曾固辭。及召赴闕，除宣德郎，校書郎，又辭。卑官在經筵者惟崇政殿説書，若以新所授官充崇政殿説書，足爲超擢，但恐堅辭不受耳。」此據《元祐實録》司馬光三月二十一日親書劄子。四月，例以暑熱罷講。先生奏言：「輔導少主，不宜疎略如此。乞令講官以六參日上殿問起居，因得從容納誨，以輔上德。」五月十二日，戊辰。差同孫覺、顧臨及國子監長貳，看詳《三學條制》。見《實録》。先生所定，大概以爲學校禮義相先之地，而月使之争，殊非教養之道，請改試爲課。有所未至，則學官召而教之，更不考定高下；制尊賢堂，以延天下道德之士；鐫解額，以去利誘；省繁文，以專委任；勵行檢，以厚風教；及置待賓吏師齋，立觀光法，如是亦數十條。又曰：「自元豐後，設利誘之法，增國學解額至五百人，來者奔湊。捨父母之養，忘骨肉之愛，往來道路，旅寓他土，人心日偷，士風日薄。今欲量留一百人，餘四百人分在州郡解額窄處，自然人心各安鄉土，養其孝愛之心，息其奔趨流浪之志，風俗亦當稍厚。」又曰：「三舍升補之法，皆案文責跡，有司之事，非庠序育材論秀之道。蓋朝廷授法必達於下，長官守法而不得有爲，是以事成於下，而下得以制其上，此後世所以不治也。或曰長貳得人則善矣，或非其人，不若防閑詳密，可循守也。殊不知先王制法，待人而行，未聞立不得人之法也。苟長貳非人，不知教育之道，徒守虚文密法，果足以成人才乎？」朱子云：舊《實録》胡宗愈謂：「先帝聚士以學，教人以經，三舍科條固已精密，宜一切仍舊，因是深詆先生，謂不宜使在朝廷。」《謝韓康公啟》：「竊以朝廷取士，所以爲致治之先；公卿薦賢，固必有知人之哲；允諧公議，始厭衆聞。頤也不才，少而從學。致知格物，粗窺聖道之端倪；明善誠身，未得古人之髣髴。徒忘懷於白首，竊有志於斯文。時和歲豐，已足素望；言揚德進，敢有覬心？屬嗣皇訪落之初，乃元老告猷之會。豈虞過聽，猥被明揚？文陛進登，被德音之温厚；西清入侍，密宸扆之光輝。考於近世以來，可謂非常之遇。荷恩爲愧，揣分則逾。若何行爲，可以報稱？惟殫素學，勉副厚知，過此以還，不知所措。末緣望履，徒切向風。悃愊所懷，敷宣罔既。」《又謝簡》：「頤惶恐再拜啟。仲夏毒熱，伏惟臺候動止萬福。頤執耕畎畝，於門下未嘗有一日之素，猥蒙過聽，薦之於朝，沾被恩命，何以報稱。末由展覿，伏冀上爲宗社，善護寢興。下情區區之至。」按：啓中有「屬嗣皇訪落之初，乃元老告猷之會」，又「仲夏毒熱」等語，則在受職後五月間也。《答吕進伯簡三》：「相別累年，區區企渴之深，言不盡意。按部往來，想在勞止。秦人瘡瘵未復，而偶此旱暵，賴賢使者措置，受賜何涯！儒者逢時，生靈之幸。勉成休功，乃所願望。頤備員於此，夙夜自竭，未見其補。時望賜書，開諭不逮。與叔每過從，至慰至幸。引素門牆，坐馳神爽。所欲道者，非面不盡。惟千萬自愛。

「別紙見諭，持法爲要，其來已久矣。既爲今日官，當於今日事中，圖所設施。舊法之拘，不得有爲者，舉世皆是也。以頤觀之，苟遷就於法中，所可爲者尚多。先兄明道之爲邑，及民之事多。衆人所謂法所拘者，然爲之未嘗大戾於法，衆亦不甚駭。謂之得伸其志則不可，求小補，則過今之爲政者遠矣。人雖異之，不至指爲狂也。至謂之狂，則大駭矣。盡誠爲之，不容而後去，又何嫌乎？鄙見如此，進伯以爲如何？

「荷公知遇之厚，輒有少見，上補聰明；亦久懷憤鬱，無所控告，遇公而伸爾。王者父天母地，昭事之道，當極嚴恭。漢武遠祀地祇於汾脽，既爲非禮。後世復建祠宇，其失已甚。因唐妖人作《韋安道傳》，遂爲塑像以配食，誣瀆天地。天下之妄，天下之惡，有大於此者乎？公爲使者，此而不正，將正何事？願以其像投之河流。慎勿先露，先露則傳駭觀聽矣。勿請勿議，必見沮矣。毋虞後患，典憲不能相及，亦可料也。願公勿疑。」按：進伯以元祐初知秦州，與叔時爲太學博士，與簡中「秦人瘡瘵未復」，「偶此旱暵，賴賢使者措置」，某「備員於此」，「與叔每過從」等語合。予友陶槎仙際堯云：「汾脽，據《漢書》應是汾陰脽上。」

《與呂大臨論中書》：此書其全不可復見，今只據呂氏所録到者編之。「大臨問：『中者，道之所由出？』先生曰：『中者道之所由出，此語有病。』

「大臨云：『謂中者道之所由出，此語有病，已悉所諭。但論其所同，不容更有二名；別而言之，亦不可混爲一事。如所謂「天命之謂性，率性之謂道」，又曰「中者天下之大本，和者天下之達道」，則性與道，大本與達道，豈有二乎？』先生曰：『中即道也。若謂道出於中，則道在中，外别爲一物矣。所謂「論其所同，不容更有二名，别而言之，亦不可混爲一事」，此語固無病。若謂性與道，大本與達道，可混而爲一，即未安。在天曰命，在人曰性，循性曰道。性也，命也，道也，各有所當。大本言其體，達道言其用，體用自殊，安得不爲二乎？』

「大臨云：『既云「率性之謂道」，則循性而行莫非道。此非性中别有道也，中即性也。在天爲命，在人爲性，由中而出者莫非道，所以言道之所由出也，與「率性之謂道」之義同，亦非道中别有中也。』先生曰：『中即性也，此語極未安。中也者，所以狀性之體段。若謂性有體段亦不可，姑假此以明彼。如稱天圓地方，遂謂方圓而天地可乎？方圓既不可謂之天地，則萬物決非方圓之所出。如中既不可謂之性，則道何從稱出於中？蓋中之爲義，自過不及而立名。若只以中爲性，則中與性不合，與「率性之謂道」其義自異。性道不可一作「可以」。合一而言。中止可言體，而不可與性同德。』

「又曰：『觀此義，一作「語」。謂不可與性同德，字亦未安。子居對以中者性之德，卻爲近之。』子居，和叔之子，一云「義山之字」。又曰：『不偏之謂中。道無不中，故以中形道。

若謂道出於中，則天圓地方，謂方圓者天地所自出，可乎？』大臨云：『不倚之謂中，不雜之謂和。』先生曰：『不倚之謂中，甚善。語猶未瑩。不雜之謂和，未當。』「大臨云：『喜怒哀樂之未發，則赤子之心。當其未發，此心至虛，無所偏倚，故謂之中。以此心應萬物之變，無往而非中矣。孟子曰：「權然後知輕重，度然後知長短，物皆然，心爲甚。」此心度物，所以甚於權衡之審者，正以至虛無所偏倚故也。有一物存乎其間，則輕重長短皆失其中矣，又安得如權如度乎？故大人不失其赤子之心，乃所謂「允執其中」也。大臨始者有見於此，便指此心名爲中，故前言中者道之所由出也。今細思之，乃命名未當爾。此心之狀，可以言中，未可便指此心名之曰中。所謂以中形道，正此意也。「率性之謂道」者，循性而行，無往而非理義也。以此心應萬物之變，亦無往而非理義也。皆非指道體而言也。若論道體，又安可言由中而出乎？』先生以爲此言未是。先生曰：『「喜怒哀樂未發謂之中。」赤子之心，發而未遠於中，若便謂之中，是不識大本也。』大臨云：『聖人智周萬物，赤子全未有知，其心固有不同矣。然推孟子所云，豈非止取純一無僞，可與聖人同乎？非謂無毫髮之異也。大臨前日所云，亦取諸此而已。此義，大臨昔者既聞先生君子之教，反求諸己，若有所自得，參之前言往行，將無所不合。由是而之焉，似得其所安，以是自信不疑，拳拳服膺，不敢失墜。今承教：乃云已失大本，茫然不知所向。竊恐辭命不明，言不逮意，致高明或未深喻，輒露所見，求益左右。卒爲賜教，指其迷謬，幸甚。

「聖人之學，以中爲大本。雖堯、舜相授以天下，亦云『允執其中』。中者，無過不及之謂也。何所準則而知過不及乎？求之此心而已。此心之動，出入無時，何從而守之乎？求之於喜怒哀樂未發之際而已。當是時也，此心即赤子之心，純一無僞。即天地之心，神明不測。即孔子之絶四，四者有一物存乎其間，則不得其中。即孟子所謂『物皆然，心爲甚』，心無偏倚，則至明至平，其察物甚於權度之審。即《易》所謂『寂然不動，感而遂通天下之故』。此心所發，純是義理，與天下之所同然，安得不和？大臨前日敢指赤子之心爲中者，其説如此。

「來教云：『「赤子之心可謂之和，不可謂之中。」大臨思之，所謂和者，指已發而言之。今言赤子之心，乃論其未發之際，一有「竊謂」字。純一無僞，無所偏倚，可以言中。若謂已發，恐不可言心。』

「來教云：『「所謂循性而行，無往而非理義，言雖無病，而聖人氣味殊少。」大臨反而思之，方覺辭氣迫窘，無沉浸醲厚之風，此則淺陋之罪，敢不承教？大臨更不敢拜書先生左右，恐煩往答，只令義山持此請教。蒙塞未達，不免再三浼瀆，惟望乘間口諭義山，傳誨一二。幸甚！幸甚！』先生曰：『所云非謂無毫髮之異，是有異也。有異者得爲大本乎？推此一言，餘皆可見。』

「大臨云：『大臨以赤子之心爲未發，先生以赤子之心爲已發。所謂大本之實，則先生與大臨之言，未有異也。但解赤子之心一句不同爾。大臨初謂赤子之心，止取純一無僞，與聖人同。一有「處」字。恐孟子之義亦然，更不曲折。一一較其同異，故指以爲言，固未嘗以已發不同處爲大本也。先生謂凡言心者，皆指已發而言。然則未發之前，謂之無心可乎？竊謂未發之前，心體昭昭具在，已發乃心之用也。此所深疑未喻，又恐傳言者失指，切望指教。』

「先生曰：『所論意，雖以已發者爲未發；反一作「及」。求諸言，卻是認已發者爲說。詞之未瑩，乃是擇之未精爾。凡言心者，指已發而言，此固未當。心一也，有指體而言者，寂然不動是也。有指用而言者，感而遂通天下之故是也。惟觀其所見如何耳。大抵論愈精微，言愈易差。所謂傳言者失指，及反覆觀之，雖曰有差，亦不失大意。又如前論「中即性也」，已是分而爲二，不若謂之性中。「性中」語未甚瑩。以謂聖人氣味殊少，亦不須言聖人。第一書所以答去者，極分明矣。』」黄百家云：「此條即豫章、延平看未發以前氣象宗旨。」劉蕺山云：「夫所謂未發以前氣象，即是獨中真消息也。自喜怒哀樂之存諸中者言，謂之中不必其未發之前别有氣象也。即天道之元亨利貞，運於於穆者是也。自其喜怒哀樂之發於外者言，謂之和，不必其已發之時又有氣象也，即天道之元亨利貞呈於化育者是也，惟存發總是一機，故中和渾是一性。推之一動一静、一語一默，莫不皆然。此獨體之妙，所以即微即顯，即隱即見，而慎獨之學，即中和、即位育，此千聖學脈也。自喜怒哀樂之説不明於後世，而聖學晦矣。按：龜山輯《粹言》論中書，最得心傳之妙，可參觀。蘇季明問：「於喜怒哀樂未發之前求中，可否？」先生曰：「不可。既思於喜怒哀樂未發之前求之，又卻是思也。既思即是已發，思與喜怒哀樂一般。纔發便謂之和，不可謂之中也。」又問：「吕學士言：『當求於喜怒哀樂未發之前』，如何？」曰：「若言存養於喜怒哀樂未發之時，❶則可；若言求中於喜怒哀樂未發之前，則不可。」又問：「學者於喜怒哀樂發時，固當勉强裁抑；於未發之前，當如何用功？」曰：「於喜怒哀樂未發之時，更怎生求？只平日涵養便是。涵養久，則喜怒哀樂發自中節。」曰：「當中之時，耳無聞，目無見否？」曰：「雖耳無聞，目無見，然見聞之理在始得。」「賢且説静時如何？」曰：「謂之無物則不可，然自有知覺處。」曰：「既有知覺，卻是動也，怎生言静？人説『復其見天地之心』，皆以謂至静能見天地之心，非也。《復》

❶「時」，原作「前」，據清吕留良本《二程全書》改。

之卦下面一畫，便是動也，安得謂之静？」或曰：「莫是於動上求静否？」曰：「固是，然最難。釋氏多言定，聖人便言止。」「如人君止於仁，人臣止於敬之類是也。《易》之《艮》言止之義，曰：『艮其止，止其所也。』」「人多不能止。蓋人萬物皆備，遇事時，各因其心之所重者，更互而出，纔見得這事重，便有這事出。若能物各付物，便自不出來也。」或曰：「先生於喜怒哀樂未發之前，下動字，下静字？」曰：「謂之静則可，然静中須有物始得，這裏便是難處，學者莫若且先理會得敬，能敬則自知此矣。」或曰：「敬何以用功？」曰：「莫若主一。」季明曰：「昞嘗患思慮不定，或思一事未了，他事如麻又生，如何？」曰：「不可。此不誠之本也。須是習。習能專一時便好。不拘思慮與應事，皆要求一。」《遺書》劉元承編。李遜齋《道南講授》云：「楊文靖公嘗言：『熙寧以來，士於諸經無所不究，獨於《中庸》闕而不講，蓋聖賢所傳具在此書，學者宜盡心焉。』今竊照《近思録》編目，標出『中』字，庶見伊洛開來學繼往聖者在此，而道南一脈於此轉相授受，講論尤深切著明。故録程門諸公語『中』大略，使尚論淵源所漸者有所考證。所謂李先生論此最詳者，信乎其言之不誣也。」六月，《上太皇太后書》：「臣鄙野之人，❶自少不喜進取，以讀書求道爲事，於兹幾三十年矣。當

❶ 「鄙野」，清吕留良本《二程全書》作「愚鄙」。

英祖朝暨神宗之初，屢爲當塗者稱薦。臣於斯時，自顧學之不足，不願仕也。及皇帝陛下嗣位，太皇太后陛下臨朝，求賢願治，大臣上體聖意，搜揚巖穴，首及微賤，蒙恩除西京學官。臣於斯時，未有意於仕也。辭避方再，而遽有召命。臣門下學者，促臣行者半，勸臣勿行者半。促臣行者則曰：『君命召，禮不俟駕。』勸臣勿行者，則曰：『古之儒者，召之則不往。』臣以爲召而不往，惟子思、孟軻則可。蓋二人者，處賓師之位，不往所以規其君也。己之微賤，食土之毛而爲王民，召而不至，邦有常憲，是以奔走應命。到闕，蒙恩授館職，方以義辭，遂蒙召對。臣於斯時，尚未有意於仕也。進至簾前，咫尺天光，未嘗敢以一言及朝政。陛下視臣，豈求進者哉？既而親奉德音，擢至經筵，事出望外，惘然驚惕。臣竊内思，儒者得以道學輔人主，蓋非常之遇，使臣自擇所處，亦無過於此矣。臣以斯時，雖以不才而辭，然許國之心，實已萌矣。尚慮陛下貪賢樂善，果於取人，知之或未審也，故又進其狂言，以覬詳察。曰如小有可用，則敢不就職？或狂妄無取，則乞聽辭避。章再上，再命祗受，是陛下不以爲妄也，臣於是受命。供職而來，夙夜畢精竭慮，惟欲主上德如堯、舜，異日天下享堯、舜之治，廟社固無窮之基，乃臣之心也。臣本山野之人，禀性樸直，言辭鄙拙，則有之矣；至於愛君之心，事君之禮，告君之道，敢有不盡？上賴聖明，可以昭鑒。臣自惟至愚，蒙陛下特達之知，遭遇如此，願効區區之誠，庶幾毫髮之補。惟陛下留意省覽，不勝幸甚。

「伏以太皇太后陛下，心存至公，躬行大道，開納忠言，委用耆德，不止維持大業，且欲興致太平，前代英主所不及也。但能日慎一日，天下之事不足慮也。臣以爲天下至大至急，爲宗社生靈長久之計，惟是輔養上德而已。歷觀前古，輔養幼主之道，莫備於周公。周公之爲，萬世之法也。臣願陛下擴高世之見，以聖人之言爲可必信，先王之道爲可必行，勿狃滯於近規，勿遷惑於衆口。古人所謂周公，豈欺我哉？周公作《立政》之書，舉言常伯，至於綴衣虎賁，以爲知恤玆者鮮。一篇之中，丁寧重複，惟在此一事而已。又曰『僕臣正，厥后克正』。又曰『后德惟臣，不德惟臣』。又曰『侍御、僕從罔非正人，以旦夕承弼厥辟，出入起居，罔有不欽』。是古人之意，人主跬步不可離正人也。蓋所以涵養氣質，薰陶德性，故能習與智長，化與心成。後世不復知此，以爲人主就學，所以涉書史，覽古今也。不知涉書史，覽古今，乃一端爾。若止於如是，則能文宮人可以備勸講，知書内侍可以充輔導，何用置官設職，精求賢德哉？大抵人主受天之命，禀賦自殊。歷考前史，帝王才質，鮮不過人。然而完德有道之君至少，其故何哉？皆輔養不得其道，而位勢使之然也。

「伏惟皇帝陛下，天資粹美，德性仁厚，必爲有宋令主，但恨輔養之道有未至爾。臣供職以來，六侍講筵，但見諸臣拱手默坐，當講者立案傍，解釋數行而退。如此，雖彌年積歲，所益幾何？與周公輔養成王之道，殊不同矣。或以爲主上方幼，且當如此。此不知本之論也。古人生子，能食能言而教之大學之法，以豫爲先。人之幼也，知思未有所主，便當以格言至論日陳於前。雖未曉知，且當薰聒，使盈耳充腹，久自安習，若固有之，雖以他言惑之，不能入也。若爲之不豫，及乎稍長，私意偏好生於内，衆口辨言鑠於外，欲其純完，不可得也。故所急在先入，豈有太早者乎？

「或又以爲主上天資至美，自無違道，不須過慮，此尤非至論。夫聖莫聖於舜，而禹、皋陶未嘗忘規戒，至曰『無若丹朱好慢遊，作傲虐』。且舜之不爲慢遊傲虐，雖至愚亦當知之，豈禹而不知乎？蓋處崇高之位，儆戒之道，不得不如是也。且人心豈有常哉？以唐太宗之英睿，躬歷艱難，力平禍亂，年亦長矣，始惡隋煬侈麗毁，其層觀廣殿，不六七年，復欲治乾陽殿。是人心果可常乎？所以聖賢，雖明盛之際，不廢規戒，爲慮豈不深遠也哉？況沖幼之君，閑邪拂違之道，可少懈乎？

「伏自四月末間，以暑熱罷講，比至中秋，蓋踰三月。古人欲旦夕承弼，出入起居。而今乃三月不一見儒臣，何其與古人之意異也？今士大夫家子弟，亦不肯使經時累月不親儒士。初秋漸涼，臣欲乞於内殿，或後苑清涼處，召見當日講官，俾陳説道義。縱然未有深益，亦使天下知太皇太后用意如此。又一人獨對，與衆見不同，自然情意易通，不三五次，便當習熟。若不如此漸致，待其自然，是輔導官都不爲力，將安用之？將來伏假既開，且乞依舊輪次直日，所貴常得一員獨對。

「開發之道，蓋自有方，朋習之益，最爲至切。故周公輔成王，使伯禽與之處。聖人所爲，必無不當。真廟使蔡伯希侍仁宗，乃師古也。臣欲乞擇臣寮家子弟，十歲已上，十二已下，端謹穎悟者三人，侍上左右。上所讀之書，亦使讀之，辨色則入，昏而罷歸。常令二人入侍，一人更休。每人擇有年宮人、内臣二人，隨逐看承，不得暫離。常情笑語，亦勿禁止，唯須言語必正，舉動必莊。仍使日至資善堂，呈所習業。講官常加教勸，使知嚴憚。年纔十三，便令罷去。歲月之間，自覺其益。

「自來，宰臣十日一至經筵，亦止於默坐而已。又間日講讀，則史官一人立侍。史官之職，言動必書，施於視政之時則可。經筵講肆一作「肄」。之所，乃燕處也。主上方問學之初，宜心泰體舒，乃能悦懌。今則前對大臣，動虞有失，旁立史官，言出輒書。使上欲游其志，得乎？欲發於言，敢乎？深妨問學，不得不改。欲乞特降指揮，宰臣一月兩次，與文彦博同赴經筵。遇宰臣赴日，即乞就崇政殿講説，因令史官入侍。崇政殿説書之職，置來已久，乃是講説之所。漢、唐命儒士講論，亦多在殿上，蓋故事也。邇英迫狹，講讀官、内臣近三十人在其中。四月間尚未甚熱，而講官已流汗。況主上氣體嫩弱，豈得爲便？春夏之際，人氣蒸薄，深可慮也。祖宗之時，偶然在彼，執爲典故，殊無義理。欲乞今後，只於延和殿講讀。後楹垂簾，簾前置御座。太皇太后每遇政事稀簡，聖體康和時，至簾下觀講官進説。不惟省察主上進業，於陛下聖聰，未必無補。兼講官輔導之間，事意不少有當奏禀，便得上聞。亦不可煩勞聖躬，限以日數，但旬日之間意適則往可也。❶

「今講讀官共五人，四人皆兼要職，獨臣不領别官，近復差修國子監太學條制，是亦兼他職也。乃無一人專職輔導者，執政之意可見也。蓋惜人才，不欲使之閑爾。又以爲雖兼他職，不妨講讀，此尤不思之甚也。不敢言告君之道，只以告衆人言之。夫告於人者，非積其誠意，不能感而入也。故聖人以蒲盧喻教，謂以誠化之也。今夫鐘，怒而擊之則武，悲而擊之則哀，誠意之感而入也。告於人亦如是。古人所以齋戒而告君者，何謂也？臣前後兩得進講，未嘗敢不宿齋豫戒，潛思存誠，覬感動於上心。若使營營於職事，紛紛其思慮，待至上前，然後善其辭説，徒以頰舌感人，不亦淺乎？此

❶「日」，清呂留良本《二程全書》作「月」。

理，非知學者不能曉也。道衰學廢，世俗何嘗聞此？雖聞之，必以爲迂誕。陛下高識遠見，當蒙鑒知。以朝廷之大，人主之重，置二三臣專職輔導，極非過當。今諸臣所兼皆要官，若未能遽罷，且乞免臣修國子監條制，俾臣夙夜精思竭誠，專在輔導。不惟事理當然，且使天下知朝廷以爲重事，不以爲閑所也。

「陛下擢臣於草野之中，蓋以其讀聖人書，聞聖人道。臣敢不以其所學，上報聖明？竊以聖人之學，不傳久矣。臣幸得之於遺經，不自度量，以身任道。天下駭笑者雖多，而近年信從者亦衆。方將區區駕其説以示學者，覬能傳於後世。不虞天幸之至，得備講説於人主之側，使臣得以聖人之學，上沃聖聰，則聖人之道有可行之望，豈特臣之幸哉？如陛下未以臣言爲信，何不一賜訪問？臣當陳聖學之端緒，發至道之淵微。陛下聖鑒高明，必蒙照納。如其妄僞，願從誅殛。臣愚，不任懇悃惶懼待罪之至。」黄東發云：「伊川十八《上仁宗書》，❶謂應時而出，自比諸葛及後應聘爲哲宗講官，則自講讀之外無他説，不特其時至慮易而然，蓋時與位既不同，而哲宗尚幼，惟以培養爲急耳。其他《論濮議》、《論薄葬》、《代呂公著上神宗書》，無不深切著明。然則天下事非得其位，當其可，則固未易輕言也。若《三學看詳》，

❶「上」，原作「十」，據四庫本《黄氏日抄》改。

反爲禮部所駁，則本朝文密之弊，固難與俗吏言矣。」陸世儀云：「經筵是人主莫大事，從來視屬具文，惟伊川能克稱其職。《上太皇太后》及《經筵三劄》，真可爲古今作則，彼以坐講爲嫌者俗儒之見，諛臣之習。講官坐講，所以重聖人，所以重道，非以是夸大也。」❶八月，差兼判登聞鼓院。先生引前說，且言入談道德，出領訴訟，非用人之體，再辭不受。楊龜山云：「事道與禄仕不同，常夷甫以布衣入朝，神宗欲優其禄，令兼數局，如鼓院、染院之類，夷甫一切受之。及伊川先生爲講官，朝廷亦欲使兼他職則固辭。蓋前日所以不仕者爲道也，則今日之仕，須其官足以行道乃可受，不然是苟禄也。然後世道學不明，君子辭受取舍，人鮮知之。故常公之受，人不以爲非，而先生之辭，人亦不以爲是也。」先生居經筵，建言：「今之經筵，實古保傅之任，欲使人君舉動，必使經筵知之，有翦桐之戲則隨事箴規，違養生之方則應時諫止。」吕申公曰：「主少，非可爲之時也。」先生曰：「正可爲也。責不在人主，而人臣當任之耳。」《庭聞藁録》。在經筵時，曾説與温公云：「更得范純夫在筵中尤好。」温公彼時一言亦失，卻道他見修史自有門路。某應之曰：「不問有無門路，但筵中須得他。」温公問何故，某曰：「自度少温潤之氣，純夫色温而氣和，尤可以開陳是非，道人主之意。」後來遂除侍講。《遺書》唐彦思録。《續通鑑長

---

❶「是」，四庫本《思辨録輯要》作「自」。

編》：八月，司馬光請「用著作郎范祖禹兼侍講。祖禹，吕公著之壻。請避嫌，光奏宰相：不當以私嫌廢公議」。遂以祖禹兼侍講。先生在經筵，不曾請俸，諸公遂牒户部，問不支俸錢。户部索前任歷子。先生云：「某起自草萊，無前任歷子。」舊例，初入京官時，用下狀出給料錢歷，先生不請，其意謂朝廷起我，便當廪人繼粟、庖人繼肉也。遂令户部自爲出券歷。又不爲妻求封，范純夫問其故，先生曰：「某當時起自草萊，三辭然後受命，豈有今日乃爲妻求封之理？」問：「今人陳乞恩例，義當然否？」「人皆以爲本分，不爲害。」先生曰：「只爲而今士大夫道得箇乞字慣卻，動不動又是乞也。」因問：「陳乞封父祖如何？」先生曰：「此事體又別。」再三請益，但云：「其説甚長，待別時説。」《遺書》楊遵道録，下同。《續通鑑長編》：八月，通直郎充崇政殿説書程頤兼權判登聞鼓，再辭。詔不帶職，官充侍讀侍講崇政殿説書，其請俸依職事官，例支見錢。先生在經筵，嘗質錢使。自供職後，不曾請俸。户部初欲折支，執政奏請館閣官，皆請見錢，豈有經筵反折支？又檢例，久無崇政殿説書，❶故户部只與折支。久之，始與見錢。按：先生不爲妻請封，至今氏族莫考。及檢《續通鑑長編》，元祐七年，吴立禮劾先生有娶甥女爲妻一語，質之杜尺莊煦，以爲小人含沙射影，醜詆賢者，無所不有。若不明白辨正，則惑滋甚謹。攷程氏，惟太中族兄文簡公琳，以女妻韓忠憲億子縝。縝生於天禧三年，僅長先生十五歲，其女即年長，配

❶「久」上，四庫本《續資治通鑑長編》有「緣」字。

必不合。且元祐初，先生《謝韓康公絳簡》云：某於門下未嘗有一日之素，豈有素與連親而言若此？韓氏弟兄惟持國維與二先生最善。一日同遊潁昌西湖，命諸子侍行次，有言貌不莊敬者，先生厲聲叱之曰：「汝輩從長者行，敢笑言如此？韓氏孝謹之風衰矣。」自稱長者，察其辭氣，必非妻之近屬昆弟，明甚。至太中二壻席延年、李正臣，其子皆先生壻，更不待辨而明。無根之語，獨出於吴立禮。當時蜀黨諸公亦不敢以此誣先生，其又何傷日月乎？先生每與司馬君實説話，不曾放過；如范堯夫，十件事只争得三四件便已。先生曰：「君實只爲能受盡言，儘人忤逆終不怒，便是好處。」君實嘗問：「先生云欲除一人給事中，誰可爲者，願爲光説一人。」先生曰：「相公何爲若此言也？如當初泛論人才卻可，今既如此，某雖有其人，何可言？」君實曰：「出於公口，入於光耳，又何害？」先生終不言。先生在經筵日，有二同列論武侯事業，謂：「戰伐所喪亦多，非『殺一不辜而得天下不爲』之事。」先生謂：「二公語過矣。『殺一不辜而得天下不爲』，謂殺不辜以私己。武侯以天子之命討天下之賊，何害？」《遺書》謝顯道記。按：劉元承編，先生謂孫覺曰：「武侯有儒者氣象。」孫覺云云。范堯夫經筵坐睡。先生語人曰：「堯夫胸中無事如此。」有朝士入朝，倒執手板。先生曰：「此人胸中不見無事。」《外書》時紫芝集。先生議請封建，欲自封孔子後始。滎陽公曰：「方今母后臨朝，衆議不一，扶傷敗如是足矣，此豈大有爲時耶？」先生默然而去。《伊洛淵源録》。朱子云：按《伊川文集·修立孔氏條制》：但云「添賜田并舊賜爲五百頃，設溝，封爲奉聖鄉，世襲奉聖公爵，以奉祭祀」，未嘗遽請行封建也。九月丙辰朔，温公薨，朝廷命先生主其喪事。是日也，祀明堂禮成，而二蘇往哭温公，道遇朱公掞，問之。公掞曰：「往哭温公，而程先生以爲慶弔不同日。」二蘇悵然而返，曰：「鏖糟陂裏叔孫通也。」言其山野。自是時時謔先生。他日國忌，禱於相國寺，先生令供素饌。子瞻詰之曰：「正叔不好佛，胡爲食素？」先生曰：「禮，居喪不飲酒食肉。忌日，喪之餘也。」子瞻令具肉食，曰：「爲劉氏者左袒。」於是范淳夫輩食素，秦、黄輩食肉。吕申公爲相，凡事有疑，必質於先生。進退人才，二蘇疑先生有力，故極口詆之云。《外書》時紫芝集，下同。先生主温公喪事，子瞻周視無闕禮，乃曰：「正叔喪禮何其熟也？」又曰：「軾聞居喪未葬讀《喪禮》。太中康寧，何爲讀《喪禮》乎？」先生不答。鄒至完聞之曰：「先生之母先亡，獨不可以治《喪禮》乎？」温公薨，門人或欲遺表中八規諫語。先生云：「是公平生未嘗欺人，可死後欺君乎？」《外書》吕氏記。《爲太中祭司馬温公文》：「嗚呼！公乎！誠貫天地，行通神明。狥己者私，衆口爲容。於異論合聽則聖，百姓曾無於間言。老始逢時，心期行道。致君澤物，雖有志而未終。救弊除煩，則爲功而已大。何天乎之不弔，斯人也而遽亡！溥天興殄瘁之悲，明主失倚毗之望。如其可贖，人百其身。死生既極於哀榮，名德永高於今古。藐兹羸老，夙被深知，撫柩慟哀，聊陳薄奠。」《伊川文集》，下同。十一月冬至，神宗之喪未除，百官表賀，先生言「節序變遷，時思方切，請改賀爲慰」，有《論冬至稱賀劄子》。冬至與諸友賀，先生不出，云有司法服，慰乃出。《外書》卷十。

伊川先生年譜卷五

二年丁卯，五十五歲。八月，罷説書，權管勾西京國子監。十一月，乞歸田里。十二月，乞歸田里。

先生《又上太皇太后疏》論延和講讀垂簾事，且乞時召講官至簾前，問上進學次第。❶見《伊川文集》。正月二十五日戊寅，内侍至資善傳旨，權罷講一日。二十七日庚辰，資善吏馬宗道云：「上前日微傷食物，會取勤藥，恐未能久坐，令講讀少進説。」是日，先生略講畢，奏云：「臣等前日臨赴講筵，忽傳聖旨權罷講。臣等共驚，聖躬别無事否？」上曰：「别無事。」自初御邇英至是，始發德音。《外書》范太史日記，下同。二月十五日戊戌，先生講「一言可終身行之，其恕乎」，因言人君當推己欲惡，知小民飢寒稼穡艱難。明宗年六十餘即位，猶書田家詩二首於殿壁，其詩云云。進説甚多。三月二十六日戊寅，先生獨奏，乞自四月就寬涼處講讀。二十八日，移講讀就延和。四月六日丁亥，講讀

❶「上」，原作「土」，據清吕留良本《二程全書》改。

依舊邇英閣。顧子敦封駁，以爲延和執政，得一賜坐啜茶，已爲至榮，豈可使講讀小臣坐殿上，違咸造勿褻之義？持國、微仲進呈，令修邇英閣，多置軒窗。已得旨，而呂公方入，令修延義閣。簾內云：「此待別有擘畫，未知何所也？」十五日丙申，邇英進講，文公以下預焉。邇英新修展，御座比舊近後數尺，門南北皆朱漆，釣窗前簾設青幕障日，殊寬涼矣。先生又上疏：「以爲修展邇英，則臣所請遂矣。然祖宗以來，並是殿上坐講，自仁宗始就邇英，而講官立侍，蓋從一日之便爾，非若臨之意也。今臨之意，不過以尊君爲說，而不知尊君之道。若以其言爲是，則誤主上知見。臣職當輔導，不得不辨。」見《伊川文集》。先生在經筵，每當進講，❶必宿齋豫戒，潛思存誠，冀以感動上意。見《伊川文集》。而其爲說，常於文義之外，反覆推明，歸之人主。一日當講「顏子不改其樂」章。門人或疑此章非有人君事也，將何以爲說，及講，既畢文義，乃復言曰：「陋巷之士，仁義在躬，忘其貧賤。人主崇高，奉養備極，苟不知學，安能不爲富貴所移？且顏子，王佐之才也，而簞食瓢飲。季氏，魯國之蠹也，而富於周公。魯公用舍如此，非後世之監乎？」聞者歎服。胡氏《論語詳說》。哲宗亦首肯之。見《伊川文集》。不知者或誚

❶「講」，原作「上」，據清呂留良本《二程全書》改。

其委曲已甚，先生曰：「不於此盡心竭力，而於何所乎？」《外書》胡氏拾遺。上或服藥，即日就醫官問起居。《遺書》鄒德久録。然入侍之際，容貌極莊。時文潞公以太師平章軍國重事，或侍立終日不懈，上雖喻以少休，不去也。人或以問先生，曰：「君之嚴，視潞公之恭，孰爲得失？」先生曰：「潞公四朝大臣，事幼主，不得不恭。吾以布衣職輔導，亦不敢不自重也。」《聞見録》。嘗聞上在宫中起行漱水，必避螻蟻。因請之曰：「有是乎？」上曰：「然，誠恐傷之耳。」先生曰：「願陛下推此心以及四海，則天下幸甚。」《外書》胡氏拾遺。一日，講罷未退，上忽起憑檻，喜折柳枝。先生進曰：「方春發生，不可無故摧折。」上不悦。見《劉諫議語録》。云：「温公聞之亦不悦。」或云：「恐無此事。」按《道命録》辨之甚晰，謂元年春先生未爲講官，二年春則温公已卒。所講書有「容」字，中人以黄覆之，曰：「上藩邸嫌名也。」先生講罷，進言曰：「人主之勢，不患不尊，患臣下尊之過甚而驕心生爾。此皆近習輩養成之，不可以不戒。請自今舊名嫌名皆勿復避。」次日，孫莘老講《論語》，讀「子畏於匡」爲「正」。先生云：「且著箇地名也得。子畏於正，是甚義理？」又講「君祭先飯」處，因説：「古人飲食必祭，食穀必思始耕者，食菜必思始圃者，先王無德不報如此。夫爲人臣者，居其位，食其禄，必思何所得爵禄來處，乃得於君也，必思所以報其君，凡勤勤盡忠者，爲報君也。如人主所以有崇高之位者，蓋得之於天，與天下之人共戴也，必思所以報民。古之人視民如傷，若保赤子，皆是報民也。」每講一書，❶有以開導人主處，必懇懇言之。始初内臣宫嬪皆攜筆在後抄録，後來見説著佞人之類，皆惡之。吕微仲使人言：「今後且刻可傷觸人。」范堯夫云：「但不道著名字，儘説不妨。」《遺書》楊遵道録，下同。嘗聞後苑以金製水桶，問之，曰：「崇慶宫物也。」先生曰：「若上所御，則吾不敢不諫。」時神宗之喪既除，有司將以開樂致宴，先生奏請罷宴曰：「除喪而用吉禮，則因事用樂可矣。今特設宴，是喜之也。」見《伊川文集》。按《續通鑑長編》除喪是六月事。經筵承受張茂則嘗招諸講官啜茶觀畫。先生曰：「吾平生不啜茶，亦不觀畫。」竟不往。《龜山語録》：張茂則，宦之賢者也，元祐間曾請諸公啜茶觀畫，惟正叔不往。人或勸先生以加禮近貴。先生曰：「何不見責以盡禮，禮盡則已，❷豈有加也？」《遺書》卷十七。先生在經筵，執政有欲用之爲諫官者。先生聞之，以書謝曰：「公知射乎？有人執弓於此，發而多中，人皆以爲善射矣。一日，使羿立於其傍，道之以彀率之法。不從，羿且怒而去矣。從之，則戾其故習而失多中之巧。故不若處羿於無事之地，則羿

❶「書」，清吕留良本《二程全書》作「處」。
❷「禮」上，清吕留良本《二程全書》有「而責之以加禮」六字。

得盡其言，而用舍羿不恤也。某才非羿也，然嘗聞羿之道矣，慮其害公之多中也。」《遺書》張思叔録。　先生在經筵，每進講，必博引廣喻以曉悟人主。講退，范堯夫曰：「先生怎生記得許多？」先生曰：「只爲不記，故有許多。若還記，卻無許多也。」《外書・侯子雅言》。　文潞公嘗與吕、范諸公入侍經筵，聞先生講説，退相與歎曰：「真侍講也。」一時人士歸其門者甚盛，而先生亦以天下自任，論議褒貶，無所顧避。由是，同朝之士有以文章名世者，疾之如讐，與其黨類巧爲詆謗。見《龜山語録》、《王公繫年録》、《吕申公家傳》。　一日赴講，會上瘡疹，不坐已累日。先生退詣宰臣，問：「上不御殿，知否？」曰：「不知。」先生曰：「二聖臨朝，上不御殿，太皇太后不當獨坐。且人主有疾，而大臣不知，可乎？」翌日，宰臣以先生言奏請問疾，由是大臣亦多不悦。而諫議大夫孔文仲因奏先生汙下憸巧，素無鄉行，經筵陳説，僭橫忘分，遍謁貴臣，歷造臺諫，騰口間亂，以償恩讐，致市井目爲五鬼之魁，請放還田里，以示典刑。見《舊實録》。《吕申公家傳》云：「文仲本以伉直稱，然蠢不曉事，爲法薄輩所使，以害善良。晚乃自知爲小人所紿，憤鬱嘔血而死。」按：文仲，字經父，新踰人。卒於元祐三年。　伯温初入仕，先生曰：「凡所部公吏，雖有罪，亦當立案而後決，或出於私怒，比具案，怒亦散，不至倉卒傷人。每決人，未經杖責者，宜慎之，恐其或有立也。」《外書・聞見録》。按：伯温，元祐中以薦授大名助教，調潞州長子縣尉。　六月十二日，劉質夫卒，有祭文。見《伊川文集》。按：《續通鑑長編》：元祐元年九月，新授京兆府教授劉絢除《春秋》博士，從王巖叟薦也。卒年四十三。質夫自髫齡時已有老成器，結髮即事二程先生。明道常謂人曰：「他人之學敏則有矣，未易保也。斯人之志，吾無疑矣。」《伊洛淵源録》。一作伊川先生語。先生曰：「質夫沛然。」《遺書》卷六。又曰：「明道平和簡易，惟劉絢庶幾似之。」《侯子雅言》。七月，韓持國罷門下侍郎，出帥南陽，已出國門，先生往見之。先生時在經筵，公驚曰：「子來見我乎？子亦危矣。」先生曰：「只知履安地，不知其危。」坐頃之，公不言。先生曰：「公有不豫色，何也？」公曰：「在維固無足道，所慮者貽兄姊之憂耳。」先生曰：「領帥南陽，兄姊何所憂？」公悟曰：「正爲定力不固耳。」《遺書》張思叔録。《續通鑑長編》七月壬戌，詔罷韓維門下侍郎。甲子，詔知鄧州，以吕陶言故也。八月二日，罷説書，差管勾西京國子監。先生以爲責命，禮當奔走就職，到任訖。見《伊川文集》，下同。十一月初六日，上奏《乞歸田里》，曰：「臣本布衣，因説書得朝官。今以罪罷，則所授官不當得。」不許。十二月十八日，又上《第二狀》，不許。先生離京，曾面言，令光庭説與淳夫，爲資善堂見畜小魚，恐近冬難畜，託淳夫取來，投之河中。數次朝中不遇，故因循至此，專奉手啟，幸便爲之。《外書》朱給事與范太史帖。冬，李端伯卒，有祭文。見《伊川文集》。《續通鑑長編》元祐元年六月，吕大防奏黄陂縣令李籲堪館閣之選。《伊洛淵源録》：籲，字端伯，緱氏人。元祐中爲祕書省校書郎。嘗記二先生語，伊川稱之，祭文亦有傳學之語，蓋自劉博士外，他人無此言也。　尹焞嘗言：「某纔十七八歲，元祐二、三年。見蘇季明教授。《續通鑑長編》：蘇昞以元祐元年十月詔除教授。　時某亦習舉業，蘇曰：『子修舉業，得狀元及第便是了也。』和靖曰：『不敢望此。』蘇曰：『子謂狀元及第便是了否？　唯復這學更有裏？』和靖疑之，日去見蘇，乃指和靖見先生。後半年，方得《大學》、《西銘》看。」

《外書》祁寬記尹和靖語。

三年戊辰，五十六歲。正月，乞歸田里，皆不報。二月，乞致仕至再，又不報。

先生三上奏《乞歸田里》，以爲「信其惡而使之在官，恐非黜陟之當。道不用而徒茲苟禄，殊乖進退之義」。皆不報。乃乞致仕至再，以爲「陛下前日招延，雖不得獲上有道、明哲保身之士，猶不失行己有恥、進退顧義之人。則朝廷之舉，未爲大過；二三大臣之薦，未爲甚欺。故臣之累請，不止自爲，亦所以爲朝廷也。不知臣者，不以臣爲忿躁，必以臣爲沽名。臣豈然哉？　臣身傳至學，心存事道，不得行於時，尚當行於己，不見信於今，尚期信於後，安肯失理害義，以自毁於後世乎？　蓋質之聖賢，考之經義，爲當然爾。況去就之義，豈獨臣知之？　學道者所共知也」。「或朝廷顧惜事體，不欲使歸田里，只乞令臣致仕。」又不報。見《伊川文集》，下同。《爲太中祭韓康公文》：「嗚呼！惟公天賦忠義，世推孝友。忠以事君，完始終之大節。孝施有政，作儀型於四方。樂善本乎至誠，好學至於没齒，故有識之士，無思不服。垂老之年，其猷益壯，位雖極於將相，志則歉於施爲。恢宏之度，若海瀆之難量。高邈之風，非世俗之可企。推賢奬善，惟日不足。周急樂施，室幾屢空。方逢時之尚年，遽奉身而勇退。如何不弔？奄及云亡！忠義之表，天不慭遺。孝友之規，世將安倣？寒族有姻家之契，二男蒙國士之知。感恩德而未酬，痛音容之遽隔。兹焉歸葬，復阻臨穴。恭陳薄奠，以寫哀誠。」

《續通鑑長編》：三月，守司徒致仕，康國公韓絳卒，知汝州韓維提舉崇福宫，以營葬兄絳，自請也。

《代人上宰相論鄭白渠書》：「某聞：天下之事，有甚難而易者，有甚易而難者，獨繫在上之人爲與不爲而已。昔韓欲罷秦兵，使鄭國説以鑿涇水溉田，注填閼之水，溉潟鹵之地四萬頃，畝收常一鍾，關中遂爲沃壤，無凶年，秦以富强。至漢，白公復引涇水以溉田，民得其饒。歌之曰：『田於何所？池陽谷口。鄭國在前，白渠起後。衣食關中，億萬之口。』此兩渠之功也。秦、漢而下，皆獲其利。熙寧中，神宗皇帝講求治功，興葺遺利。時先祖殿丞，建明鄭、白之利，神宗皇帝賜對便殿，大稱聖心，付以其事。興役踰年，功已有敘，而害能者巧爲沮止，不終厥功。陝右之人，至今爲恨。某每思神宗皇帝知其利而欲興之意，與先祖盡其力而被沮之恨，❶某未嘗不憤歎至於流涕也。閣下嘗尹長安矣，必聞其事。

「今則又非昔年之比也。涇水低下，渠口高仰，灌溉之功，幾盡廢矣。民用困乏，物斛湧貴，職此之由。今方外有不順之羌，師旅之興，儲偫爲急。誠使秦中歲增穀數百千萬斛，所濟豈不甚大？某，關西陋儒也，自幼小稔知其事，人微處遠，無由自伸其憤鬱。幸遇僕射相公，以經緯之才，逢時得君，以天下事爲己任。某是以敢不避狂妄之誅，塵瀆鈞聽。倘蒙采録，或致成功，不使先祖抱憾泉下，則某平生志願足矣。」按：書中云「某關西陋儒」、「熙寧中，先祖殿丞建明鄭、白之利，神宗賜對便殿，大稱聖心，付以其事，興役逾年，功已有敘，而害能者沮止，不終厥功」，與明道誌侯先生情事脗合，決爲代侯仲良無疑，惟宰相不知何人。書中有云「閣下嘗尹長安」，又云「僕射相公，以經緯之才，逢時得君，以天下爲己任」，是在宣仁聽斷之時。攷《宋史》：吕汲公在元豐初，嘗自知秦州徙永興軍，在爲相之先。元祐三年，以吕公著告老，汲公超拜左僕射。則《上宰相書》其爲汲公可知，故繫於是年末。

四年己巳，五十七歲。判西京國子監。

❶「沮」，原作「阻」，據清吕留良本《二程全書》改。

文潞公尹洛，先生時爲判監。一日府會，先生往赴。到客次，見樂人來呈樂語曲詞，先生訝之，問故，對曰：「昨日得太師鈞旨，明日請程侍講詞曲，並要嚴謹依禮法，故先來呈。」富鄭公、司馬温公居鄉里，尤所尊禮，吕正獻公、范忠宣公過洛，必先來見。吕滎公兄弟與先生書，必滌筆硯，正衣冠，然後寫。其爲當時敬禮如此。《涪陵記善録》。按《宋史》：潞公以元豐三年判河南，六年太師致仕，居洛陽。元祐初，命同平章軍國重事，六日一朝，一月兩赴經筵。五年二月，復致仕。是尹洛時，伊川猶未仕，及伊川爲判監，潞公猶在朝也，疑尹洛或居洛之誤。今姑繫於判監之年。先生既歸洛中，《寄范公淳夫書》曰：「丞相謂吕申公。久留，左右所助。一意正道者，實在原明爾。」吕氏《童蒙訓》。元祐中，客有見先生者，几案間無他書，惟印行《唐鑑》一部。先生曰：「近方見此書，三代以後，無此議論。」《外書》晁氏客語。范淳夫嘗與先生論唐事，及爲《唐鑑》，盡用先生之論。先生謂門人曰：「淳夫乃能相信如此。」《外書》時紫芝集。二月，爲《太中祭吕申公文》：「嗚呼！公稟則異，得天之粹；遭兹昌辰，出爲嘉瑞。生而富貴，處之無累。幼而聰明，充之能至。學既知真，仕則爲道。出入屢更，夷險一操。二聖臨御，人望是從。起藩入輔，命相册公。平日視公，静密恂恂。國論所斷，一言萬鈞。謂公無位，位爲相臣。謂公得志，志存未伸。然公心如權衡，所以無間言於率土。德如山嶽，所以致敬心於人主。從容語默之間，人孰量其所補？胡上天之不弔，不一老之慭遺？淵水無涯，將孰求於攸濟？百身莫贖，爲有識之同悲。嗚呼哀哉！羸老餘生，辱知有素。二男論忘勢之交，不偶無疇知之路。阻臨穴以伸哀，姑託文而披露。想英靈兮如在，監丹誠而來顧！」《伊川文集》，下同。《續通鑑長編》：元祐四年二月，司空同平章軍國事呂公著卒。十一月癸未，《爲太中書家藏太宗寶字後》：「先臣少師，以府僚事太宗皇帝於開封，被眷特異，前後所賜親筆多矣。天聖中，遭家難，諸父繼亡。臣時未冠，復在遠方，京師賜第，外姻守之。寶藏之物，既於盜手，於今在者，乃其遺也。故太宗親書❶惟存十三字，❷其六乃開封文移，皆緣祭祀及貢舉事。臣恭思太宗皇帝以介弟之貴，晋王之重，尹正天府，而常事之小者，皆親書之，聖心可見矣。蓋於祀事之嚴，取士之重，雖細故必親，誠孝恭虔之心也，急賢好士之心也。嗚呼！成萬世無窮之基，豈不由是心乎？愚臣竊謂是心也，宜爲後聖法。」先生言：「今日供職，只第一件便做底不得。吏人押申轉運司狀，某不曾簽。國子監自係臺省，臺省係朝廷官。外司有事，合行申狀，豈有臺省倒申外司之理？只爲

---

❶「親」，清呂留良本《二程全書》作「遺」。
❷「三」，清呂留良本《二程全書》作「二」。

從前人只計較利害，不計較事體，直得恁地。須看聖人欲正名處，見得道名不正時，便至禮樂不興，自然住不得。」《遺書》楊遵道録。朱子云：「先生所論西監申狀之事，尤足以驗聖言於日用之閒。」趙景平問：「『子罕言利與命與仁』，所謂利者何利？」曰：「不獨財利之利，凡有利心，便不可。如作一事，❶須求尋自家穩便處，皆利心也。聖人以義爲利，義安處便爲利。如釋氏之學，皆本於利，故便不是。」又問：「『未見蹈仁而死者』，何謂蹈仁而死？」曰：「赴水火而死者有矣，殺身成仁者，未之有也。」《遺書》己巳冬所聞。

五年庚午，五十八歲。正月，太中卒於西監。四月，葬伊川塋。

正月十三日，太中以疾終於西京國子監公舍，享年八十有五。四月十五日，葬伊川先塋之次，作《太中家傳》、《上谷郡君家傳》。見《伊川文集》。《續通鑑長編》：「文彦博言太中大夫致仕程珦身亡，一子頤素藴學行，嘗爲講官，窘於襄事，伏望特賜矜憫，優其賻䘏。知河南府韓縝、翰林學士承旨蘇頌相繼有請，詔賜絹二百疋，下所屬，葬日量行應副。」「三月，韓縝言程珦身亡，請以其弟琉特權管西京國子監，從之。」先生葬父，使周恭叔主客。客欲酒，恭叔以告，先生曰：「勿陷人於惡。」《外書》卷七。周恭叔行己。自太學早年登科，未三十，見先生，持身艱苦，

---

❶「一」，原無，據清吕留良本《二程全書》補。

塊然一室，❶未嘗窺牖。幼議母黨之女，登科後其女雙瞽，遂娶焉，愛過常人。先生曰：「某未三十時，亦做不得此事。然其進鋭者其退速。」每歎惜之。周以官事求來洛中，監水南糴場，以就先生。《外書》祁寬記和靖語。《宋儒學案》：恭叔，永嘉人。在元豐太學時，新經之説方盛，獨之西京從伊川遊。吕與叔時在同門，恭叔亦師事之。成元祐進士。崇寧中，官太學博士，尋教授齊州。周恭叔説：「先生教人爲學，當自格物始。格物者，窮理之謂也。欲窮理，直須思始得，思之有悟處始可。不然，所學恐有限也。」吕氏《童蒙訓》。焞年二十，熙寧四年生。方登先生之門，被教誨諄諄。嘗得朱公掞所抄《雜説》呈先生，問：「此書可觀否？」先生留半月。一日，請曰：「前日所呈《雜説》如何？」先生曰：「某在，何必觀此。若不得某心，只是記得他意。」焞自是不敢復讀。《涪陵記善録》。按：和靖奏狀有「焞師程某之學垂二十年」，則初見當從墓誌銘年二十者近是。焞初到，問爲學之方，先生曰：「公要知爲學，須是讀書。書不必多看，要知其約。多看而不知其約，書肆耳。某緣少時讀書貪多，如今多忘了，須是將聖人言語玩味入心，記著然後力去行之，自有所得。」《近思録》。和靖云：「先生嘗言，《中庸》乃孔門傳授心法。」《外書》時紫芝集。和靖言：「初見

❶「然」，清吕留良本《二程全書》作「坐」。

先生時，教焞看『敬』字。焞請益，先生曰：『主一則是敬。』當時雖領此語，然不若近時看得更親切。敬有甚形影？只收斂身心便是主一。且如人到神祠中致敬時，其心收斂，更著不得毫髮事，非主一而何？」《外書》祁寬記尹和靖語，下同。和靖一日看《大學》有所得，欲舉似先生。先生問之，和靖曰：「心廣體胖只是自樂。」先生曰：「到這裏，連樂字也著不得。」和靖初見先生，一日有江南人鮑某守官西京，見先生問仁曰：「仁者愛人，便是仁乎？」先生曰：「愛人，仁之事耳。」和靖時侍坐，歸，取《論語》中説仁事致思，久之，忽有所得，遂見先生請益曰：「某以仁惟公可盡之。」先生沈思久之，曰：「思而至此，學者所難及也。天心所以至仁者，惟公爾。人能至公，便是仁。」《外書》呂堅中記尹和靖語。鮑若雨、劉安世、劉安節數人，自太學謁告來洛，見先生，問：「堯、舜之道，孝弟而已矣。堯、舜之道，何故止於孝弟？」先生曰：「曾見尹焞否？」曰：「未也。」請往問之。諸公遂來見和靖，以此爲問。和靖曰：「堯、舜之道，止於孝弟。孝弟非堯、舜不能盡。自冬温夏清，昏定晨省，以至聽於無聲，視於無形。又如事父孝故事天明，事母孝故事地察。天地明察，神明彰矣。直至通於神明，光於四海，非堯、舜大聖人，不能盡此。」復以此語白先生，先生曰：「極是。縱使某説，亦不過此。」《外書·涪陵記善録》。按：《宋儒學案》：鮑若雨，字商霖，永嘉人。學者稱敬亭先生。張思叔稱其從學伊川，勤苦自勵，早夜不息，爲同門之畏友。伊川嘗令與和靖講明。有《伊川答問》及《語録》一卷。劉安世，字器之，大名人。學於温公，稱元城先生，非伊川弟子，疑係安上之誤。劉安節，字元承，永嘉人。少與從弟安上師事伊川。遊太學，與周行己、許景衡諸君稱「元豐太學九先生」。成元符進士，累官至監察御史。自學禁起，伊川弟子無顯者，至元承與景衡始見用。後守饒州，知宣州，皆有政績，伊川稱其有守。政和六年，卒。跡其從學，蓋在元祐間，與周行己同時，不及見明道先生也。手編《語録》一卷，所記有元祐五年遭喪後，紹聖四年遷謫前事。南方學者從先生既久，有歸者，或問曰：「學者久從學於門，誰最是有得者？」先生曰：「豈便敢道他有得處，且只是指與得箇歧徑，令他尋將去不錯了，已是忒大瞧。❶若夫自得，尤難其人。謂之得者，便是已有也，豈不難哉？若論隨力量而有見處，則不無其人也。」《外書》祁寬記和靖語，下同。郭忠孝每見先生，問《論語》，先生皆不答。一日，語之曰：「子從事於此多少時，所問皆大。且須切問而近思！」按：郭雍《傳家易序》言，其父忠孝受業伊川先生二十餘年，則從學當在元祐初。此云「子從事於此多少時」，則初見後之語可知，故類繫於和靖初到之後。問：「人之燕居，形體怠惰，心不慢，可否？」先生曰：「安有箕踞而心不慢者？昔呂與叔六月中來緱氏，閒居中，某嘗窺之，必見其儼

❶「瞧」，清呂留良本《二程全書》作「曒」。

然危坐，可謂敦篤矣。學者須恭敬，但不可令拘迫，拘迫則難久矣。」《遺書》劉元承編，下同。《元豐九域志》：緱氏在偃師縣。原註：尹子曰：「嘗親聞此，乃謂劉質夫也。」按：質夫卒於元祐二年，和靖從先生在元祐五年，此編所記有五年遭喪事，蓋追憶也。問仁。先生曰：「此在諸公自思之，將聖賢所言仁處，類聚觀之，體認出來。孟子曰：『惻隱之心，仁也。』後人遂以愛爲仁。惻隱固是愛也，❶愛自是情，仁自是性，豈可專以愛爲仁？孟子言惻隱爲仁，蓋爲前已言『惻隱之心，仁之端也』，既曰仁之端，則不可便謂之仁。退之言『博愛之謂仁』，非也。仁者固博愛，然便以博愛謂仁則不可。」問：「仁與心何異？」曰：「心譬如穀種，生之性便是仁，陽氣發處乃情也。」問：「心有善惡否？」曰：「在天爲命，在義爲理，在人爲性，主於身爲心，其實一也。心本善，發於思慮，則有善有不善。若既發，則可謂之情，不可謂之心。譬如水，只可謂之水，至如流而爲派，或行於東，或行於西，卻謂之流也。」「人多説某不教人習舉業，某何嘗不教人習舉業也？人若不習舉業而望及第，卻是責天理而不修人事。但舉業，既可以及第即已，若更去上面盡力求必得之道，是惑也。古之學者一，今之學者三，異端不與焉。一曰文章之學，二曰訓詁之學，

❶「惻」，原作「側」，據清吕留良本《二程全書》改。

三曰儒者之學。欲趨道，舍儒者之學不可。涵養須用敬，進學則在致知。」問：「學者須志於大，如何？」曰：「志無大小。且莫説道，將第一等讓與别人，且做第二等，才如此説，便是自棄，雖與不能居仁由義者差等不同，其自小一也。言學便以道爲志，言人便以聖爲志。」「人纔有意於爲公，便是私心。昔有人典選，其子弟係磨勘，皆不爲理，此乃是私心。人多言古時用直不避嫌得，後世用此不得。自是無人，豈是無時？」因言少師典舉、明道薦才事。按：太平興國五年，少師羽典舉，從孫元白中第。明道爲御史，首薦弟頤暨表叔張載。問：「家貧親老，應舉求仕，不免有得失之累，何修可以免此？」曰：「此只是志不勝氣。若志勝，自無此累。家貧親老，須用禄仕，然得之不得爲有命。」曰：「在己固可，爲親奈何？」曰：「爲己爲親，也只是一事。」「人心惟要定，使佗思時方思乃是。今人都由心。」曰：「心誰使之？」曰：「以心使心則可，人心自由便放去也。」問王通。曰：「隱德君子也。當時有些言語，後來被人傅會，不可謂全書。若論其粹處，殆非荀、楊所及也。若《續經》之類，皆非其作。」「荀卿才高，其過多。楊雄才短，其過少。韓子稱其『大醇』，非也。若二子，可謂大駁矣。然韓子責人甚恕。退之晚來爲文，所得處甚少。學本是修德，有德然後有言，退之卻倒學了。因學文日求所未至，遂有所得。如曰：『軻之死不得其傳。』似此言語，非是蹈襲前人，又非鑿空撰得出，必有所見。若無所見，不知言所傳者何事？　諸葛武侯有儒者氣象。」劉元承、元禮嘗師事先生，說：「『紀侯大去其國』，大者，紀侯之名也。　齊師未入境而已去之，則罪不在齊侯也，故不言齊侯焉。」又見先生，說：「仲尼曰『惜乎出境乃免』，須終身不反始可免罪。」呂氏《童蒙訓》，下同。　宿州高朝奉說他師事先生，嘗見先生說：「義者，宜也。　知者，知此者也。　禮者，節文此者也，皆訓詁得盡。　惟仁字，古今人訓詁不盡。　或以謂仁者愛也，愛雖仁之一端，然喜怒哀懼愛惡欲，情也，非性也，故孟子云『仁者，人也』。」按：此條與《遺書》鄒德久本小異。　高朝奉，未詳其名，姑類附此。

六年辛未，五十九歲。　至醴泉，改葬少師羽。

先生至關中。　二月癸卯，有《改葬告少監諱俶，少師父。文》。見《伊川文集》，下同。　述《家世舊事》：少師厭河北、五代兵戈，及宰醴泉，遂謀居焉，徙葬少監於縣城之西。　既顯，雖賜第居京師，囊橐至於御書誥勑，皆多在醴泉。　從高祖、大評事、四評事，治生事皆淳儉嚴整。　大評事家人未嘗見笑，惟長孫始生，長安虞部也。　一老嫗白曰：「承旨將軍也。　新婦生男。」微開顏曰：「善視之。」曾祖母崔夫人亦留醴泉，與從祖母雷氏將軍之室。奉事二叔姑，晨夕敬畏，平居必曳之長裾。　烹飪少有失節則不食，拱手而起。　二婦恐懼，不敢問所由，伺其食美，取所餘嘗之，然後知所嗜。　太高祖母楊氏前卒，四高祖母李氏主内事，性尤嚴峻。二婦晝則供侍，夜復課以女工之事。雷氏不堪其勞，有間則泣於後庭，崔夫人每勸勉之，竟得羸疾而終，崔夫人怡怡如也，叔舅姑遂加愛之。後外祖崔駕部過雍，見其艱苦之甚，屬少師取至京師，不撤帷帳，盡置囊篋，云暫往省覲，叔舅姑方聽其來。少師之待兄弟，崔夫人之事叔舅姑，後世所當法也。」「族父文簡公應舉來京師，館於廳旁書室，唯乘一驢，更無餘資，至則賣驢，得錢數千。伯祖殿直輕財好義，待族人甚厚，日責文簡公具酒餚，欲觀其器度。文簡公訴曰：『驢兒已喫至尾矣。』」「文簡公一夕夢紫衣持箱幞，其中若勑書，授之曰：『壽州陳氏。』不測所謂，以問伯祖殿直，亦莫能曉。後登科，有媒氏來告，有陳氏求壻，必欲得高第者。問其鄉里，乃壽州人。文簡公年少才高，欲壻名家，弗許。伯祖曰：『爾夢如是，蓋默定矣，豈可違也？』强之使就，後累年猶怏怏。陳夫人賢德宜家，夫婦偕老，享封大國，子孫相繼，豈偶然哉？」「叔祖寺丞有知人之鑒，常謂文簡公公輔之器。文簡公爲著作佐郎，時賈文元尚少，一日侍叔祖坐，曰：『某昨夜夢坐此，有一人乘驢而來，索紙寫門狀，復乘驢而去。坐中有一人指之曰：此將來宰相也。』頃之，文簡公乘驢而來，索紙寫門狀，復乘驢而去，❶正如所説之夢。賈文元曰：

❶「乘」，清吕留良本《二程全書》作「登」。

『程六當爲宰相。』歎羨不已。叔祖謂曰：『爾無羨彼，爾作相當在先。』及文簡公爲兩制，賈方小官。及參大政，風望傾朝，衆謂旦夕爰立，俄以事罷去，比三易藩郡，而賈已登庸，方拜使相，雖古之精於術者，無以過也。」《宋史》：賈昌朝，字子明，真定人。慶曆五年，拜中書門下平章事，以大學士兼樞密使。治平四年卒，年六十八。謚文元。按：程文簡公琳，大中祥符四年登第。明道元年，尹開封。景祐元年，爲三司使。四年，參知政事。寶元三年，出知潁州。已而徙青州，又徙大名府。康定元年，遷資政殿學士。慶曆七年，判延州，兼陝西安撫使。皇祐元年，同平章事，留守北京。嘉祐元年，卒於陳州，是爲使相，在賈登庸後也。「伯祖殿直喜施，而與人周。一日苦寒，有儒生造門，即持綿袴與之。其人大驚曰：『何以知我無袴也？』蓋於游從間，嘗察其不足也。至晚年，家資懸罄，而爲義不衰。有儒生以講説醵錢。時家無所有，偶伯祖母有珠子裝抹胸，賣得十三千，盡以與之。」先生《記葬用柏棺事》曰：「吾自少時，謀葬曾祖虞部以下，積年累歲，精意思索，欲知何物能後骨而朽。後咸陽原上有人發東漢時墓，柏棺猶在。又修韓王城圮，得古柏木，皆堅潤如新。諺有『松千柏萬』之説，於是知柏最可以久。然意猶未已，因觀雜書，有柏脂入地，千年爲茯苓，❶萬年爲

❶「苓」，原作「苓」，據清吕留良本《二程全書》改。

琥珀之説。疑物莫久於此，遂以柏爲棺，而塗以松脂，特出臆計，非有稽也。不數月，嵩山法王寺下鄉民，穿地得古棺，裹以松脂，❶乃知古人已用之矣。

「自是三十四年，七經葬事。求安之道，思之至矣；地中之事，察之詳矣。地中之患有二，惟蟲與水而已。所謂毋使土親膚，不惟以土爲汙，有土則有蟲，蟲之侵骨，甚可畏也。世人墓中多置鐵以辟土獸。土獸希有之物，尚知備之；蟲爲必有，而不知備，何也？惟木堅縫完，則不能入。求堅莫如柏，求完莫如漆。然二物亦不可保，柏有入土處數百年而不朽者，有數十年而朽者。人多以爲柏心不朽，而心之朽者，見亦多矣。」

《葬説》：「卜其宅兆，卜其地之美惡也，非陰陽家所謂禍福者也。地之美者，則其神靈安，其子孫盛。若培壅其根而枝葉茂，理固然矣。地之惡者則反是。然則曷謂地之美者？土色之光潤，草木之茂盛，乃其驗也。父祖子孫同氣，彼安則此安，彼危則此危，亦其理也。而拘忌者惑以擇地之方位，決日之吉凶，不亦泥乎？甚者不以奉先爲計，而專以利後爲慮，尤非孝子安厝之用心也。惟五患者不得不慎：須使異日不爲道路，不爲城郭，不爲溝池，不爲貴勢所奪，不爲耕犂所及。一本所謂五患者：溝渠、道路、避村落、

❶「脂」，原作「柏」，據清呂留良本《二程全書》改。

遠井窑。五患既慎，則又鑿地必至四五丈，遇石必更穿之，防水潤也。既葬，則以松脂塗棺槨，石灰封墓門，此其大略也。若夫精畫，則又在審思慮矣。其火葬者，出不得已，後不可遷就，同葬矣。至於年祀寢遠，曾、高不辨，亦在盡誠，各具棺槨葬之，不須假夢寐蓍龜而決也。葬之穴，尊者居中，左昭右穆而次，後則或東或西，亦左右相對而啟穴也。出母不合葬，亦不合祭。棄女還家，以殤穴葬之。」程氏自先生兄弟，所葬以昭穆定穴，不用墓師，以五色帛埋旬日，視色明暗，卜地氣善否。《外書》時紫芝集。和靖學《易》於先生。見《和靖年譜》。

七年壬申，六十歲。三月，除左通直郎、直祕閣、權判西京國子監。再辭。五月，管勾崇福宮。八月，申河南府，乞尋醫。

三月四日，延和奏事，三省進呈，程頤服除，欲與館職，判檢院。蘇轍進曰：「頤入朝，恐不肯靜。」簾中納之，令只與西監，遂除直祕閣，判西京國子監。《王公繫年録》。詳《續通鑑長編》。朱子云：初先生在經筵，歸其門下者甚盛。而蘇軾在翰林，亦多附之者，遂有洛黨、蜀黨之論。二黨道不同，互相非毀，先生竟爲蜀黨所擠。今又適軾弟轍執政，纔進稟，便云：「但恐不肯靜。」簾中入其説，故先生不復得召。四月，先生《辭免判國子監狀》。《再辭免狀》：❶「伏念臣力學有

---

❶「狀」，清呂留良本《二程全書》作「表」。

年，以身任道，唯知耕養以求志，不希聞達以干時。皇帝陛下詔起臣於草野之中，而授臣以講説之職。❶臣切思之，得以講學侍人主，苟能致人主得堯、舜、禹、湯、文、武之道，則天下享唐、虞、夏、商、周之治。儒者逢時，孰過於此？臣是以躍然有許國之心。在職歲餘，夙夜畢精竭慮。蓋非徒爲辯辭解釋文義，惟欲積其誠意，感通聖心，傒交發志之孚，方進沃心之論；實覬不傳之學，復明於今日，作聖之效遠繼於先王。自二年春後來，臣每進説，陛下常首肯應臣。臣知陛下聖資樂學，誠自以謂千載之遇也。「而不思夫道大則難容，跡孤者易躓。入朝見嫉，世俗之常態；名高毁甚，史册之明言。如臣至愚，豈免衆口？不能取信於上，而欲爲繼古之事，成希世之功，人皆知其難也。臣何狂簡，敢爾覬幸？宜其獲罪明時，見嗟公論。志既乖於事道，義當致於爲臣。屢懇請而未從，俄遭憂而罷去。銜恤既終於喪制，退身當遂於初心。豈舍王哉？忠戀之誠雖至，不得已也，去就之義當然。「自惟衰邁之軀，得就安閑之地。聞今傳後，更有望於殘年，行道致君，甘息心於聖世。豈期矜貸，尚俾甄升？恩雖甚隆，義則難處。前日朝廷不知其不肖，使之勸學人主。

❶「而」，清吕留良本《二程全書》作「面」。

不用則亦已矣。若復無耻以苟禄位，孟子所謂『是爲壟断也』。儒者進退，當如是乎？臣非苟自重，實懼上累聖明，使天下後世謂朝廷特起之士乃貪利苟得之人，甚可羞也。臣猶羞之，況朝廷乎？在臣無可受之理，敢冒萬死，上還恩命。伏乞檢會臣前後累奏，特賜指揮。」《伊川文集》。朱子云：「明道德性寬大，規模廣闊。伊川氣質剛方，文理密察。其道雖同，而造德各異。故明道嘗爲條例司官，不以爲凂，而伊川所作行狀，乃獨不載其事。明道猶謂青苗可且放過，而伊川乃於西監一狀，較計如此，可謂不同矣。然明道之放過，乃孔子之獵較爲兆，而伊川之一一理會，乃孟子之不見諸侯也。然此亦何害其爲同耶？但明道所處，是大賢以上事，學者未至而輕議之，恐失所守。伊川所處雖高，然實中人皆可跂及，學者只當以此爲法則，庶乎寡過矣。」

四月己卯，禮部侍郎兼侍講范祖禹言程頤本末，別具論列。又奏云：「臣伏見元祐之初，陛下召程頤對便殿，自布衣除崇政殿説書，天下之士，皆謂得人，實爲希闊之美事。而纔及歲餘，即以人言罷之。頤之經術行誼，天下共知。司馬光、吕公著皆與頤相知二十餘年，然後舉之。此二人者，非爲欺罔以誤聖聰也。頤在經筵，切於皇帝陛下進學，故其講説語常繁多。草茅之人，一旦入朝，與人相接，不爲關防，未習朝廷事體。而言者謂頤大佞大邪，貪黷請求，奔走交結。又謂頤欲以故舊傾大臣，以意氣役臺諫。其言皆誣罔非實也。蓋當時臺諫官王巖叟、朱光庭、賈易，皆素推服頤之經術，故不知者指以爲頤黨。陛下慎擇經筵之官，如頤之賢，乃足以輔導聖學。至如臣輩，叨備講職，實非敢望頤也。臣久欲爲頤一言，懷之累年，猶豫不果。使頤受誣罔之謗於公正之朝，臣每思之，不無愧也。今臣已乞去職，若復召頤勸講，必有補聖明。臣雖終老在外，亦無憾矣。」《范太史家傳》。《續通鑑長編》：「祖禹屢請知梓州，執政擬從其請。太皇太后曰：『皇帝未欲令去，且爲皇帝留之。』執政諭旨，祖禹不敢復請。」朱子云：「范公雖不純師程氏，而實尊仰取法焉。其於東坡，則但以鄉黨遊從之，好素相親厚，而立朝議論，趣向略同。至其制行之殊，則迥然水火之不相入。且觀其辨理伊川之奏，則其心豈盡以東坡爲是哉？但不能辨之於當時，而發之數年之後，此剛强不足，不免乎兩狗之私者，而其所重在此，故卒不能勝其義理之心也。」《宋史》：賈易，字明叔，無爲人。元祐初爲左司諫。四月戊午，立孟后。詔云：「孟元孫女。」后孟在女也，而以孟元孫女詔者，先生云：「自古天子不娶小國，蓋孟元將校，曾隨文潞公貝州獲功，官至團練使，而在是時止是小使臣耳。」《遺書·東見録》註：此一段非元豐時事，疑後人記。《續通鑑長編》：元祐七年四月戊午，太皇太后手書曰：「吾近以皇帝年長，中宮未建，歷選諸臣之家，參求賢德。」故馬軍都虞侯贈太尉孟元孫女，閥閲之後，以禮自持，天姿端靖，雅合法相，宜立爲皇后。付學士院降制施行。《宋史》：元，字善長，洺州人。眉州防禦使馬軍都虞侯，子在閤門祇侯。五月甲申，監察御史董敦逸奏，以爲有怨望輕躁語。見《舊實録》。《續通鑑長編》：三月二十二日，吴立禮言。四月十四日，又言。五月，董敦逸言，程某辭免職名表，辭云不用則已，獲罪明時，不能取信於上，又有道大難容，名高毀甚之語，怨躁輕妄，不可縷數。至引孔、孟、伊尹以爲比，又自謂得儒者進退之義。惑衆慢上，無甚於此，伏乞朝廷，追寢新命。五月，《謝管勾崇福宮狀》。改授管勾崇福宮。見《實録》。先生具奏，以爲見患腰跨，拜受未得，候痊損日，謝恩受職次。見《伊川文集》，下同。《續通鑑長編》：五月，詔許辭免直祕閣，權判西京國子監，差管勾嵩山崇福宮。八月，《申河南府乞尋醫狀》。朝廷議授游定夫以正言，蘇右丞沮止，毀及伊川。宰相蘇子容曰：「公未可如此，頌觀過其門者，無不肅也。」《外書》時紫芝集。按楊文靖《游察院墓誌》：皇上即位，召爲監察御史，是在元符三年。此云議授正言，未詳何時。元祐六年二月，蘇轍爲尚書右丞，沮先生除官職，而蘇子容拜僕射，故類附於此。

八年癸酉，六十一歲。九月，哲宗親政，申祕閣西監之命。再辭。

哲宗初親政，申祕閣、西監之命，先生再辭不就。見《伊川文集》。有人云：「先生除國子監之命不受，是固也。」先生因言：「近煞有人以此相勉，某答云：待飢餓不能出門户時，當別相度。」《遺書》楊遵道録。宣仁山陵，太皇太后九月崩。先生往赴，吕汲公爲使。時朝廷以館職授先生，先生固辭。公謂先生曰：「仲尼亦不如是。」先生對曰：「公何言哉？某何人，而敢比仲尼？雖然，某學仲尼者，於仲尼之道，固不敢異。公以謂仲尼不如是，何也？」公曰：「陳恒弑其君，請討之，魯不用，則亦已矣。」先生未及對，會殿帥苗公至，先生辟之幕府，見公壻王讜。讜曰：「先生不亦甚乎？欲朝廷如何處先生也？」先生曰：「且如朝廷議北郊，所議不合禮，取笑天下。後世豈不知有一程某，亦嘗學禮，何爲而不問也？」讜曰：「北郊如何？」曰：「此朝廷事，朝廷不問而子問之，非可言之所也。」其後有問：「汲公所言陳恒之事，是與？」曰：「於《傳》，仲尼是時已不爲大夫，公言誤也。」《遺書》張思叔録，下同。按蘇文忠《王大年哀詞》：太原王君彭，字大年，故寧武軍節度使諱全斌之曾孫，武勝軍節度觀察留後諱凱之子也。爲將日有聞，其子讜以文學議論有聞於世，亦從予游。是否即汲公壻，俟考。呂汲公以百縑遺先生，先生辭之。時先生族兄子公孫在旁，謂先生曰：「勿爲已甚，姑受之。」先生曰：「公之所以遺某者，以某貧也。公位宰相，能進天下之賢，隨才而任之，則天下受其賜也。何獨某貧也，天下貧者亦衆矣，公帛固多，恐公不能周也。」殿帥苗公問先生曰：❶「朝廷處先生，如何則可？」先生對曰：「且如山陵事。苟得專處，雖永安尉可也。」《元豐九域志》：永安屬河南府。《宋儒學案》：苗授，字受之，上黨人。少從胡安定學。元祐三年，遷武秦軍節度使，殿前副都指揮使。卒，年六十七。

❶「帥」，原作「師」，據清呂留良本《二程全書》改。

諡莊敏。子履，時爲閤門祇侯。宣仁山陵時，會呂汲公於陵下。公曰：「國家養兵乃良策，凡四方有警，百姓皆不知。」先生曰：「相公豈不見景德中事耶？驅良民刺面，以至及士人。蓋有限之兵，忽損三五千人，將何自而補？要知兵須是出於民可也。」《遺書》附雜録後。苗履見先生，語及一武帥。曰：「此人舊日宣力至多，今官高而自愛，不肯向前。」先生曰：「何自待之輕乎？位愈高，則當愈思所以報國者。飢則爲用，飽則颺去，是以鷹犬自期也。」《外書》上蔡語録。是年五月，楊中立以師禮見先生於洛。《龜山年譜》。時年已四十一。先生偶瞑坐，時與游酢侍立不去。既覺，門外雪深一尺矣。《宋史》本傳。李遜齋《道南講授》云：「龜山受業於程純公，在元豐四年。閱十有二年，爲元祐八年，復受業於伊川先生。時龜山授瀏陽縣，出京遂往西洛，見先生於長壽寺拜表院，留側十日，往訪游定夫，復同游返洛，再留數日而去。明年，紹聖改元，章惇拜相。游定夫守太學博士，龜山貽書與之，定夫得書即乞出爲齊州簽判。」游定夫問：「陰陽不測之謂神。」先生曰：「賢是疑了問？是揀難底問？」《外書》晁氏客語。游定夫問先生：「戒慎乎其所不覩，恐懼乎其所不聞，及其至也，至於無聲無臭乎？」先生曰：「馴此可以至矣。」後和靖與周恭叔以此語問先生。先生曰：「然其間亦豈無事？」恭叔請問，先生曰：「如荀子云『學者始乎爲士，終乎聖人』，可以明之。」《外書》呂堅中記和靖語。問：「佛戒殺生之説如何？」先生曰：「儒者有兩説。一說，天生禽獸，本爲人食，此說不是。豈有人爲蟣蝨而生耶？一說，禽獸待人而生，殺之則不仁，此說亦不然。大抵力能勝之者皆可食，但君子有不忍之心爾。故曰：『見其生，不忍見其死；聞其聲，不忍食其肉。是以君子遠庖廚也。』舊先兄嘗見一蝎不忍殺，放去。頌中有二句云：『殺之則傷仁，放之則害義。』」《外書》卷八。按：龜山紹聖元年《與定夫書》有云：「去年相別時，定夫亦讀《易》，計須精到，有便願以所得見教，不宜有吝也。」故類繫此。

伊川先生年譜卷六

紹聖元年甲戌，六十二歲。居洛。

楊應之卒，先生有《祭文》云：「昔予與君，邂逅相遇於大江之南，言契氣合，遂從予遊。歲時三紀，情均骨肉。忽聞來訃，❶何痛如之！」《伊洛淵源録》註：蓋先生交遊，非門人之列也。呂氏言其元豐中已老，則年與先生亦相若云。先生嘗言：「楊應之在交遊中，英氣偉度，過絶於人，未見其比，可望以託吾道者。」呂氏《童蒙訓》。三月辛丑晦，朱公掞卒，有《祭文》，云：「自予兄弟倡學之初，衆方驚異，君時甚少，景祐四年生，少先生四歲。獨信不疑。非夫豪傑特立之士，能如是乎？不幸七八年之間，同志共學之人，相繼而逝。劉質夫、李端伯、呂與叔、范巽之、楊應之相繼而死也。今君復往，使予踽踽於世，憂道學之寡助；則予之哭君，豈獨交朋之情而已？」見《伊川文集》。三月，策進士。侍郎李清臣發策，意絀元祐之政，河南尹焞應舉，乃歎曰：「尚可以干禄乎哉？」不對而出，告先生曰：「吾不

❶「訃」，原作「赴」，據清吕留良本《二程全書》改。

復應進士舉矣。」先生曰：「子有母在。」歸告其母陳，陳曰：「吾知汝以善養，不知汝以禄養。」先生聞之曰：「賢哉母也。」於是終身不就舉。《伊洛淵源録》。《宋史》：李清臣，字邦直，魏人。哲宗親政，拜中書侍郎。紹聖元年，廷試進士，發策問曰：「今復詞賦之選，而士不知勸。罷常平之官，而農不加富。可差可募之説雜，而役法病。或東或北之論異，而河患滋。賜士以柔遠，而羌戎之患未息。弛利以便民，而商賈之路不通。夫可則因，否則革，惟是之爲當。聖人亦何取必哉？」策士悟其旨，於是紹述之論大興，國是一變。范純仁去位，清臣獨專中書，亟復青苗、免役，除諸路提舉，以覬相位。及章惇相，復與爲異。尋爲曾布所陷，出知大名。卒，年七十一。按《尹和靖年譜》：發策編在元祐五年，疑考之未詳。章惇爲相，欲起用邵伯温，伯温不往。會法當赴吏部銓，先生謂伯温曰：「吾危子之行也。」伯温曰：「豈不欲見先公於地下耶？」見《宋史》。《宋史》：章惇，字子厚，浦城人。哲宗親政，楊畏倡議起惇，拜左僕射兼門下侍郎，專以紹述爲名，凡元祐所革政事，一切復之，力引其黨，報復仇怨，小大之臣，無一得免。復動揺宣仁，自皇太后太妃力争，上乃悟。徽宗立爲山陵使，言者劾其不恭，再貶雷州，尋死睦州。窮凶稔惡，流毒海内，子孫訖無顯者。

二年乙亥，六十三歲。在洛。

元豐庚申歲，作《遺金閑志》：「後十五年，紹聖乙亥秋九月，因閲故編，偶見之，思與叔之不幸早死，爲之涕下。」見《伊川文集》。按：《遺書》註：辛未，與叔卒。今檢《續通鑑長編》：元祐七年壬申五月，范純夫奏舉與叔，則辛未尚無恙。又按《蘇文忠集·吕與叔輓詞》註：元祐間，從官薦除太學博士，遷祕書省正字。范淳甫乞以備勸講，未及用而卒。蓋在壬申五月後也。

先生曰：「吾四十歲以前讀誦，五十以前研究其義，六十以前反覆紬繹，六十以後著書。」著書不得已。❶《遺書》鄒德久録。問：「先生曾定六禮，今已成未？」曰：「舊日作此，已及七分，後來被召入朝，既在朝廷，則當行之朝廷，不當爲私書，既而遭憂，又疾病數年，今始無事，更一二年可成也。」曰：「聞有五經解，已成否？」曰：「惟《易》須親撰，諸經則關中諸公分去，以某説撰成之。《禮》之名數，陝西諸公删定，已送與吕與叔，與叔今死矣，不知其書安在也？然所定只禮之名數，若禮之文，亦非親作不可也。」《遺書》劉元承編。《禮序》：「經禮三百，威儀三千，皆出於性，非僞貌飾情也。鄙夫野人卒然加敬，逡巡遜卻而不敢受。三尺童子拱而趨市，暴夫悍卒莫敢狎焉。彼非素有於教與邀譽於人而然也，蓋其所有於性，物感而出者如此。故天尊地卑，禮固立矣；類聚群分，禮固行矣。

「人者，位乎天地之間，立乎萬物之上；天地與吾同體，萬物與吾同氣，尊卑分類，不設

❶「著書不得已」，原爲正文，據清吕留良本《二程全書》改爲小注。

而彰。聖人循此，制爲冠、婚、喪、祭、朝、聘、燕、饗之禮，❶以行君臣、父子、兄弟、夫婦、朋友之義。其形而下者，具於飲食器服之用；其形而上者，極於無聲無臭之微；衆人勉之，賢人行之，聖人由之。故所以行其身、與其家、與其國、與其天下，禮治則治，禮亂則亂，禮存則存，禮亡則亡。上自古始，下逮五季，質文不同，罔不由是。然而世有損益，惟周爲備。是以夫子嘗曰：『郁郁乎文哉！吾從周。』逮其弊也，忠義之薄，情文之繁，林放有禮本之問，而孔子欲先進之從，蓋所以矯正反弊也。然豈禮之過哉？爲禮者之過也。

「秦氏焚滅典籍，三代禮文大壞。漢興購書，《禮記》四十九篇，雜出諸家傳記，不能悉得聖人之旨。考其文義，時有牴牾。然而其文繁，其義博。學者觀之，如適大通之衢，珠珍器帛隨其所取；如游阿房之宫，千門萬户隨其所入；博而約之，亦可以弗畔。蓋其説也，粗在應對進退之間，而精在道德性命之要。始於童幼之習，而終於聖人之歸。惟達於道者，然後能知其言；能知其言，然後能得於禮。然則禮之所以爲禮，其則不遠矣。昔者顔子之所從事，不出乎視聽言動之間，而《鄉黨》之記孔子，多在於動容周旋

❶「饗」，清吕留良本《二程全書》作「享」。

之際，此學者所當致疑以思，致思以達也。」《性理群書》。龍川陳氏《伊洛禮書補亡序》云：「吾友陳君舉爲予言：季宣士隆嘗從袁道潔游。道潔及事伊川，自言得《伊洛禮書》，不及授士隆而死，今不知其書在何處。伊川嘗言舊修六禮，已及七分，及被召乃止，今更一年可成。則信有其書矣，道潔之所藏近是，惜其書之散亡不可見也。因集其遺言中凡參考禮儀，而是正其可行與不可行者，以爲《伊洛禮書補亡》，庶幾遺意未泯，而或者其書尚可訪也。」又《遺禮通考序》曰：❶「伊洛遺禮，其可見者惟婚與喪禮，僅存其一二，以附諸《禮書補亡》之後。」呂與叔作《横渠行狀》，有「見二程盡棄其學」之語。尹子言之，先生曰：「表叔平生議論，謂某兄弟有同處則可，若謂學於某兄弟則無是事。頃年屬與叔删去，不謂尚存斯言，幾於無忌憚。」《外書》時紫芝集。

三年丙子，六十四歲。在洛。

先生與韓持國善，約侯，❷韓年八十一往見之。是歲元日，因子弟賀正，乃曰：「某今年有一債未還，春中當暫往潁昌見韓持國。」乃往造焉，久留潁昌，韓早晚伴食，禮貌加敬。一日，韓密謂其子彬叔曰：「先生遠來，無以爲意。我有黄金藥楪一，重三十兩似可爲先生壽。然未敢遽言之。我當以他事使汝侍食，因從容道吾意。」彬叔侍食，如所

❶「遺禮通考序」，四庫本《龍川集》作「書伊洛遺禮後」。

❷「約」上，清吕留良本《二程全書》有「嘗」字。

戒,試啟之。先生曰:「某與乃翁道義交,故不遠而來,奚以此爲?」詰朝遂歸。持國謂其子曰:「我不敢言,正爲此耳。」再三謝過而別。《外書》祁寬記尹和靖語。韓持國與先生語,歎曰:「今日又暮矣。」先生曰:「此常理,從來如是,何歎爲?」公曰:「老者行去矣。」曰:「公勿去可也。」公曰:「如何能勿去?」先生曰:「不能則去可也。」《遺書》張思叔録。先生《答楊時論西銘書》:「前所寄史論十篇,其意甚正,纔一觀,便爲人借去,俟更子細看。《西銘》之論,則未然。横渠立言,誠有過者,乃在《正蒙》。《西銘》之爲書,推理以存義,擴前聖所未發,與孟子性善養氣之論同功,二者亦前聖所未發。豈墨氏之比哉?《西銘》明理一而分殊,墨氏則二本而無分。老幼及人,理一也。愛無差等,本二也。分殊之蔽,私勝而失仁;無分之罪,兼愛而無義。分立而推理一,以止私勝之流,仁之方也。無别而迷兼愛,至於無父之極,義之賊也。子比而同之,過矣。且謂言體而不及用。彼欲使人推而行之,本爲用也,反謂不及,不亦異乎?」《伊川文集》。《龜山年譜》:紹聖丙子,官瀏陽有再與先生書,論《西銘》,又寄所著史論。朱子云:「天地之間,理一而已。然乾道成男,坤道成女,二氣交感,化生萬物,則其大小之分,親疎之等,至於十百千萬而不能齊也。不有聖賢者出,孰能合其異而反其同哉?《西銘》之作,意蓋如此。程子以爲明理一而分殊,可謂一言以蔽之矣。蓋以乾爲父,以坤爲母,有生之類,無物不然,所謂理一也。而人物之生,血脈之屬,各親其親,各子其子，則其分亦安得而不殊哉？一本而萬殊，則雖天下一家，中國一人，而不流於兼愛之弊。萬殊而一貫，則雖親疎異情，貴賤異等，而不牿於爲我之私。此《西銘》之大旨也。觀其推親親之厚，以大無我之公，因事親之誠，以明事天之道，蓋無適而非，所謂分立而推理一也。夫豈專以民吾同胞，長長幼幼爲理一，而必默識於言意之表，然後知其分之殊哉？」先生《答楊中立論西銘》，中立書尾云：「判然無疑。」先生曰：「楊時也未判然。」《外書》祁寬記尹和靖語。《龜山集·答伊川先生第二書》云：「昔從明道，即授以《西銘》使讀之，尋繹累日，乃有所得，始知爲學之大方。是將終身佩服，豈敢妄疑其失，比同於墨氏？」「前書所論，竊謂過之者，特疑其辭有未達耳。今得先生開論丁寧，傳之學者，自當釋然無惑也。」朱子云：「《龜山語録》有曰：《西銘》理一而分殊，知其理一所以爲仁，知其分殊所以爲義。所謂分殊，猶孟子言親親而仁民，仁民而愛物，其分不同，故所施不無差等耳。或曰：如是則體用果離而爲二矣？曰：用，未嘗離體也。以人觀之，四肢百骸具於一身者，體也。至於用處，則首不可以加屨，足不可以納冠，蓋即體而言，而分已在其中矣。此論分别異同，各有歸趣，大非答書之比。豈其年高德盛，而所見始益精與？因表而出之，以明答書之説，誠有未釋然者，而龜山所見，蓋不終於此而已也。」按《龜山集》此條係崇寧丙戌京師所聞，龜山年五十四，故云年高德盛。

問：「《西銘》何如？」曰：「此横渠文之粹者也。」曰：「充得盡時如何？」曰：「聖人也。」「横渠能充盡否？」曰：「言有多端，有有德之言，有造道之言。有德之言説自己事，如聖人言聖人事也。造道之言則知足以知此，如賢人説聖人事也。横渠道儘高，言儘醇，自孟子後儒者，都無他見識。」《遺書》劉元承編。李安溪《程子遺書纂》云：程子於明道墓表，既以之接孟子之傳；於横渠則曰自孟子後，只有《原道》一篇，《西銘》則《原道》之宗祖也。又曰：自孟子後，儒者都無他見識。或疑程子所以尊濂溪者，反横渠之不如。然其所以表章《西銘》，而不及《太極》，原有深指存焉。朱子言之悉矣。其評論語次，雖未聞以孟氏以後之統歸之，然孔顏之樂，乃程子自言授受之要，非其實到仲尼、顏子樂處，則豈能開端指示，而使學者尋之哉？夫得孔顏之心，而不傳孔顏之道，未之有也。濂溪之心得者深，明道、横渠之友教者廣，亦猶顏子潛德於孔子之門，孟子修業於戰國之世，故推尊之論，各有攸當，未可執一以疑其二也。如後世多稱孔孟，然未聞有以是掩顏子者。推是，可以論伊洛淵源之際矣。舊在二先生之門者，明道最愛中立，先生最愛定夫。觀二人氣象亦相似。《上蔡語録》。先生曰：「游酢於《西銘》，讀之已能不逆於心，言語之外，别立得這箇意思，便道一作「到」。中庸矣。」《伊洛淵源録》。李朴先之説：臨離洛時，請教於先生。先生言：「當養浩然之氣。」語先之曰：「觀張子厚所作《西銘》，能養浩然之氣者也。」吕氏《童蒙訓》。《宋儒學案》：李朴，字先之，興國人。登紹聖進士，爲西京國子教授，因受學焉，伊川器許之。以嘗言孟后不當廢，追官。徽宗即位，陳瓘薦，召對。蔡京惡其鯁直，指爲元祐學術。欽宗立，除著作郎，五遷至國子祭酒，以疾辭。高宗除祕書監，趣召未至。卒，年六十五。

四年丁丑，六十五歲。二月，追毁出身文字，放歸田里。十一月，編管涪州。

二月，追毁出身以來文字，放歸田里。《道命録》。六月乙丑，叔父朝奉琉卒。十月，葬伊川先塋。作《墓誌銘》。見《伊川文集》。某時放歸田里，帝一時與輔臣語及元祐政事，曰：「程頤妄自尊大，在經筵多不遜。」於是，言者論某與司馬光同惡相濟，削籍竄涪州。《道命録》。《元豐九域志》：涪州屬夔州路。十一月，送涪州編管。見《實録》。謝某顯道。曾問：「涪州之行，知其由來，乃族子與故人耳。」族子謂程公孫，故人謂邢恕。《續通鑑長編》：程公孫乃呂公著男希純之妻兄。先生答曰：「族子至愚，不足責。故人情厚，不敢疑。孟子既知天，焉用尤臧氏？」因問：「邢七雖爲惡，然必不到更傾先生也。」先生曰：「然。邢七亦有書到某云：『屢於權宰處言之。』不知身爲言官，卻説此話。未知傾與不傾，只合救與不救，便在其間。」又問：「邢七久從先生，想都無知識，後來極狼狽。」先生曰：「謂之全無知則不可，只是義理不能勝利欲之心，便至如此也。」《遺書》楊遵道録。《續通鑑長編》：先生素與邢恕善，而恕稚不樂林希，希謀與諫官共攻之。先生編管，蓋希力。希意恕必救，因以傾恕。恕語人曰：「便斬某萬段，恕亦不救。」聞者笑之。先生被謫時，李邦直尹洛，令都監來見，先生才出見之，便請上轎，先生欲略見叔母，亦不許，莫知朝命云何。是夜，宿於都監廳。明日，差人管押成行。至龍門，邦直遣人賮金百星，先生不受。既歸，門人問：

「先生臨行時，諸公贐行皆受，邦直亦是親戚，何爲不受？」先生曰：「與某相知即可受，渠是時已與某不相知，豈可受耶？」《伊洛淵源録》。

先生貶涪州，渡漢江，中流船幾覆，舟中人皆號哭，先生獨正襟安坐如常。已而及岸，同舟有老父問曰：「當船危時，君正坐色甚莊，何也？」先生曰：「心存誠敬耳。」老父曰：「心存誠敬固善，然不若無心。」先生欲與之言，而老父徑去。《外書·聞見録》。

翟霖送先生西遷，道宿僧舍，坐處背塑像，先生令將倚勿背。霖問曰：「豈以其徒敬之，故亦當敬耶？」先生曰：「但具人形貌，便不當慢。」《龜山語録》。

元符元年戊寅，六十六歲。在涪。

《上謝帥師直書》略云：「某至愚學道，幾五十年，惟是自信，行某所知，不敢爲世俗所移。知之罪之，則繫乎人焉。」又云「姪子某爲令醴泉，病陰證傷寒，而邑之醫者乃大下之，又與洗心散，遂至冤死。今有狀披訴。伏惟明公居大帥之任，操勸懲之柄」，「法之所無者，尚可權其宜而行之，況有法可依者乎」？「誠能行之」，使「庸醫之輩皆知戒懼，不敢輕視人命，則公及人之功，豈細也哉」？見《伊川文集》，下同。按《宋史》：謝師直以元祐初進寶文閣直學士，知開封府。三年，劉安世論，改知鄆州，歷永興軍。書稱安撫寶文，居大帥之任，指此。《祭四十一郎文》略云：「吾方以罪戾，竄縶遠方，生不獲視汝疾，死不獲撫汝柩，冤痛之深，衷腸如割。吾知汝有未伸之志，抱無窮之憾，❶吾當致力，慰爾心於泉下。又汝婦盛年，自今當待之加厚，冀其安室。嗣子循良，今已可見，當教誨之，期於成立，則汝爲有後矣。嗚呼！吾將七十，望汝收我，而我反哭汝。天乎！冤哉！」

按：四十一郎，疑即明道子端本，舉進士第，令醴泉。《與金堂謝君書》云：「某啟。前月末，吴齋郎送到書信，即遞中奉報，計半月方達。冬寒，遠想雅履安和。僑居旋爲客次，日以延望，乃知止行，甚悒悒也。來春江水穩善，候有所授，能一訪甚佳。只云忠、涪間看親，人必不疑也。某偕小子甚安。來春本欲作《春秋》文字，以此無書，故未能，卻先了《論》、《孟》或《禮記》也。《春秋》文義數十，皎如日星，不容遺忘，只恐細微義例，老年精神有所漏落。且請推官用意尋究，後日見助，如往年所説，許止、蔡般書葬類是也。若欲治《易》，先尋繹令熟，只看王弼、胡先生、王介甫三家文字，令通貫，餘人《易》説，無取枉費功。年亦長矣，宜汲汲也。未相見間，千百慎愛。十一月初九日，某啟知縣推官。」《元豐九域志》：金堂縣屬梓州路懷安軍。朱子跋云「近世學者閱理不精，正坐讀書草草耳。況《春秋》大義數十，炳若日星，固已見於傳序，而此所謂『不容遺忘』者，又非先生決不能道也。夫三

❶「憾」，清吕留良本《二程全書》作「恨」。

綱五常，大倫大法，有識以上即能言之，而臨小利害，輒已失其守，正以學不足以全其本心之正，是以無所根著而忘之耳。既有以自信，其不容遺忘，又不覺因事而形於筆札之間，非先生之德盛仁熟，左右逢原，能及是耶？謝君名見張思叔所記《師説》，❶而崇、觀間久官太學，未知果能尊所聞否？其家尚藏此帖」，因識其後，「使覽者有以知夫學之有統，道之有歸，而不但爲文字之空言，以譁取世寵已也」。按此跋：謝君，名湜，字持正，金堂人。黄梨州《學案》云：登元豐進士，官至國子博士。全謝山謂湜以所著《春秋》呈正，先生答以更二十年方可作，則當與劉絢同時。又謂其試學官不行，當以布衣終。則未見朱子跋語也。

二年己卯，六十七歲。在涪。序《周易傳》。

正月庚申，《易傳》成而序之曰：「易，變易也，隨時變易以從道也。其爲書也，廣大悉備，將以順性命之理，通幽明之故，盡事物之情，而示開物成務之道也。聖人之憂患後世，可謂至矣。去古雖遠，遺經尚存。然而前儒失意以傳言，後學誦言而忘味。自秦而下，蓋無傳矣。予生千載之後，悼斯文之湮晦，將俾後人沿流而求源，此傳所以作也。

「《易》有聖人之道四焉：『以言者尚其辭，以動者尚其變，以制器者尚其象，以卜筮者尚

---

❶「名」，原作「各」，據清吕留良本《二程全書》改。

其占。』吉凶消長之理，進退存亡之道，備於辭。推辭考卦，可以知變，象與占在其中矣。君子居則觀其象而玩其辭，動則觀其變而玩其占。得於辭，不達其意者有矣；未有不得於辭而能通其意者也。至微者理也，至著者象也。體用一源，顯微無閒。觀會通以行其典禮，則辭無所不備。故善學者，求言必自近。《易》於近者，非知言者也。予所傳者辭也，由辭以得其意，則在乎人焉？」《伊川易傳》。朱子云：伊川晚年，文字直是盛得水住。晚年所見甚實，觀《易傳》可見，何嘗有一語不著實。又云：「求言必自近。《易》於近者，非知言者也。」此伊川喫力爲人處。《易序》：「《易》之爲書，卦爻彖象之義備，而天地萬物之情見。聖人之憂天下來世，其至矣：先天下而開其物，後天下而成其務。是故極其數以定天下之象，著其象以定天下之吉凶。六十四卦，三百八十四爻，皆所以順性命之理，盡變化之道也。

「散之在理，則有萬殊；統之在道，則無二致。所以『《易》有太極，是生兩儀』。太極者道也，兩儀者陰陽也。陰陽，一道也。太極，無極也。萬物之生，負陰而抱陽，莫不有太極，莫不有兩儀，絪緼交感，變化不窮。形一受其生，神一發其智，情僞出焉，萬緒起焉。

「《易》，所以定吉凶而生大業。故《易》者陰陽之道也，卦者陰陽之物也，爻者陰陽之動也。卦雖不同，所同者奇偶；爻雖不同，所同者九六。是以六十四卦爲其體，三百八十四爻互爲其用。遠在六合之外，近在一身之中，暫於瞬息，微於動静，莫不有卦之象焉，莫不有爻之義焉。

「至哉《易》乎！其道至大而无不包，其用至神而无不有。時固未始有一，而卦亦未始有定象；事固未始有窮，而爻亦未始有定位。以一時而索卦，則拘於无變，非《易》也。以一事而明爻，則窒而不通，非《易》也。知所謂卦爻彖象之義，而不知有卦爻彖象之用，亦非《易》也。故得之於精神之運，心術之動，與天地合其德，與日月合其明，與四時合其序，與鬼神合其吉凶，然後可以謂之知《易》也。雖然，《易》之有卦，《易》之已形者也；卦之有爻，卦之已見者也。已形已見者可以言知，未形未見者不可以名求。則所謂《易》者，果何如哉？此學者所當知也。」《伊川易傳序》。竇克勤云：「周子《太極圖》原本於《易》，程子《易序》又原本於《太極圖》。熟讀《易序》，見得程子只看得《太極圖》通透，有心解神會之妙，故言言皆拍合耳。」先生以《易傳》示門人曰：「只説得七分，後人更須自體究。」《外書》時紫芝集，下同。郭忠孝議《易傳序》曰：「《易》即道也，又何從道？」或以問先生，先生曰：「人隨時變易爲何？爲從道也。」門弟子請問《易傳》事，雖有一字之疑，先生必再三喻之，蓋其潛心甚久，未嘗容易下一字也。《外書》吕堅中記尹和靖語。尹焞言：「先生踐履盡《易》，其作《傳》只是因而寫成，熟讀玩味即可見矣。」又云：「先生平生用意，惟在《易傳》，求先生之學者，觀此足矣。《語録》之類，出於學者所記，所見有淺深，故所記有工拙，蓋未能無失也。」《和靖語録》。龜山《與游定夫書》：「《易傳》後序，顯道爲之，某跋尾已削去不用。前年在京師，與顯道議，云先生亦嘗有意自門人成之，故其序述如此。蓋舊本，西人傳之已多，惟東南未有此書，欲以傳東南學者。不敘其所以，恐異時見其文有異同，不足傳信也。與顯道初議如此，恐此書方祕藏，未敢出以示人，或未安，更希示諭。」譙定少學《易》於郭曩氏。後至京，聞先生講道於洛，特潔衣往見，得聞精義，造詣深至，浩然而歸。先生貶涪陵，相與游泳北山之巖。《宋史》、《邵氏宏簡録》。《宋儒學案》：定，字天授，涪陵人。後以《易》學授劉勉之、胡憲。

范淳夫之葬，先生爲之經理，掘地深數丈，不置一物，葬之日，招左近父老犒以酒食示之。其後發塚者相繼，而淳夫墓獨完。《外書》時紫芝集，下同。按：《續通鑑長編》：范淳夫以元符元年十月甲午，卒松江。姚樗寮椿云：范淳夫卒於化州，與涪州地不相接，伊川不能經理其終事，此係疑誤，當再詳考。謹按：全謝山《學案補》云：化州城外寺，一夕見大星隕，中夜聞傳呼開門，是夕淳夫先生卒，殯於寺中。次年許歸葬，化人祀之。據此，則歸葬應在華陽，與涪州接壤，先生爲之經理宜矣。尹焞問范淳夫之爲人，先生曰：「其人如玉。」

三年庚辰，六十八歲。正月，徽宗即位。移峽州。四月，復宣德郎，還洛。十月，復通直郎，權判西京國子監。

正月己卯，帝崩，端王佶即位。移峽州。四月，以赦復宣德郎，任便居住。制見《曲阜集》。先生自涪州歸，過襄州，楊畏爲守，待之甚厚。先生曰：「某罪戾之餘，安敢當此？」畏曰：「今時事已變。」先生曰：「時事雖變，某安敢變。」《外書》汪端明記。《宋史》：楊畏，字子安，遂寧人。徙洛陽，爲御史，傾危反覆，初助呂大防攻劉摯，罷之，極意附蘇轍攻范純仁，復詆轍。太后崩，首謀紹述，薦章惇入相，徙吏部侍郎。又陰附李清臣、安燾，天下言其無恥已極，目爲楊三變，其究爲縉紳極禍。先生自涪陵歸，過襄陽，楊子安在焉。子安問：「《易》從甚處起？」時方揮扇，先生以扇柄畫地一下，曰：「從這裏起。」子安無語。後至洛中，子安舉以告和靖，且曰：「某當時悔不更問，此畫從甚處起？」和靖以告，先生曰：「待他問時，只與默然得似箇，子安更喜歡也。」和靖舉似子安，子安由此遂服。《外書》祁寬記尹和靖語。先生歸自涪州，氣貌容色髭髮，皆勝平昔。門人問何以得此？先生曰：「學之力也。大凡學者，學處患難貧賤，若富貴榮達，不須學也。」《外書》涪陵記善録。先生責涪州，註《周易》，與門弟子講學，不以爲憂，赦得歸，不以爲喜。《聞見録》。先生歸自涪陵，思叔始見先生，時從學者甚衆，先生獨許思叔，因讀《孟子》「志士不忘在溝壑，勇士不忘喪其元」，始有自得處。《呂氏雜志》。和靖言：「焞與思叔既相友善，先生歸自涪陵，思叔始見先生。思叔穎悟疏通，先生亦便喜之，自此同遊處。先生以族女妻之，甚相敬待。家居壽安，學者從之漸衆。」和靖嘗因侍坐，禀先生曰：「張繹每聞先生語，往往言下解悟。焞聞先生語，須再三尋思，或更請問然後解悟。然他日持守，恐思叔不及焞。」先生以爲然。思叔長於爲文，又善辨事。先生嘗言晚得二士。《涪陵記善録》。先生謂尹焞魯，張繹俊。俊，恐他日過之；魯者終有守也。《外書》時紫芝集，下同。和靖、思叔見。先生曰：「二子於某言如何？」和靖對曰：「聞先生之言，言下領意，焞不如繹。能終守先生之學，繹亦不如焞。」先生欣然曰：「各中其病。」張思叔請問，其論或太高，先生不答，良久曰：「累高必自下。」和靖云：「馮理自號東臯居士，曰：『二十年聞先生教誨，今有一奇特事。』先生曰：『何如？』理曰：『夜間宴坐，室中有光。』先生曰：『某亦有奇特事。』理請問之，先生曰：『每食必飽。』」按：《宋儒學案》：馮理，字聖先，汝州人。與和靖同學，於洛，至必同處。子忠恕，從和靖學，涪陵記善録者也。聖先自云「二十年聞先生教」，則從學在和靖先矣。和靖曰：「先生謂侯師聖議論，只好隔壁聽。」按《伊洛淵源録》、《宋儒學案》：侯師聖，名仲良，華陰先生之孫。初從伊川，未晤，乃訪濂溪，自謂有得。但濂溪卒於熙寧六年，而侯子靖康、建炎之間尚在，其年輩不相接明矣。晚居三川，多識賢公卿大夫，而熟觀二先生之德行，安心羈苦，守節不移。至於講論經術，通貫不窮。商略時事，纖微必察，有《論語説》及《雅言》一篇。思叔三十歲熙寧四年生。方見先生，後先生一年卒。年三十八。初以文聞於鄉曲，自見伊川，❶後來作文字甚少。先生每云：「張繹朴茂。」《外書》祁寬記尹和靖語，下同。和靖言：「昔與范元長同見先生，偶有幹，先起下階。先生謂范曰：『君看尹彦明，他時必有用於世。』」《宋儒學案》：范沖，字元長，正獻蜀公長子。登紹聖進士第。高宗即位，召爲宗正少卿，兼直史館，修神、哲兩朝實録。張浚薦沖，名德老成可備訓導。遷翰林學士兼侍讀，力辭，尋以龍圖閣直學士奉祠。卒，年七十五。孟敦夫厚。來從先生，又爲王氏學，舉業特精，獨處一室，糞穢不治。嘗獻書於先生，先生云：「孟厚初時説得也似，其後須没事生事。」一日，語之曰：「子胡不見尹焞、張繹？朋友間最好講學。」然三公皆同齒也。敦夫見和靖曰：「先生令厚來見二公，若彦明所願見，如思叔莫不消見否？」和靖曰：「只不消見思叔之心，便是不消見焞之心也。」先生嘗謂學者曰：「孟厚不治一室，亦何益？學不在此，假使灑埽得潔浄，莫更快人意否？」暇日静坐，和靖、孟敦夫、張思叔侍。先生指面前水盆語曰：「清静中一物不可著，才著物便摇動。」《涪陵記善録》，下同。和靖偶學《虞書》。先生曰：「賢那得許多工夫。」

❶「自見伊川」，原無，據清呂留良本《二程全書》補。

思叔詬詈僕夫，先生曰：「何不動心忍性？」思叔慚謝。繹曰：「鄒浩以極諫得罪，世疑其賣直也。」先生曰：「君子之於人也，當於有過中求無過，不當於無過中求有過。」《遺書》張思叔録。按：《宋史》：鄒浩以論劉氏不當立，元符二年九月除名，新州羈管。元符末，徽宗即位，皇太后垂簾聽政。五月，有旨復哲宗元祐皇后孟氏位號。時有論不可者曰：「上於元祐后，叔嫂也，叔無復嫂之禮。」先生謂邵伯温曰：「元祐后之賢固也，論者之言，亦未爲無理。」伯温曰：「子甚宜其妻，父母不悦，出。子不宜其妻，父母曰是善事我，子行夫婦之禮焉。太后，於哲廟，母也。於元祐后，姑也。母之命，姑之命，何爲不可？非上以叔復嫂也。」先生喜曰：「子之言得之矣。」《外書・聞見録》。十月，復通直郎，權判西京國子監。見《伊川文集》。先生既受命，即謁告，欲遷延爲尋醫計，既而供職。門人尹焞深疑之。先生曰：「上初即位，首被大恩，不如是，則何以仰承德意？然吾之不能仕，蓋已決矣。受一月之俸焉，然後惟吾所欲爾。」《遺書》楊遵道録。又劉忠肅公《家私記》，此除乃李邦直、范彝叟之意。呂氏《童蒙訓》：「李君行先生紹聖中致仕，歸虔州。元符庚辰歲，諸公既還朝廷，君行驛召賜對，管勾宗子學，比國子司業，蓋有陰沮止之恐在要地者。伊川先生嘗問從學者：『李君行何以復出。』從學者對曰：『李司業承朝廷美意，不得不出，然且歸矣。』君行既至京師，即引疾得歸。」君行，名潛，虔州人。篤行自守，不交當世。范彝叟力薦於朝，除太學博士，校書郎。紹聖中，力求去，知蘄州，遂請老。按：此條與先生意同，故附註此。《謝復官表》。見《伊川文集》。十二月，提舉京西路常平公事，方宙請還先年所奪先生田土。此奏雖未行，士論韙之。《道命録》。先生與侯仲良語及牛、李事，因言温公在朝，欲盡去元豐間人。先生曰：「作新人才難，變化人才易。今諸人之才皆可用，且人豈肯甘爲小人，在君相變化如何耳。若宰相用之爲君子，孰不爲君子？此等事教他們自做，未必不勝如吾曹。」仲良曰：「若然，則無紹聖間事也。」《外書》卷七。黄東發云：「尹子親註云：『此段可疑。』蓋意其非程子語也。然《邵氏聞見録》亦載伯淳與韓宗師語云『當與元豐大臣同。若先分黨與，他日可憂』。則胡氏本所載，未以爲可疑也。豈程氏自有此論，尹子鑒後來調停之禍而疑之耶？然自古亦有君子、小人共事而可成功者，第惟伯淳自足以服熙寧諸人之心，必又有以處之之道耳。」❶

羅從彦從楊時學，講《易》至乾九四爻云：「伊川説甚善。」從彦即鬻田走洛，見先生。先生反復以告，從彦謝曰：「聞之龜山具是矣。」歸而卒業。《宋史·道學傳》。李遜齋《道南講授》云：黄梨洲《宋儒學案》考《龜山集》，丁亥知餘杭，壬辰知蕭山，相去六年。而餘杭所聞，已有豫章之問答，則其從學非始於蕭山明矣。其言豫章之見伊川，在見龜山之後，伊川卒於丁亥，若見龜山始

---

❶「之道耳」，原無，據清吕留良本《二程全書》補。

於壬辰，則伊川之卒已六年矣，又何從見之乎？以上辨析，殊有所據，獨《學案》載崇寧豫章見龜山於將樂，余求其考證未得。考《龜山年譜》：自元符二年己卯歸家，三年庚辰講學於含雲寺，作勉學詩以示諸生。與訓豫章語同一意。意龜山歸後，學成道尊，群從蔚萃。較其時，考其地，似有足證。蓋自紹聖四年，伊川先生以黨論送涪州編管，越兩年，龜山歸自瀏陽，正值洛學黨禁之餘。傳所謂杜門累年，沈浸經書，推廣師說者，此其時也。按此條辨析精詳，時黄梨州《宋儒學案》未刊，李遜齋已見及此。則豫章見龜山，自當以元符三年爲正。

徽宗建中靖國元年辛巳，六十九歲。五月，追所復官。冬，居伊川。

五月，追所復官，依舊致仕。見《伊川文集》。前此未嘗致仕，而云依舊致仕，疑西監供職不久，即嘗致仕也。未詳。先生自涪陵歸，復官半年，不曾請俸。糧料院吏人忽來索請券狀子。先生云：「自來不會寫狀子。」受事人不去，只令弟子録與受官日月。《遺書》楊遵道録。謝顯道上殿不稱旨，先生聞之喜；已而就監門之職。陳貴一問：「顯道如何人？」先生曰：「由、求之徒。」《外書》時紫芝集。《宋儒學案》：陳貴一，名經正，平陽人。典其弟經邦從伊川遊，謝持正之見伊川，貴一實介紹之。經邦，字貴新，成大觀進士。皆有問答，見《語録》。平陽學統自貴一兄弟始。嘗曰：「盈天地之間，皆我之性，不復知我之爲我。」按：原本作崇寧間，《伊洛淵源録》註作建中召對，除書局官。先生歸自涪陵，謝顯道自蔡州來洛中，一作「授澠池令，來洛見先生」。再親炙焉。久之，先生謂尹和靖、張思叔曰：「可同去見謝良佐問之，此回見吾，有何所得？」尹、張如所戒，謝曰：「此會方會得先生説話也。」張以告先生，先生然之。《外書》祁寬記尹和靖語。顯道言：「二十年前，往見先生，先生曰：『近日事如何？』某對曰：『天下何思何慮？』先生曰：『是則是有此理，賢卻發得太早。』在先生直是會鍛鍊得人，説了又卻道『恰好著工夫也』。」《外書・上蔡語録》，下同。朱子云：「上蔡爲人英果明決，强力不倦」，先生嘗稱其有切問近思之功。「如以生意論仁，以實理論誠，以常惺論敬，以求是論窮理，其命理皆精當。而直指窮理居敬爲入德之門，則於先生教人之法，又最爲得其綱領。建中靖國中詔對，不合，得官書局，後復轉徙州縣，沈淪卑冗以没其身，而處之浩然，未嘗少挫。」其殁也，游定夫「實誌其墓，而喪亂之餘，兩家文字皆不可見」。「熹少時妄意爲學，即賴其言以發其趣，而生平行事，又皆高邁卓絶，使人起興。」按：顯道自元豐初見二先生，至建中靖國已二十四年。謝子見先生，辭而歸，尹子送焉，問曰：「何以教我？」謝子曰：「吾徒朝夕從先生，見行則學，聞言則識。譬如有人服烏頭者，方其服也，顏色悦懌，筋力强盛，一旦烏頭力去，將如之何？」尹子反以告先生，先生曰：「可謂益友矣。」先生自涪歸，見學者凋落，多從佛學，獨楊、謝不變，因歎曰：「學者皆流於夷狄矣，惟有楊、謝二君長進。」《外書》龜山語録。先生自涪陵歸，《易傳》已成，未嘗示人。門弟子請益，有及《易》書者，方命小奴取書篋以出，身自發之，以示門弟子。非所請不敢多閲。一日，出《易傳序》示門弟子，和靖受之歸，伏讀數日，後見先生。先生問所見。和靖曰：「某固欲有所問，然不敢發。」先生曰：「何事也？」和靖曰：「至微者理也，至著者象也。『體用一源，顯微無閒』，似太露天機也。」先生歎美曰：「近日學者何嘗及此？某亦不得已而言焉耳。」《外書》呂堅中記尹和靖語。彦明嘗言：「先生教人，只是專令用『敬以直內』，若用此理，則百事不敢輕爲，不敢妄作，不愧屋漏矣。習之既久，自然有所得也。因説往年先生歸自涪陵，日日見之。一日，因讀《易》至『敬以直內』處，因問先生，『不習無不利』時，則更無睹，當更無計較也耶？先生深以爲然，且曰：『不易見得如此，且更涵養，不要輕説。』」《外書》呂氏雜志，下同。朱子云：「程子有言『涵養須用敬，進學在致知』，二言者，所以教人造道、入德之大端，而不可以偏廢也。若和靖者，其學而有得於敬之云乎？何其説之約，而居之安也？其門人記其緒言，各爲一書，嘗得而伏讀之，所以收放心而伐邪氣者，幾微之際，所助深矣。」晁以道嘗以書問先生云：「某平生所願學者，康節先生也。康節先生殁，不可見，康節之友惟先生在，願因先生問康節之學。」先生答書云：「某與堯夫同里巷居三十年餘，世間事無所不論，惟未嘗一字乃數耳。」《宋儒學案》：晁説之以道，元豐五年進士，慕司馬文正公之爲人，自號景迂生。又從康節弟子楊賢寶傳其先天之學。元符三年，知無極縣，應詔上書，入邪等，奉嵩嶽祠。按：嘉祐元年丙申，太中卜葬祖考於伊川，始居河南，是時康節亦始遷河南，至熙寧十年丁巳卒，只二十二年。明道作《墓誌》云「在洛幾三十年」，張嵲作《行狀》略云「年三十餘」，來洛定居，應在皇祐初，與二程始居河南不合，大抵皆約略言之。

伊川先生年譜卷七

崇寧元年壬午，七十歲。五月，入黨籍。在伊川。

《答周孚先問》。見《伊川文集》。跋云：「孚先舊講習太學，❶建中靖國庚辰冬，過洛陽，游先生之門，預群弟子之列，親炙模範，時聞誨語。越明年暮春，歸省庭闈，期年復入學，以所疑爲書，請質於先生，皆得親筆開諭，逮今幾四十年矣。以今日視前日，固知學之不博，問之不切。日月逝矣，功不加倍，祇益自歉。」《宋儒學案》：周孚先，字伯忱，晉陵人。與弟伯温恭先從伊川學，伊川稱其兄弟氣質純明，可以入道。伯忱授建德尉，伯温終坑冶官。《答張閎中書》：「《易傳》未傳，自量精力未衰，尚冀有少進爾。然亦不必直待身後，覺耄則傳矣。書雖未出，學未嘗不傳也，第患無受之者爾。來書云『《易》之義本起於數』，謂義起於數則非也。有理而後有象，有象而後有數。《易》因象以明理，由象而知數。得其義，則象數在其中矣。必欲窮象之隱微，盡數之毫忽，乃尋流逐末，術家之所尚，非儒者之所務也。管輅、郭璞之徒是也。」

❶「講」，原無，據清吕留良本《二程全書》補。

又曰：「理無形也，故因象以明理。理既見乎辭矣，則可由辭以觀象。故曰：得其義，則象數在其中矣。」《伊川文集》，下同。又《遺書》張思叔録。《答楊時書》：「某啟。相別多年，常深渴想。前日自伊川歸，得十一月十五日南康發來書，知赴新任，體況安佳，甚慰遠懷。頤如常，自去冬來，多在伊川。見謀居伊，力薄未能遽成耳。朝廷設教官，蓋欲教人修身齊家治國平天下之道。苟能修職，則『不素餐兮』，孰大於是？赴省試令子，不知其名，中第可喻及也。名迪者，好學質美，當成遠器，應未有北來期。兩小子大者項城尉，小者鄢陵尉。承問，故及之。此獨與諸孫處，歲計稔則自餘，無足道。春暄，惟進學自愛，不宣。頤啟楊君教授。」三月六日。按：《龜山年譜》：崇寧元年，赴荆州教授任。此書云「得十一月十五日南康發來書」，蓋在上年途中也。先生子：長端中，次端彦。《元豐九域志》：項城屬京西路陳州郡，鄢陵屬東京開封府，南康屬江南東路，伊陽屬西京河南府。《答楊迪書》：「相別累月，思渴。前承惠書，恐已出京，故不復奉答。近又收書，乃知未行，喜聞夏暑安佳。前書所問心迹之説，固知未能無疑也。若以心迹有判，則象憂亦憂，乃僞矣。是宜精索，未易曉也。又云：『有道，又有易，何如？』此語全未是。更將《傳序》詳思，當自通矣。變易而後合道，易字與道字不相合也。大率所論，辭與意太多。孔、孟之門人，豈能盡與孔、孟同？唯其不敢信己而信其師之説，是以能思而卒同也。若紛然致疑，終亦必亡而已。勉之！勉之！盛暑在途，千百自愛。」末云「盛暑在途」，蓋自夏出京也。按《宋儒學案》：楊迪，字遵道，龜山長子。師事伊川，録先生語一卷。崇寧三年，卒，年二十三。其從學，蓋在紹聖、元符間。朱韋齋所謂以藐然少年，周旋群公之間也。《答門人書》：「孔、孟之門，豈皆賢哲？固多衆人。以衆人觀聖賢，弗識者多矣。惟其不敢信己而信其師，是故求而後得。今諸君於頤言，纔不合則置不復思，所以終異也。不可便放下，更且思之，致知之方也。姑求自曉，無庸他恤。深尤不知者，甚無謂也。」棣初見先生，問：「初學如何？」曰：「入德之門，無如《大學》。今之學者，賴有此一篇書存，其他莫如《論》、《孟》。」《遺書》唐彦思録，下同。按：《伊洛淵源録》：唐棣，字彦思，宜興人。官祕書丞，有《語録》一卷，所記周伯温諸人問語爲多，疑與孚先同時從學。先生曰：「凡看《語》、《孟》，且須熟玩味，將聖人之言語切己，不可只作一場話説。人只看得此二書切己，終身儘多也。」伯温問：「學者如何可以有所得？」曰：「但將聖人言語玩味，久則自有所得。當深求於《論語》，將諸弟子問處便作己問，將聖人答處便作今日耳聞，自然有得。孔、孟復生，不過以此教人耳。若能於《論》、《孟》中深求玩味，將來涵養成甚生氣質！」亨仲問：「如何是近思？」曰：「以類而推。」周伯温問：「『回也三月不違仁』，如何？」曰：「不違處，只是無纖毫私意。一作「欲」。有少私意，便是不仁。」「昔有朱定，亦嘗來問學，但非信道篤者，曾在泗州守官，值城中火，定遂使兵士舁僧伽避火。某後語定曰：『何不舁僧伽在火中？若爲火所焚，即是無靈驗，遂可解天下之惑。若火遂滅，因使天下人尊敬可也。此時不做事，待何時邪？』惜乎定識不至此。凡看文字，如七年、一世、百年之事，皆當思其如何作爲，乃有益。凡看文字，先須曉其文義，然後可求其意。未有文義不曉而見意者也。學者看一部《論語》，見聖人所以與弟子許多議論而無所得，是不易得也。讀書雖多，亦奚以爲？」周伯温見先生，先生曰：「從來覺有所得否？學者要自得。六經浩渺，乍來難盡曉，且見得路逕後，各自立得一箇門庭，歸而求之可矣。」問：「孀婦於理似不可取，如何？」曰：「然。凡取，以配身也。若取失節者以配身，是己失節也。」又問：「或有孤孀貧窮無託者，可再嫁否？」曰：「只是後世怕寒餓死，故有是説。然餓死事極小，失節事極大。」《遺書》二十二下附《雜録》後，下同。學者不可不通世務。天下事譬如一家，非我爲則彼爲，非甲爲則乙爲。《答鮑若雨書并答問》云：「示及所疑，百忙中謝君告行，不暇周悉，略奉答，思之可也。夏暑，千百善愛。五月十日，頤咨鮑君秀才。」《伊川文集》。《伊洛淵源録》：鮑若雨，字汝霖，一云商霖，永嘉人。《遺書》有鮑若雨録。先生曰：「公孫弘謂『三年有成，臣切遲之』。唐文宗時，李石責以宰相之職，謂『臣猶以謂太速』。二者皆不是，須是知得遲速之理。昔嘗對哲宗説此事曰：『陛下若問如何措置，三年有成，臣即陳三年有成之事。若問如何措置，期月而已，臣即陳期月之事。當時朝廷無一人問著，只李邦直但云稱職，稱職亦不曾問著一句。』」《遺書》鮑若雨録，下同。《春秋》書隕石隕霜，何故不言石隕霜隕？此便見得天人一處。昔嘗對哲宗説：「天人之間甚可畏。作善則千里之外應之，作惡則千里之外違之。昔子陵與漢光武同寢，太史奏客星侵帝座甚急。❶子陵匹夫，天應如此，況一人之尊，舉措用心，可不戒慎！」謝湜自蜀之京師，過洛而見先生。先生曰：「爾將何之？」曰：「將試教官。」先生弗答。湜曰：「何如？」先生曰：「吾嘗買婢，欲試之，其母怒而弗許，曰：『吾女非可試者也。』今爾求爲人師而試之，必爲此媪笑也。」湜遂不行。《遺書》張思叔録。一本云：「湜不能用。」又云：「謝湜求見者三，不許，因陳經正以請。」先生曰：「聞其來問《易》，遂爲説以獻貴人。」註云：「獻蔡卞，如用説桎梏之類。」五月，入黨籍。《道命録》。九月，立黨人碑。崇寧初，呂舜從原明子。以黨人子弟補外官，知河南府鞏縣，請見先生，問：「當今新法初行，當如何做？」先生云：「只有義、命兩字。當行不當行者，義也。得失禍福，命也。君子所處，只説義如何耳！」《外書·呂氏雜志》，下同。舜從至洛中，請見先生，召食，食五品，亦甚豐潔。坐間問

❶「客」，原作「容」，據清呂留良本《二程全書》改。

事甚衆，先生一一酬答。臨行，又請教，語甚詳。既而微笑云：「只被公家學佛。」蘇季明以上章得罪，貶饒州，過洛，和靖館之，先生訪焉。既行，先生謂季明殊以遷貶爲意。和靖曰：「然也。」焞嘗問季明：「當初上書爲國家計耶？爲身計耶？若爲國家計，自當欣然赴饒州。若爲進取計，則饒州之貶猶爲輕典。」季明以焞言爲然。先生曰：「名言，名言。」《涪陵記善録》。按：《續通鑑長編》：季明以元祐元年丙寅，除教授，吕進伯奏稱「行年四十，不求仕進」，是生於皇祐元年己丑。而龜山《與定夫書》有云：「蘇季明向除博士，曾到任否？」蓋紹聖元年也。和靖初爲科舉之學，季明令詣先生受學。孫鍾元曰：「季明能成彦明於始，彦明能成季明於終，朋友之益大矣哉！」按史：是年九月，詔中書籍「元符三年，臣僚章疏姓名，爲正上、正中、正下三等，邪上、邪中、邪下三等」。

二年癸未，七十一歲。四月，追毁出身文字。序《春秋傳》。七月，禁學術。十一月，遷居龍門之南，止四方學者。

二月丁卯，作《印銘》，有序。碧玉琢傳宗印「程伯之後」四字，其旁小字銘之曰：「我祖喬伯，始封於程。及其後世，以國爲姓。惟我皇考，卜居近程，復爵爲伯，子孫是稱，程伯之後。」《伊川文集》。四月乙亥，作《春秋傳序》：「天之生民，必有出類之才，起而君長之，治之而争奪息，道之而生養遂，教之而倫理明，然後人道立，天道成，地道平。二帝而上，聖賢世出，隨時有作，順乎風氣之宜，不先天以開人，各因時而立政。暨乎三王迭興，三重既備，子丑寅之建正，忠質文之更尚，人道備矣，天運周矣。聖人既不復作，有天下者，雖欲倣古之迹，亦私意妄爲而已。事之謬，秦至以建亥爲正；道之悖，漢專以智力持世；豈復知先王之道也？夫子當周之末，以聖人不復作也，順天應時之治不復有也，於是作《春秋》爲百王不易之大法。所謂考諸三王而不謬，建諸天地而不悖，質諸鬼神而無疑，百世以俟聖人而不惑者也。

「先儒之論曰：『游、夏不能贊一辭。』辭不待贊也，言不能與於斯耳。斯道也，惟顔子嘗聞之矣。『行夏之時，乘殷之輅，服周之冕，樂則《韶》舞』，此其準的也。後世以史視《春秋》，謂褒善貶惡而已，至於經世之大法，則不知也。《春秋》大義數十。炳如日星，乃易見也。惟其微辭奥義，時措從宜者爲難知也。或抑或縱，或予或奪，或進或退，或微或顯，而得乎義理之安，文質之中，寬猛之宜，是非之公，乃制事之權衡，揆道之模範也。

「夫觀百物，然後識化工之神；聚衆材，然後知作室之用。於一事一義而欲窺聖人之用，非上智不能也。故學《春秋》者，必優游涵泳，默識心通，然後能造其微也。後王知《春秋》之義，則雖德非禹、湯，尚可以法三代之治。自秦而下，其學不傳。予悼夫聖人之志不明於後世也，故作傳以明之，俾後之人通其文而求其義，得其意而法其用，則三代可復也。是傳也，雖未能極聖人之蘊奧，庶幾學者得其門而入矣。」《伊川經説》。陳亮《跋》：「伊川先生之序此書也，蓋年七十有一矣，四年而先生歿。今其書之可見者，纔二十年，世咸惜其缺也，予以爲不然。先生嘗稱杜預之言曰：『優而柔之，使自得之。❶饜而飫之，使自趨之。渙然冰釋，怡然理順，然後爲得也。』先生於是二十年之間，其義甚精，其類例博矣。學者苟精考其書，優游饜飫，自得於言意之外，而達之其餘，則精義之切在我矣。較之終日讀其全書，而於我無與者，其得失何如也。」昔劉質夫作《春秋傳》未成，每有人問先生，必對曰：「已令劉絢作之，❷自不須某費工夫也。」劉《傳》已成，來呈先生，門人請觀。先生曰：「卻須著某親作。」竟不以劉《傳》示人。先生没後，方得見今世《傳》解至閔公者。昔又有蜀人謝湜提學字持正，解《春秋》成，來呈先生。先生曰：「更二十年後，子方可作。」謝久從先生學，其《傳》竟不曾敢出。《外書》祁寬記尹和靖語，下同。《春秋》：自涪陵歸，方下筆，竟不能成書，劉《傳》終亦不出。先生曰：「《春秋》大抵重嫡妾之分，及用兵土功。嘗因説伐顓臾事，對上言《春秋》重兵，如來戰于郎。潞公甚喜。」《外書》王信伯録。王信伯問學於先生曰：「願聞

❶「得」，清吕留良本《二程全書》作「求」。
❷「令」，原作「合」，據清吕留良本《二程全書》改。

一言。」先生曰：「勿信吾言，但信取理。」《外書》時紫芝集。全謝山云：信伯，名蘋，世居福清，其父徙吴。師事伊川，其於同門楊龜山輩爲後進，而龜山最許可之，以爲師門後來成就者，惟信伯也。蓋亦和靖之亞，故與和靖最相得。其才氣遠不逮文定，然如范伯達、曾吉甫，皆文定高弟，而請益於信伯，惟謹可知其所造之粹。吕居仁亦亟推之。惟朱子謂其不過一識伊川之面，而所記都差，得無太過耶？四月三十日，言者論其本因姦黨論薦得官，雖嘗明正罪罰，而敘復過優。已追所復官，又云敘復過優亦未詳。今復著書，非毁朝政。於是有旨追毁出身以來文字，其所著書，令監司覺察。《伊洛淵源録》。范致虚言程頤以邪説詖行，惑亂衆聽，尹焞、張繹爲之羽翼。遂下河南府體究，學者往别，因言世故，先生曰：「三代之治不可復也，有賢君作，能致小康，則有之。」《外書》時紫芝集。七月，下元祐學術政事之禁。《道命録》。乙巳，吏部言程頤子端彦見任鄢陵縣尉，係在京府界，宜放罷，從之。《河南志》。八月，頒黨人姓名，下監司長吏廳刻石，凡九十有八，而先生於餘官爲二十三人。十一月四日，言者論先生聚徒傳授，乞禁絶後。四日，范致虚知河南府，實奉行之。見《宋史》。《宋史》：范致虚，建陽人。崇寧初，爲右司諫，與蔡京相結。先生於是遷居龍門之南，止四方學者曰：「尊所聞，行所知可矣，不必及吾門也。」《外書》卷七。按：《文集》有《上文潞公求龍門菴地》，疑即此。范致虚攻先生爲元祐邪説，朝廷下河南府盡逐學徒。後數月，馬伸及門求見，先生辭之。仲欲先棄官而來，先生曰：「近日盡逐學徒，恐非公仕進所利，公能棄官，則官不必棄也。」建炎間，仲爲御史論事，公論與之。《外書》時紫芝集。《宋史》：馬伸，字時舉，東平人。登進士。崇寧初，因張繹求見先生，公暇日一造請，得受《中庸》以歸。爲監察御史，靖康之難，以書責張邦昌，遂迎孟后垂簾，遣使迎康王。上知其忠，推侍御史，論黄潛善、汪伯彦誤國，貶濮州監酒税。卒，天下冤之。元祐學有禁，姦人用事，出其黨爲諸路學使，奪糾其事。先生之門，學者無幾，雖宿素從遊，間以趨利叛去。伸方自吏部求爲西京司法曹事，鋭然爲親依之計。至則因先生高弟張繹以求見。先生初以非其時，恐貽公累。伸執贄凡十，反愈恭，且曰：「使伸得聞道，雖死何憾？況不至於死者乎？」先生聞而歎曰：「此真有志者。」遂引而進之。自爾出入凡三年。公暇，雖風雨必日一造焉。同僚相忌，至以飛語中傷之，不顧也。《伊洛淵源録》馬伸狀。按：先生門人，從學先後可考者：嘉祐初，吕希哲首以師禮事先生，其後楊國寶、邢恕、吕希純皆師之。朱光庭、劉絢、李籲、吕大忠、大鈞、大臨、謝良佐、游酢、楊時、田述古、邵伯温、周純明、林志寧、侯仲良諸君從游，與明道同。明道殁，楊時以師禮見先生於洛，卒業則元祐八年也。尹焞年二十登先生之門，則元祐五年也。周行己未三十見先生。劉安節、安上與周行己、許景衡、戴述、沈躬行在太學，稱「元豐九先生」，其六人及程門，不出元祐間。馮理自謂「二十年間，先生教誨」，嘗與和靖同學。郭忠孝受業先生二十餘年，當先於和靖。謝湜因陳經正見先生，以所作《春秋》呈正，先生答以「更二十年方可作」，疑與劉絢同時。鮑若雨輩七人，其五人同時及門：謝天申、潘閔、陳經正、經邦也。范沖、邵溥、李朴皆在洛從游。王蘋於龜山爲後進，楊迪以藐然年少，周旋群公之間，在紹聖、元符間。譙定聞先生講道，特往見於洛。羅從彦聞先生説《易》甚善，鬻田走洛見先生，蓋在元符二、三年間。張繹年三十，始見先生自涪陵歸後，則元符三年也。孟厚、范域又在張繹後。周孚先、恭先，建中靖國時始游先生之門。馬伸當崇寧二年禁學術時，因張繹求見，出入三年，至先生垂歿，爲師門後勁。至姓名僅見《遺書》，如林大節、張閎中、唐棣、暢大隱、范文甫、暢中伯、李参、吕義山，皆無言行可考。又如袁溉、陳淵、吴給、蕭楚、晏敦復、焦瑗見於《學案》，卓卓可述。又《童蒙訓》載宿州高朝奉，自謂師事先生，并其名不傳。甚矣！淵源所漸，其所及者廣矣。

三年甲申，七十二歲。

先生謂繹曰：「吾受氣甚薄，三十而浸盛，四十、五十而後完。今生七十二年矣，校其筋骨，於盛年無損也。」又曰：「人待老而求保生，是猶貧而後蓄積，雖勤亦無補矣。」繹曰：「先生豈以受氣之薄，而厚爲保生耶？」先生默然曰：「吾以忘生徇欲爲深恥。」《遺書》張思叔録。陳貴一問：「人之壽數可以力移否？」曰：「蓋有之。」棣問：「如今人有養形者，是否？」曰：「然，但甚難。世間有三件事至難，可以奪造化之力：爲國而至於祈天永命，養形而至於長生，學而至於聖人。此三事，功夫一般分明，人力可以勝造化，自是人不爲耳。」《遺書》唐彦思録。崇寧以來，非王氏學術皆禁止，而士人罕言其學者，號伊川學，往往自相傳道。舉子之得第者，亦有棄所學而從之者，建安尤盛。先生一日對群弟子取《毛詩》讀一二篇，掩卷曰：「詩人託興立言，引物連類，其義理炳然如此，其文章渾然如此，君尚何疑耶？若勞苦旁求，謂我所自得，以眩惑後生，吾不忍也。非獨《詩》爲然，凡聖人書，熟讀之，其義自見，藏之於心，終身可行，患在信之不篤耳。」《曲洧舊聞》。先生曰：「《詩大序》，孔子所爲，其文似《繫辭》，其義非子夏所能言也。《小序》，國史所爲，非後世所能知也。」《遺書》鄒德久録。又曰：「《周南》、《召南》如乾、坤。」《遺書》卷六。先生作《詩序》二篇，昔人傳之不真。和靖一日問：❶「曾作否？」先生曰：「有之，但不欲示人。」再三請，乃得之，曰：「爲子出此二篇。」今傳之者是也。《外書》祁寬記尹和靖語。先生曰：「看《書》，須要見二帝、三王之道。如二《典》，即求堯所以治民，舜所以事君。」《遺書》鄒德久録，下同。孔明有王佐之心，道則未盡。王者如天地之無私心焉，行一不義而得天下不爲。孔明必求有成，而取劉璋。聖人寧無成耳，此不可爲也。若劉表子琮，將爲曹公所并，取而興劉氏可也。孔明不死，三年可以取魏，且宣王有英氣，久不得伸，必沮死不久也。孔明庶幾禮樂。西漢儒者有風度，惟董仲舒、毛

❶「問」，原作「間」，據清呂留良本《二程全書》改。

萇、楊雄。萇解經未必皆當，然味其言，大概然矣。義訓宜，禮訓別，智訓知，仁當何訓？說者謂訓覺，訓人，皆非也。當合孔、孟言仁處，大概研窮之，二三歲得之，未晚也。按此條較劉元承編爲詳，故並存之。

四年乙酉，七十三歲。

有《祭李邦直文》。見《伊川文集》。按：先生紹聖四年被謫，邦直尹洛，至是時知大名府，卒，故有自與公別，於兹九年之語。張思叔作《商税院題名記》，先生以爲得體。李邦直卒，委思叔作祭文，多溢美。先生顧思叔曰：「《商税院題名記》是公所爲乎？」思叔唯唯。他日別製祭文用之，曰：「世推文章，位登丞輔；編簡見其才華，廊廟存其步武。」《外書》時紫芝集。

思叔告先生曰：「前日見教授夏侯旄，甚歎服。」曰：「前時來相見，問後極說與他。既問，卻不管他好惡，須與盡說與之。學之久，染習深，不是盡說。力詆介甫，無緣得他覺悟。亦曾說介甫不知事君道理，觀他意思，只是要『樂子之無知』，如上表言：『秋水既至，因知海若之無窮。大明既升，豈有爝火之不熄？』皆是意思常要己在人主上。自古主聖臣賢，乃常理，何至如此？又觀其說魯用天子禮樂云：『周公有人臣所不能爲之功，故得用人臣所不得用之禮樂。』此乃大段不知事君。大凡人臣身上，豈有過分之事？ 凡有所爲，皆是臣職所當爲之事也。 介甫平居事親最孝，觀其言如此，其事親之際，想亦洋洋自得，以爲孝有餘也。 臣子身上皆無過分事，惟是孟子知之，如説曾子，只言『事親若曾子可矣』。 不言有餘，只言可矣。 唐子方作一事，後無聞焉，亦自以爲報君足矣，當時所爲，蓋不誠意。」嘉仲曰：「陳瓘亦可謂難得矣。」先生曰：「陳瓘卻未見其已。」《遺書》唐彦思録。 夏侯旄，字節夫，京師人。 崇寧初，任諸州教授。 學制既紛，即日尋醫去。 後任西京幕官，罷任當改官，以舉將一人安惇也，不肯用，卒不改官，浮湛京師，至死不屈。 見吕氏《童蒙訓》。 李處遯，字嘉仲，見《伊洛淵源録》。 陳瓘，字瑩中。 徽宗即位，召爲右正言，累權給事中，除名竄袁、廉、郴州，安置通州，又徙台州。 見《宋史》。 按：先生講學友，自張横渠、邵康節外，如司馬温公、范堯夫、韓持國、富鄭公、文潞公、吕申公、范彝叟、吕微仲、范淳夫、王彦霖，皆一時名公，虚心咨訪，如布衣交。 其他如黄聱隅、宇文公南、方道輔、朱伯原、傅伯壽、韓宗道、陳公廙、張子堅、趙大觀、王子真、董五經、鮮于侁、鄒志完、孫曼叔、孫莘老、顧子敦、趙均國、范巽之、苗授、苗履、王讜、李清臣、翟霖、謝師直、李君行、夏侯旄、晁以道、吕舜從，或以文學，或以高節，或以治術，雖顯晦不一，而因先生論説，其人皆可知也。

五年丙戌，七十四歲。 復承務郎，尋以通直郎致仕。

正月乙巳，以星變毀黨碑。 庚戌，劉忠肅以下二百有七人，敘復有差，而先生復承務郎，依舊致仕。 三月戊戌，詔黨人許到畿縣，先生尋以通直郎致仕。《道命録》。《宋史》：

劉忠肅，名摯，字莘老，東光人。元祐六年，拜右僕射。謚忠肅。❶一云復宣義郎，致仕。見《實録》。時《易傳》成書已久，學者莫得傳授，或以爲請。先生曰：「自量精力未衰，尚覬有少進耳。」其後寢疾，始以授尹焞、張繹。《伊洛淵源録》。是年，先生得風痺疾。《外書》時紫芝集。

大觀元年丁亥，七十五歲。九月庚午，卒於家。

先生年七十四，得風痺疾，服大承氣湯則小愈。是年九月，服之輒利。醫者語家人曰：「侍講病不比常時。」時大觀元年九月也。十六日，尹焞入視，先生以白夾被被體，坐竹牀，舉手相揖。焞喜，以爲疾去。先生曰：「疾去而氣復者安佚也，某愈覺羸劣。」焞既還，十七日有叩門者，報先生頃殂。《外書》時紫芝集。先生病革，門人郭忠孝往視之，先生瞑目而卧。忠孝曰：「先生平日所學，正要此時用。」先生曰：「道著用便不是。」忠孝未出寢門而先生卒。《遺書》附《師説》後。一作「或人」，仍載尹子云：❷「非忠孝也。忠孝自黨事起，不與先生往來，及卒，亦不致奠。」先生將屬纊時，顧謂端中曰：「立子。」蓋指其適子端彦

❶「謚」，原作「字」，據《宋史》本傳改。

❷「仍載」，原無，據清呂留良本《二程全書》補。

也。語絶而没。既除喪，明道之長孫昂，自以當立，侯師聖侯舅之孫。不可。昂曰：「明道不得入廟耶？」師聖曰：「我不敢容私。明道先太中而卒，繼太中主祭者伊川也。今繼伊川，非端彦而何？」議始定，或謂師聖曰：「明道既死，其長子不當立乎？」曰：「立廟自伊川始。又明道長子死已久。況古者有諸侯奪宗、庶姓奪嫡之説，可以義起矣。況立廟自伊川始乎？」《外書》卷七，尹子親註云：「此一段差誤。」初，明道先生嘗謂先生曰：「異日能使人尊嚴師道者，吾弟也。若接引後學，隨人材而成就之，則予不得讓焉。」《伊洛淵源録》。黄梨洲云：「二程子大旨雖同，而其所以接人，伊川已大變其説，故朱子云明道宏大，伊川親切。大程夫子當識其明快中和處，小程夫子當識其初年之嚴毅，晚年又濟以寬平處。是自周元公主静立人極開宗，明道以静字稍偏，不若專主於敬，然亦惟恐以把持爲敬，有傷於静，故時時提起。伊川則以敬字未盡，益之以窮理之説，而曰：『涵養須用敬，進學在致知。』又曰：『只守一箇敬字，不知集義，卻是都無事也。』然隨曰：『敬以直内，義以方外，合内外之道。』蓋恐學者作兩項工夫用也。舍敬無以爲義，義是敬之著，敬是義之體，實非有二。自此旨一立，至朱子又加詳焉。於是窮理主敬，若水火相濟，非是則隻輪孤翼，有一偏之義矣。後之學者不得其要，從事於零星補凑，而支離之患生，故使明道而在，必不爲此言也。兩程子接人之異，學者不可不審焉。」黄百家按：「黄東發云：『自孔、孟殁後，異端紛擾者千四百年，中間惟董仲舒正誼、明道二語，與韓文公《原道》一篇爲得議論之正。逮二程，得周子之傳，然後有以窮極性命之根柢，發揮義理之精微。』『風氣日開，議論日精。濂、洛之言，雖孔、孟亦所未發，特推其旨，要不越於孔、孟云耳。』此評論之得當者。而唐一菴樞謂：明道之學，一天人，合内外，已打成一片。而伊川居敬，又要窮理工夫，似未合併，尚欠一格。此但知先生『涵養須用敬，進學在致知』，而忘卻先生未有致知而不在敬者之語，恐未是深知先生者也。蓋語學至二程，諸儒之中，更醇乎其醇矣。第大程質性高明，而先生從踐履入，非聖人之書不觀，其功在於密察邊耳。至於大程之表《大學》、《中庸》，先生之《易傳》，更足爲萬世經術斗杓也。」明道先生每與門人講論，有不合者，則曰「更有商量」，先生則直曰「不然」。《外書》時紫芝集。游定夫、楊中立來見先生。一日，先生坐而瞑目，二子立侍不敢去。久之，先生乃顧曰：「二子猶在此乎？」日暮矣，姑就舍。二子者退，則門外雪深尺餘矣，其嚴厲如此。晚年接學者乃更平易，蓋其學已到至處，但於聖人氣象差少從容爾。明道則已從容，惜其早死，不及用也，使及用於元祐間，則不至有今日事矣。侯仲良語。或問：「先生量可學否？」曰：「可。學進則識進，識進則量進。」曰：「如魏公可學否？」曰：「魏公是間氣。」《胡氏傳家録》。《宋史》：韓魏公，名琦，字稺圭，相州人。天聖五年，進士第二，太史奏日下五色雲見。歷事仁宗、英宗、神宗，官至丞相，封魏國公。熙寧八年，卒，年六十八。謚忠獻。先生之學，本於至誠，其見於言動視爲之間，處中有常，疏通簡易，不爲矯異，不爲狷介，寬猛合宜，莊重有體。或説匍匐以弔喪，誦《孝經》以追薦，皆無此事。衣雖紬素，冠襟必正；食雖簡儉，蔬飯必潔。太中年老，左右致養無違，以家事自任，悉力營辦，細事必親，贍給内外親族八十餘口。先生於書，無所不讀，於事無所不能。尹和靖語。先生才大，以之處大事，必不動聲色，指顧而集矣。或謂先生守正則盡，通變不足，子之言若是，何也。謝子曰：「陜右錢以鐵，舊矣，有議更以銅者，已而會所鑄子不踰母，謂無利也，遂止之。」先生聞之曰：「此乃國家之大利也。利多費省，私鑄者衆；費多利少，盜鑄者息。民不敢盜鑄，則權歸公上，非國家之大利乎？」又有議增解鹽之直者，先生曰：「價卑則鹽易洩，人人得食，無積而不售者，歲入必倍矣，增價則反是。」已而果然。司馬公既相，薦先生而起之。先生曰：「將累人矣，使韓、富當國時，吾猶可以有行也。」及司馬公大變熙、豐，復祖宗之舊，先生曰：「役法當討論，未可輕改也。」公不然之，既而數年紛紛不能定。由是觀之，亦可以見其梗概矣。謝顯道語。按《續通鑑長編》：禁銅錢，專行鐵錢，在元符二年閏九月。天下之習不能蔽，先生一人而已，只一箇是自然不墮流俗。《龜山語録》。

「嗚呼！利害生於身，禮義根於心。伊此心喪於利害，而禮義以爲虚也。故先生踽踽獨行斯世，而衆乃以爲迂也。惟尚德者以爲卓絶之行，而忠信者以爲孚也。立義者以爲不可犯，而達權者以爲不可拘也。在吾先生，曾何有意？心與道合，泯然無際。無欲可以繫羈兮，自克者知其難也；不立意以爲言兮，知言者識其要也。德輶如毛，毛猶有倫；無聲無臭，夫何可親？嗚呼！先生之道，不可得而名也。伊言者反以爲病兮，此心終不得而形也。惟泰山以爲高兮，日月以爲明也；春風以爲和兮，嚴霜以爲清也。「在昔諸儒，各行其志，或得於數，或觀於禮；學者趨之，世濟其美。獨吾先生，淡乎無味；得味之真，死其乃已。

「自某之見，七年元符三年。於兹，含孕化育，以蕃以滋。天地其容我兮，父母其生之；君親其臨我兮，夫子其成之。欲報之心，何日忘之？先生有言，見於文字者，有七分之心；繪於丹青者，有七分之儀。七分之儀，固不可益，七分之心，猶或可推。而今而後，將築室於伊、雒之濱，望先生之墓，以畢吾此生也。

「嗚呼！夫子没而微言絶，則固不可得而聞也。然天不言而四時行，地不言而百物生。惟與二三子，洗心去智，格物去意，期默契斯道，在先生爲未亡也。嗚呼！二三子之志，不待物而後見；先生之行，不待誄而後徵；然而山頹梁壞，何以寄情？淒然一奠，敬祀於庭；百年之憾，併此以傾。」張思叔《祭文》。《北窗炙輠》云：「伊川祭文十許首，惟思叔之文理極精微，卓乎在諸公之上。」先生之葬，洛人畏入黨，無敢送者，故《祭文》惟張繹、范域、孟厚及焞四人。乙夜，有素衣白馬至者，視之邵溥也，乃附名焉。蓋溥亦有所畏而薄暮出城，是以後。《伊洛淵源録》、《尹和靖語》。《宋史》：邵溥，字澤民，康節之孫。范域，洛陽人。子文之子，官至待制。道之在天下，民日用之，聖人慮後世不足以知之，載之六經，丁寧教告，纖悉具備；宜若人人見而知之，然自秦、漢以下，泯没無傳。惟伊川先生以出類之才，獨立乎百世之後，天下學士大夫翕然宗師之，聖人之道蔽曀千四百年，至先生而復明。昔之論者，謂孟子之功可同於禹，以其辨異端闢邪説也。當是時，去聖人未遠，異端之害教也未深。豈若後世沉深固結，雖豪傑之士，亦無以自脱？先生獨能如醉之醒，如夢之覺，其功豈不優於孟子哉？元祐初，大臣以先生道義薦諸朝，召爲崇政講官，哲宗信而敬之。既而同朝之士有以文章重於時者，忌先生名出己右，與其黨類，巧爲謗詆，遂以罷去。其後朝命屢加，終不復起，居於洛陽，天下尊仰之。紹聖治元祐諸臣罪，先生坐嘗爲所薦，責涪州。今上嗣聖，得歸，遂居伊川。建中靖國元年。後七年而終。先生既没，昔之門人高弟皆已先亡，無有能形容其德美者。然先生嘗謂門人張繹曰：「我昔狀明道先生之行，我之道蓋與明道同。異時欲知我者，求之於此文可也。」不肖孤既無以嗣聞斯道，姑用記其言，且又使姪昺編次其遺文，俾後之學者觀其經術之通明，論議之純一，謀慮之宏深，出處之完潔。雖於先生之道未能備見其純全，亦將庶幾焉。右伊川先生文八卷。政和二年壬辰七月，孤端中序。靖康之難，先生諸孫避狄流徙，寓居池州。先生二子，長端中，故知六安軍，金人入寇，死其官。次端彥，其嫡也，以太中公任入官，任至從政郎，會州司户參軍。紹興十年四月二十九日，端彦之子賜勑補將仕郎。《道命録》。按《一統志》：端中，伊川長子。舉進士。南渡後，徙家池州。建炎中，知六安軍，金人攻六安，固守，城破死之，池州都統制程全收其骨葬於池。《元豐九域志》：池州屬江南路池陽郡。先生孫：易，紹興初，分寧令。見《元祐黨籍碑》。晟，紹興元年，召赴行在。見《元祐黨案表》。暐，桐廬令，尹和靖壻。見《宋儒學案》。

「伏見元祐之初，宰臣司馬光、吕公著秉政當國，急於得人，首薦河南處士程頤，乞加召命，擢以不次，遂起韋布，超居講筵。自司勸講，不爲辨辭，解釋文義，所以積其誠意，感通聖心者，固不可得而聞也。及當官而行，舉動必由乎禮；奉身而去，進退必合乎義。其修身行法，規矩準繩，獨出諸儒之表，門人高弟，莫獲繼焉。雖崇寧間曲加防禁，學者向之，私相傳習，不可遏也。其後，頤之門人，如楊時、劉安節、許景衡、馬伸、吴給等，稍稍進用，於是士大夫爭相淬礪。而其間志於利禄者，託其説以自售，學者莫能别其真僞，而河、洛之學幾絶矣。

「壬子年，臣嘗至行闕，有仲并者言伊川之學，近日盛行。臣語之曰：『伊川之學，不絶如綫，可謂孤立，而以爲盛行，何也？豈以其説滿門，人人傳寫，耳納口出，而以爲盛乎？』自是服儒冠者，以伊川門人妄自標榜，無以屈服士人之心，故衆論洶洶，深加詆誚。夫有爲伊、洛之學者，皆欲屏絶其徒，而乃上及於伊川，臣竊以爲過矣。

「夫聖人之道，所以垂訓萬世，無非中庸，非有甚高難行之説，此誠不可易之至論也。然中庸之義，不明久矣。自頤兄弟始發明之，然後其義可思而得。不然，則或謂高明所以處己，中庸所以接物，本末上下，析爲二途，而其義愈不明矣。士大夫之學，宜以孔、孟爲師，庶幾言行相稱，可濟時用，此亦不可易之至論也。然孔、孟之道，不傳久矣，自頤兄弟始發明之，而後其道可學而至也。不然，則或以六經、《語》、《孟》之書資口耳，取世資而干利禄，愈不得其門而入矣。今欲使學者蹈中庸，師孔、孟，而禁使不得從頤之學，是入室而不由户也，不亦誤乎？

「夫頤之文：於《易》，則因理以明象，而知體用之一源；於《春秋》，則見諸行事，而知聖人之大用。於諸經、《語》、《孟》，則發明其旨，而知求仁之方，入德之序。然則狂言怪語，淫説鄙論，豈其文也哉？頤之行，其行己接物，則忠誠動於州里；其事親從兄，則孝弟顯於家庭；其辭受取捨，非其道義，則一介不以取與諸人，雖禄之千鍾，有必不顧也。其餘則亦與人同爾，然則幅巾大袖，高視闊步，豈其行也哉？

「昔者伯夷、柳下惠之賢，微仲尼，則西山之餓夫、魯國之黜臣爾。本朝自嘉祐以來，西都有邵雍、程顥及弟頤，關中有張載。此四人者，皆道學德行，名於當世。會王安石當路，重以蔡京得政，曲加排抑，故有西山、東國之阨。其道不行，深可惜也。「今雍所著有《皇極經世書》，載有《正蒙》書，頤有《易》《春秋》傳，顥雖未及著述，而門弟子質疑請益答問之語，存於世者甚多，又有書、疏、銘、詩，並行於世，而傳者多失其真。臣愚伏望陛下，特降指揮，下禮官討論故事，以此四人加之封號，載在祀典，以見聖世，雖當禁暴誅亂奉辭伐罪之時，猶有崇儒重道、尊德樂義之意；仍詔館閣裒集四人之遺書，委官校正，取旨施行，便於學者傳習。羽翼六經，以推尊仲尼、孟子之道，使邪説者不得乘間而作，而天下之道術定，豈曰小補之哉？」胡安國《奏狀》。「規員矩方，繩直準平，允矣君子，展也大成。布帛之文，菽粟之味，知德者希，孰識其貴？」《伊川先生贊》、《朱子文集》。

先生之身貶於紹聖，先生之學禁於崇寧，然貶其身而身愈强，禁其學而學愈盛。困而不失其所亨，先生有焉。彼董敦逸、范致虚輩，雖欲自絶，何傷於日月乎？先生一生，不獨處窮爲不遇，即處達猶爲不遇也。跡其立朝，纔及歲餘，即以人言罷之。言乎盡心勸講則有之，言乎得時行道則未也。道之行廢，身之用舍，關時運之盛衰，誠有非人力所能爲者乎？然身雖困，而道則亨。就一時而觀，則謂之不遇。統百世以觀，所成孰有如先生者？見其大，則心泰。有志之士三復斯編，夫亦可以自得矣。

道光乙未仲冬，録《伊川先生年譜》成，謹誌於後。諸星杓。

「《儒藏》精華編選刊」選目

經部

周易鄭注
漢魏二十一家易注
周易注
周易正義
周易口義（與《洪範口義》合册）*
温公易説（與《司馬氏書儀》《孝經注解》《家範》合册）
漢上易傳
誠齋先生易傳
易學啓蒙
周易本義
楊氏易傳
易學啓蒙通釋
周易本義附録纂注
周易啓蒙翼傳
易纂言
周易本義通釋
易經蒙引
周易述
周易述補（江藩）（與李林松《周易述補》合册）
周易述補（李林松）
易漢學
御纂周易折中
周易虞氏義
雕菰樓易學
周易集解纂疏
周易姚氏學
尚書正義（全二册）
鄭氏古文尚書
洪範口義
書傳（與《書疑》《尚書表注》合册）
書疑
尚書表注
書纂言
尚書全解（全二册）
尚書要義

讀書叢説
書傳大全（全二册）
古文尚書攷（與《九經古義》合册）
尚書集注音疏（全二册）
尚書後案
毛詩注疏
詩本義
吕氏家塾讀詩記
慈湖詩傳
詩經世本古義（全四册）
毛詩稽古編
毛詩説
毛詩後箋（全二册）
詩毛氏傳疏（全三册）
詩三家義集疏（全三册）
儀禮注疏

儀禮集釋（全二册）
儀禮圖
儀禮鄭註句讀
儀禮章句
儀禮正義（全六册）
禮記正義
禮記集説（衛湜）
禮記集説（陳澔）（全二册）
禮記集解
禮書
五禮通考
禮經釋例
禮經學
司馬氏書儀
春秋左傳正義（全五册）
左氏傳説

左氏傳續説
左傳杜解補正
春秋左氏傳賈服注輯述
春秋左氏傳舊注疏證（全四册）
春秋左傳讀（全二册）
公羊義疏
春秋穀梁傳注疏
春秋集傳纂例
春秋權衡（與《七經小傳》合册）
春秋集注
春秋經解
春秋胡氏傳
春秋尊王發微（與《孫明復先生小集》合册）
春秋本義
春秋集傳

春秋集傳大全（全三册）
孝經注解
孝經大全
白虎通德論
七經小傳
九經古義
經典釋文
群經平議（全二册）
新學僞經考
論語集解（正平版）
論語義疏
論語注疏
論語全解
論語學案
孟子注疏
孟子正義（全二册）

四書集編（全二册）
四書纂疏（全三册）
四書集註大全（全三册）
四書蒙引（全二册）
四書近指
四書訓義
四書賸言
四書改錯
四書説
廣雅疏證（全三册）
説文解字注

史部

逸周書
國語正義（全二册）
貞觀政要

歷代名臣奏議
御選明臣奏議（全二册）
孔子編年
孟子編年
陳文節公年譜
慈湖先生年譜
宋名臣言行録
伊洛淵源録
道命録
考亭淵源録
道南源委
聖學宗傳
元儒考略
理學宗傳
明儒學案
宋元學案

四先生年譜
洛學編
儒林宗派
程子年譜
學統
伊洛淵源續録
豫章先賢九家年譜
閩中理學淵源考（全三册）
清儒學案
經義考
文史通義

子部

孔子家語（與《曾子注释》合册）
曾子注釋
孔叢子
新書
鹽鐵論
新序
説苑
太玄經
論衡
昌言
傅子
大學衍義
大學衍義補
朱子語類
龜山先生語録
胡子知言（與《五峰集》合册）
木鐘集
西山先生真文忠公讀書記
性理大全書（全四册）
居業録
困知記
思辨録輯要
家範
小學集註
曾文正公家訓
勸學篇
仁學
習學記言序目
日知録集釋（全三册）

集部

蔡中郎集
李文公集
孫明復先生小集
直講李先生文集

歐陽脩全集
伊川擊壤集
元公周先生濂溪集
張載全集
温國文正公文集
公是集（全二册）
游定夫先生集
和靖尹先生文集
豫章羅先生文集
梁溪先生文集
斐然集（全二册）
五峰集
文定集
渭南文集
誠齋集（全四册）
晦庵先生朱文公文集

東萊吕太史集
止齋先生文集
攻媿先生文集
象山先生全集（全二册）
陳亮集（全二册）
絜齋集
文山先生文集（全二册）
勉齋先生黄文肅公文集
北溪先生大全文集（全二册）
西山先生真文忠公文集
鶴山先生大全文集
閑閑老人滏水文集
郝文忠公陵川文集
仁山金先生文集
静修劉先生文集
雲峰胡先生文集

許白雲先生文集
吴文正集（全三册）
道園學古録　道園遺稿
師山先生文集
曹月川先生遺書
康齋先生文集
敬齋集
涇野先生文集（全三册）
重鐫心齋王先生全集
雙江聶先生文集
歐陽南野先生文集（全二册）
念菴羅先生文集（全二册）
正學堂稿
敬和堂集
涇皋藏稿
馮少墟集

高子遺書
劉蕺山先生集（全二册）
霜紅龕集（全二册）
南雷文定
桴亭先生文集
西河文集（全六册）
曝書亭集
三魚堂文集外集
紀文達公遺集
考槃集文録
復初齋文集
述學
揅經室集（全三册）
劉禮部集
籀廎述林
左盦集

出土文獻

郭店楚墓竹簡十二種校釋
上海博物館藏楚竹書十九種校釋（全二册）
秦漢簡帛木牘十種校釋
武威漢簡儀禮校釋

*合册及分册信息僅限已出版文獻。